长三角商业创新样本

浙江省商业经济研究所 编著

中国商业出版社

图书在版编目（CIP）数据

长三角商业创新样本 / 浙江省商业经济研究所编著. -- 北京：中国商业出版社，2019.4

ISBN 978-7-5208-0699-2

Ⅰ.①长… Ⅱ.①浙… Ⅲ.①长江三角洲—商业模式—研究 Ⅳ.①F727.5

中国版本图书馆CIP数据核字(2019)第039098号

责任编辑：张旭

中国商业出版社出版发行

010-63180647　www.c-cbook.com

（100053　北京广安门内报国寺1号）

新华书店经销

杭州高腾印务有限公司印刷

*

787毫米×1092毫米　1/16开　15.125印张　292.6千字

2019年4月第1版　2019年4月第1次印刷

定价：168.00元

* * * *

（如有印刷质量问题可更换）

序 言

岁月不居，时光如流，转眼又是一个春秋。

2017年底，我们在近一年调研访谈基础上，完成了《现代商业创新浙江样本》一书的出版。该书力求探索传统商业企业在信息文明时代如何蝶变为现代企业并可持续发展，成果质朴，却受到了多方点赞。新书发布会上，来自实践领域的企业家和学术领域的专家们都热情洋溢，希望我们将这项研究工作坚持下去。2018年，为了不负朋友们的鼓励，为了助推长三角一体化更高质量发展，更为了融入这个伟大的时代，我们对现代商业创新的观察，从浙江拓展至长三角地区，历时十三个月，创作出版了《长三角商业创新样本》一书。

本次入选《长三角商业创新样本》的八家样本企业，与2017年的样本比较，涵盖的经济形态更加多元，产业结构更为复杂，且长三角样本在观察对象的选择上有两个鲜明的特点。其一是"走向新时代"。与关注传统商业适应性蝶变所不同的是，这次所选样本关注更多的是新业态、新模式和新产业的创新经济领域。不论是伴随电商快速崛起的圆通速递、伴随生活品质提高从家居到居家生活MALL的红星美凯龙、伴随互联网浪潮和旅游业井喷上升的途牛、伴随着金融业同步成长的金融软件服务商润和软件，还是顺应中国市场新需求从诊断到诊疗的迪安诊断、提供妇幼保健与医疗"一条龙"服务的优艾贝，都是以前市场上并不存在的新类型；即使是改革开放初期出生的横店集团和金陵饭店集团，我们观察的也是他们在新时代下的新生体，横店影视与金陵康养业务都是匹配近些年乃至未来市场需求的时代产物。其二是"回归大历史"。现代商业文明和中国传统文化有很多的相通相融之处，本次课题的一个重要任务就是通过触及创新企业的灵魂人物，捕捉其间的融合之道。我们欣喜地发现，诸多的现代商业理念，都能从悠久的历史文化中获得精彩的启迪，中华先贤的智慧在新的商业时代依然绽放光芒，指引我们走向更远的未来。

一家家样本企业的发展史，就是一篇篇极富个性的创新史，却也有着共性特征：

首先，契合时代脉搏，洞察市场需求，顺应趋势创新发展。改革开放四十年，中国崛起为全球第二大经济体，人民群众从追求温饱到丰衣足食，市场需求由一般物质保障向物质精神文化综合保障升级，住房家居、电商物流、文化旅游、信息服务等诸多行业呈现爆发式增长，医疗、健康、养老日益成为新的增长点。样本企业伴随着时代浪潮很好地契合了时代的脉搏，洞察经济崛起过程中的发展机遇，把握市场趋势，正是他们成功的首要法则。特大民营企业横店集团，以二十年光阴，终将一个昔日默默无闻的小镇蝶变为今天的"亚洲影视梦工厂"，成为中国影视旅游第一品牌；中国酒店业的骄傲——金陵饭店集团，十年磨一剑，在盱眙县郊打造出了"天泉湖康养旅游生态园"；红星美凯龙则历时三十年，抓住中国城镇化进程中的巨大机遇，创造了中国最大的家居生活MALL；2000年诞生的圆通快递伴随着电商的发展，成为中国快递上市第一股；成立于2006年的润和软件则用6年时间完成在创业板上市，成为金融科技领域的佼佼者和领头羊；同样于2006年成立的途牛旅游网，历经8年时间在美国纳斯达克上市，最近三年，持续稳居在线度假旅游市场第一；初创于1996年的迪安诊断和成立于2011年的优艾贝则迎来了我国医疗健康需求的快速发展，前者致力成长为"医学诊断整体化服务提供商"，而后者从"国际月子中心"起步，目前已形成完整的妇、产、儿医疗与保健服务产业链布局。

其次，培育核心能力，整合上下游环节，创建产业生态系统。随着社会经济的发展、科技的进步，市场需求也在不断的变化。纵观样本企业的创新发展史，在培育核心能力、做强自身之后，都积极向产业链上下游进行拓展，并加速构建产业生态网络。横店影视通过多年努力，从文化实验区升格为产业集聚区，建成产业基地、影视城与影院体系三大板块，然后通过交易平台、众创空间、影视制作、全链条服务实现自身资本平台对产业生态的孵化；近五年，在全面布局全产业体系同时横向跨越的红星美凯龙，把设计升至战略高度，由建筑到空间，从业态到文艺，提升美学体验，以及智能便利的消费体验，实现了家居产业到居家生活价值生态的迭代；圆通快递上市后，全面整合仓储、运输、加工、配送等环节的物流资源，推动物流企业与制造业、商贸业的联动、协同发展，打通物流服务的全链条，力争引领全球快递市场的发展；优艾贝公司从"尊崇母爱、呵护未来"的"国际月子中心"出发，逐步创建妇女保健中心、妇产科医院、儿童医院，以医疗支撑保健，凭借严谨的科学态度与创新的商业模式，构建婴幼儿与母亲的健康保障的全方位服务体系；迪安诊断在2016年启动的中国基因小镇项目，就是在培育自身的核心能力、加宽企业护城河，以技术创新带动企业的产业一体化，快速建立从诊断到诊疗服务的产业链生态网络；金陵集团在打造酒店管理国内第一品牌的基础上，业务从酒店管理延伸至休闲度假、养老健康服务和文旅产业。尤其是天泉湖项目，对环境生态保护大量投入，创建康养小镇和度假旅游胜地，利用品牌价值和资源，推动四大板块的融合发展；途牛网从简单的观光团旅游到特色游私定服务，从单一的游玩到文旅结合的深度体验，从线下网点到线上线下服务的结合，持续加大技术投入，提高客户价值，实施产业链纵深布局；润和软件以云计算、大数据、人工智能、移动物联技术的发展浪潮为契机，实现从传统软件服务向科技服务战略升级的完美蜕变；正如润和软件董事长采访中所言，人类迈入大数据与人工智能时代，企业就是一个连接器——连接许多不同行业的资源与数据。企业具备核心能力，获得竞争优势，就有机会去影响、整合产业链上的上下游环节，去吸引、连接更多的产业资源构建产业生态。万物互联时代，建立更加丰富、更加紧密的连接，就能实现需求与供给更加精准匹配，创造更有效率的价值生态网络。

第三，回归商业本源，坚持共赢理念，创建新时代商业文明。商业的本质是交易，是合作。通过交易让双方获得更为丰富的物质和服务体验，提升了双方的福利，更促进了分工的专业化和生产的高效，带来了更高水平的价值提升和收益。中华传统文化源远流长、博大精深，核心精髓之一是看问题的系统观、处理事情的大局观。在这种文化观的熏陶下，"义利并举"成为商业活动中的核心价值诉求，是商业本源精神向社会的扩展，也由此孕育出"人类命运共同体"的理念，才能绵延千年、生生不息。样本企业一方面在拥抱创新变革，另一方面依然始终如一坚守商业本源，并在更广泛的发展平台上，弘扬合作共赢、担当社会责任的理念。横店集团坚持"共创、共有、共富、共享"的核心价值观，把带动区域百姓共同富裕、促进区域发展作为义不容辞的责任，通过修桥、造路、治水、办学等方式让社会共享发展成果。红星美凯龙坚持"勤勉、正直、善意、质朴、包容谦虚、宽以待人"的品行，持续创造产业价值，孵化民族品牌和提升国人美学品味；圆通速递顺应国家扶贫战略大局，充分发挥物流企业优势，通过直接吸纳就业、培训农民就业、促进农村特色产品销售等做法，有力助推精准扶贫，打造快递网络生态命运共同体。金陵饭店集团积极践行国家乡村振兴战略，创建共赢模式：通过多种手段，让农民用宅基地、承包地使用权等传统权益置换工作岗位、社会保障等新型权益，促进他们的经营理念和土地都得到增值，真正实现人与经济的发展同步。途牛致力于建设"开放、透明、共赢、标准化"的管理服务体系，把游客的安全保障与文明旅游放在企业的重中之重。润和坚持"专注行业、创新科技、服务客户、合作共赢；尊重员工、公平公正、鼓励创新、共享发展"的价值观；迪安以"让国人平等地分享健康"为使命；优艾贝坚持"以社会效益带动经济效益"发展企业等等，都致力于为产业经济、区域环境和社会生态创造价值。

这些与众不同的行为背后有一种令人敬仰的特质，我们称之为文化信仰和道德戒律。正是这种根植于传统文化、深入骨髓和血液的品质基因，孕育了企业的自律、诚信、创新精神和企业家精神，几十年如一日支撑着样本企业的运行，也支撑着企业跟随国家与时代的步伐，共同进步、协同互助，推动产业和社会的进步，也必将在市场契约精神、现代法治环境的支持下演化出新时代的商业文明！

当然，样本企业的创新点远不止以上所说的三大方面。特别是数字化浪潮推动着他们加大信息技术和智能化的投入，重视数据价值的创造；更重要的是，我们从他们身上感受到商业创新的美好与意义，在于歌颂人类对美好生活的向往，以及自身创造美好生活的生命激情。也许，这正是我们寻找商业创新样本的价值所在。

样本截稿之时，恰逢首届中国国际进口博览会在上海召开。"创新是第一动力。……造福人类是科技创新最强大的动力。……应该坚持创新引领，加快新旧动能转换。支持长江三角洲区域一体化发展上升为国家战略……"。习近平主席在开幕式上的重要讲话，对样本企业坚持创新的精神更是莫大的鼓舞。

最后，我想再一次感谢这几年在编写创新样本的过程中，给予我们支持和帮助的所有人。

让我们共同努力，为新时代的商业文明作出贡献，共同开创美好明天！

浙江省商业经济研究所所长　林　环

目 录

第一章 创造美好生活价值链——红星美凯龙家居集团股份有限公司
 与时代共舞 …………………………………………………………………002
 企业描述： 大国品牌 …………………………………………………………003
 样本解读：
  第一 家居商业新时代 ………………………………………………006
  第二 "匠行"中国生活 ………………………………………………009
  第三 创建"美好"生态经济体 …………………………………………014
  第四 高质量发展的中国样本 …………………………………………020
 董事长专访： 只有匠心，才能创新 …………………………………………023
 专家点评： 红星照我去战斗 …………………………………………………026

第二章 大物流生态经济探路者——圆通速递有限公司
 在奔跑中调整姿势 ……………………………………………………………030
 企业描述： 中国快递第一股 …………………………………………………031
 样本解读：
  第一 中国快递业的集体腾飞 …………………………………………034
  第二 创新变革，优化大物流平台 ……………………………………036
  第三 激活价值链，布局全球 …………………………………………044
  第四 跳出物流发展物流 ………………………………………………050
 董事长专访： 画大同心圆，共建生态圈 ……………………………………052
 专家点评： 动力变革，拥抱世界 ……………………………………………055

第三章 价值生态共同体的文化典范——横店集团控股有限公司
 为有源头活水来 ………………………………………………………………058
 企业描述： 产业驱动美好生活的引领者 ……………………………………059

样本解读：
- 第一　独特的全球文化产业样本 ·· 062
- 第二　"四驾马车"齐驱的一体化战略 ·· 065
- 第三　影视文化与城镇化融合发展的中国标杆 ···························· 076
- 第四　文化价值：永续经营的原动力 ·· 080

董事长专访：贡献美好价值，彰显社会担当 ································· 085

专家点评：文化自信，大象始成 ·· 087

第四章　科技赋能美好旅游生活——南京途牛旅游网络科技股份有限公司

专注，只为创新生活 ·· 090

企业描述："简单"构建旅游新零售 ··· 091

样本解读：
- 第一　新时代的"宠儿" ·· 093
- 第二　三网融合，开启智能时代的深度链接 ······························· 096
- 第三　新文旅时代的创新升级路径 ··· 102
- 第四　俯首甘为"孺子牛" ··· 107

董事长专访：不忘初心，大浪淘沙始见金 ····································· 108

专家点评：旅途无限，"牛气"充足 ··· 111

第五章　实现金融与科技的共融共生——江苏润和软件股份有限公司

不倦的动力 ··· 114

企业描述：卓越的科技服务公司 ·· 115

样本解读：
- 第一　尚变者，天道也 ·· 119
- 第二　弄潮儿在潮头立 ·· 122
- 第三　科技赋能，提升企业核心竞争力 ······································ 127
- 第四　善仁者康，顺势者成 ··· 132

董事长专访：创于行，智深远，融天下 ·· 136

专家点评：价值重建引领新商业 ·· 139

第六章　构建从诊断到诊疗的服务生态——迪安诊断技术集团股份有限公司

让国人平等分享健康 ········· 142

企业描述：体外诊断行业领先者 ········· 143

样本解读：

第一　时代的召唤 ········· 145

第二　从产业链到一体化商业模式的纵横之道 ········· 148

第三　持久创新构建产业竞争力 ········· 155

第四　创新中传承，传承中普惠 ········· 162

董事长专访：共享健康，"安"之所在 ········· 164

专家点评：得产业链者得天下 ········· 166

第七章　生态康养的价值引领者——金陵饭店集团有限公司

重拾乡村 ········· 170

企业描述：时代的灯塔 ········· 171

样本解读：

第一　生态康养的战略选择 ········· 174

第二　探索"天泉湖"经济共同体 ········· 179

第三　城镇养老，构建区域经济闭环 ········· 185

第四　人文中国梦 ········· 190

董事长专访：老吾老，以及人之老 ········· 191

专家点评：布产业之局，得发展之道 ········· 194

第八章　守护未来，助力健康中国——优艾贝（中国）集团有限公司

为有苍生悲悯心 ········· 198

企业描述：母爱见证地，生命赋能家 ········· 199

样本解读：

第一　健康中国大战略 ········· 201

第二　构建妇幼健康服务全产业链 ········· 205

第三　文化为根，规则先行 ········· 214

第四　大医精诚 ········· 219

董事长专访：没有爱心做不好医生，没有善心办不好医院 ········· 221

专家点评：爱心助力美好生活 ·· 224

后　记 ·· 226
项目组织单位 ··· 228
特邀顾问、编委会及主要团队成员 ··· 228
调研及采编指标说明 ·· 229
主要参考材料及文献 ·· 230

第一章
创造美好生活价值链
——红星美凯龙家居集团股份有限公司

- 与时代共舞
- **企业描述：** 大国品牌
- **样本解读：**

  第一　家居商业新时代

  第二　"匠行"中国生活

  第三　创建"美好"生态经济体

  第四　高质量发展的中国样本

- **董事长专访：** 只有匠心，才能创新
- **专家点评：** 红星照我去战斗

与时代共舞

2017年5月10日是国务院批准设立"中国品牌日"的第一个庆典日。这标志着"发挥品牌引领作用"上升到了前所未有的高度，也意味着强调高质量发展的中国开始塑造国家品牌。

中国改革开放四十年，从最初产品短缺、供不应求到储备充足，从无品牌概念到"不在意"品牌，从"洋品牌"在中国兴起到被青睐乃至受崇拜，中国消费者逐渐感受到品牌的力量。在被品牌洗礼的过程中，中国品牌逐渐崛起，走进消费者的家中和心中，并且走进海外市场。

中国品牌与中国经济，同频共振。

与一批优秀的中国品牌一样，历经30多年栉风沐雨的红星美凯龙，将自己定位为中国家居业民族品牌的孵化器，致力于打破国内外消费者对中国品牌的固化认知和"中国制造"的低端形象。当初的小木匠作坊在创始人车建新的带领下，始终坚持走自主创新的道路，不断迭代进化，成长为引领中国家居生活的大品牌，也成为消费者心目中辨识度极高的高端家居平台品牌。

但这仅仅是红星美凯龙以打造中华民族的世界商业品牌为目标的开始。十多年前，红星美凯龙开启二次创业的征程，通过模式创新，通过文化艺术的赋能和产业生态的打造，引领中国的企业能够设计出更好、更多的尖货产品，进而引领消费者实现品位的提升。以此为初心和提供生活方式的理念升级，坚持不懈，才有红星美凯龙商场从第一代到第九代的更新进化和始终走在行业前端的步伐。

与时代共舞，是所有企业必须面对的课题。与时代共舞，但不惊鸿照影，是一个企业打造品牌的商业智慧与经营哲学。红星美凯龙顺应国情，紧扣中国人的消费习惯、审美变化，从消化吸收中再创新，做到了青出于蓝而胜于蓝。

从"中国制造"迈向"中国质造"，既要以工匠精神，积尺寸之功；又要以IP设计，创造中国生活，彰显大国自信。

2015年，红星美凯龙从家居平台运营服务商走向城市家庭生活服务商的战略雏形已然显现。作为努力创造中国民族品牌的红星美凯龙，已经为创造美好生活迈出巨大的一步，并全力奋进。

企业描述

大国品牌

红星美凯龙家居集团股份有限公司（以下简称红星美凯龙）创立于1986年，以"用职业创业之激情让每个生命都变得优秀和卓越"为企业信仰，以"提升中国人的居家品位为己任，对每个家庭的居家环保负责任"为企业使命，以"立德、立功""成为家居生活专家""为合作伙伴创造价值""为有能力、有贡献的红星人谋求物质和精神幸福而努力"为企业价值观。自创业以来，公司一直坚持追寻梦想，倡导居家文化和品味，将现代商业模式"Shopping Mall"与中国的传统商铺模式相结合，进行全国连锁拓展。通过坚持不懈地实施产业流程再造、产业链价值深化以及不断升级创新，创造了一个全新的商业模式，连续5年跻身中国民营企业500强前50位，成为独具特色的中国商业自主品牌。

2015年，红星美凯龙在香港联合交易所主板挂牌上市（股票简称：红星美凯龙，股票代码：01528）。2018年，红星美凯龙在上海证券交易所主板挂牌上市（股票简称：美凯龙，股票代码：601828）后，成为中国家居零售行业A+H第一股。

为满足更多元化的消费升级需求，红星美凯龙坚持实施多品牌战略：除耳熟能详的"红星美凯龙"外，还有高端时尚定位的"红星·欧丽洛雅"、爱琴海购物公园以及打造轻时尚生活馆的"星艺佳"品牌。自2016年起，公司为自营及委管商场之外的经营物业业主方提供开发策划阶段的商业咨询服务，并提供书面咨询报告，同时可授权业主方以公司同意的方式使用"星艺佳"品牌。此外，也拥有为产业生态服务的节庆、创业、金融等一系列品牌。

一、全球"MALL"王

2016年，红星美凯龙门店数量突破200家，成长为全球领先的大型商业Mall运营商。截至2018年12月6日，红星美凯龙在全国29个省、直辖市、自治区的193座城市经营了278个商场，商场总经营面积超1 600万平方米。据此，红星美凯龙成为家居装饰及家具零售业无可争议的领先者，并拥有全中国最多数量的实体家居门店。

红星美凯龙家居购物中心集家饰、设计、装修、休闲、餐饮和娱乐为一体。在卖场建设、设计、业态和配套服务领域30年如一日持续创新。近年来，企业与时俱进，围绕家居主业，积极进取，加大战略和模式创新，形成以家居为核心的地产、商业百货、互联网、物流等业务板块的产业链延伸。从不同领域满足中国人对家居生活的多样化需求，创造开放式的中国家居产业平台，实现逐步提升中国消费者对于家居品位的认知，鼓励人们对于幸福生活的追求。

从卖家具到"卖"生活方式，从以企业盈利为目的到以肩负社会责任为己任，红星美凯龙成长为一个具有社会功能的企业公民。企业先后被全国工商联和国家劳动保障部授予"就业与再就业先进单位"称号；2005年，被中国精神文明建设指导委员会授予"全国文明单位"荣誉称号；2006年，党委被中共中央组织部授予"全国先进基层党组织"称号；2007年，被全国总工会、全国工商联授予"全国关爱员工优秀企业"称号。此外，企业还当选"2006 CCTV年度十佳雇主"，荣获2015年度"最具品牌价值奖"，也被评为"2017年度CCFA中国连锁业员工最喜爱公司"，荣获"2017年度央视大国品牌""2018年中国典范雇主暨HR团队管理典范"等称号。

一直以来，红星美凯龙热心社会公益事业，积极回馈社会。企业成立"和谐家庭"专项基金、爱家专项基金、红星光彩助困基金等，捐建"红星美凯龙绿色环保林"，援建"红星美凯龙希望小学"……并荣登2006年中国慈善排行榜第40位、2007年胡润慈善榜第59位、2008年胡润慈善榜第98位、2018年胡润慈善榜第18位。30多年来，企业已累计捐款捐物超过3亿元，用于扶贫济困、抗震救灾、环境保护、和谐家庭、教育助学等多个领域。

二、中国家居业的引领品牌

国无工不强，国无商不富。红星美凯龙深信，一个国家如果商业不发达，工业将永远被人牵着鼻子走，生产企业也将逐渐沦为世界商业巨头的加工厂。因此，红星美凯龙将自己定位为中国家具、建材生产企业品牌自主创新的孵化器，选择了一条扶持工业、共生共荣的创新之路——创建的品牌商场必致力于培植民族品牌：为厂家直销搭建高平台，让厂家有较大的利润空间，推动研发、设计，帮助厂家精心设计展厅、树立品牌。以此，工厂可以直接面对并深入与消费者互动，及时把握市场需求。在此过程中，皇朝、顾家工艺、芝华士、斯可馨等200多个民族品牌，与红星美凯龙一同发展、成长。

2008年6月，红星美凯龙第八代超大型公园式家居商场在上海开业：内设世界第一座50年、500年后的未来之家体验馆，打造完全公园式环保、休闲、娱乐环境，让红星美凯龙走到了世界家居卖场的最前沿，强烈显现了企业作为中国家居业一代人打造世界品牌强国的自信和决心。当年，红星美凯龙销售总额突破235亿元，成为中国家居业的第一品牌。企业由此开启了新的战略布局，开始从"渠道"向"平台"转移。

2010年，红星美凯龙成为上海世博会家居流通业唯一参展品牌，站上了向世界展示中国家居面貌的国际舞台；2012年，红星美凯龙全国100家商场落成，成为中国家居业第一个拥有百家商场的企业，开启全球家居百Mall时代的新格局；2013年，红星美凯龙首个第九代商场上海浦东金桥商场开业：现代化的购物环境、大量的原创设计，建筑和室内充满感染力的艺术元素与文化主题，全面体现企业以世界家居文化为基础的社会责任意识。这开启了企业以中国原创设计为家居事业长久良性发展基石的行动，也表明企业一以贯之的经营理念：始终坚持以缔造品味艺术、传播居家艺术为目标，致力于追求中国家居业的美学发展，提升我国家居业水准和消费者的生活品位。5年来，企业举行大量以设计和设计师为主题的活动，创立各种设计基金。希望以设计影响和改变更多中国人的家居生活方式，逐步提升中国家居消费审美。在支持原创设计的同时，企业借助渠道优势提升国内消费者对原创设计的理解并挖掘其消费潜力，并利用中国国际家具展览会的行业市场影响力，打造对巡展经销商及设计师群体的高关注度，积极推动中国原创设计在市场端的话语权。

为加大推动整个中国家居行业的发展，红星美凯龙持续发力加大对绿色环保品牌的扶持，推动全社会绿色家居、和谐社会的发展。2012年，提出家居建材行业"家居专家"的九项服务承诺；2015年2月，借力商务部、国家质量监督检验检疫总局，联合中国质量认证中心推出了"中国家居正品查询平台"，实现了家居产品防伪追溯。截至2018年6月，企业已联合1 500余家品牌完成系统上线培训，500余家主流品牌上线，产品贴标逾15 000万件。另外，红星美凯龙还改变以往对工厂的源头商品进行抽样检查的方式，独创售前、售中、售后的全方位质量管理体系，实现"绿色家居·正品追溯"，努力保障每一个消费者的居家健康。2016年，又正式发布绿色宣言并持续开展"绿色领跑"品牌评选活动。截至2018年6月，新增200余个核心家居品牌参与绿色领跑品牌认证。

30年来，从一家地方家具专营店到如今第九代Shopping Mall式的一站式体验家居购物广场，红星美凯龙不断升级创新，汇聚了超过800个国内高端品牌以及超过400个进口品牌；过去10年，在持续创造品牌价值的战略引领下，企业以爱琴海购物公园为蓝本，从家居购物升级到家庭购物模式，并积极探索新零售路径与创新模式，实现线上线下一体化融合、建立无缝衔接的服务闭环，持续带动行业未来的发展方向。

> 样本解读

第一　家居商业新时代

一、消费升级下的中国家居生活观

2005年，中国开始"产业升级"。10年后的2015年，我国人均GDP历史性超过8 000美元，这标志着消费结构变化与消费档次提升正式步入快车道。此时，"城市新中产"概念逐步生根发芽。最新统计数据显示，目前中国有1.75亿消费者具有奢侈品购买力，而其中有1 300万用户属于活跃购买者。

国家统计局数据显示，2016年，中国人均可支配收入为2.4万元，达到5年前城镇常住人口的平均消费水平。参照全球经济发展的历史，中国目前的人均GDP接近于日本20世纪70年代末的水平。中国当下的消费升级态势，也与20世纪80年代的日本类似，正在经历全民消费模式的转变。人们需要的不再是普通的批量生产，也不只是被动地购买名牌商品，而是开始把商品当作素材，由消费者亲自进行加工创造，思考新用途。因此，随着人均收入的增加，人们生活质量的提高，越来越多的中国消费者从单纯追求物质丰富，向满足精神需求过度。带动家居消费升级，有物质上的升级——人们需要更多好品牌的产品；也有观念和精神上的升级——除了材质，也关心设计理念、品牌的来历及其背后的故事，以及在产品可选余地越来越多、保持实用性的前提下，让家装更美观、舒适。家具产品智能化、家装线上集成化、线下体验化发展成为主流趋势。

红星美凯龙基于最新报告对家居市场消费趋势的把握，一方面不断顺应市场消费变化趋势，优化家居商场商品品牌与品类的布局；另一方面持续加大引入国际品牌力度，持续打造国际馆。

上市后，红星美凯龙结合商场区位环境、物业结构及消费需求特点，持续打造多元化业态、丰富品类组合：加大引进适合消费者需求的主流品牌旗舰店；紧贴家居装修市场的变化，继续增大定制品类面积，持续发掘和推广设计类产品的进驻，对儿童家居展区进行形象升级和专区场景化打造；加大引入智能化家居品类，逐步打造智能家居体验区，并继续加大包括软装软饰、餐饮等体验式品类在商场的进驻；在全国50个商场建立了"家装设计体验中心"，为消费者提供设计咨询服务，以迎合消费者对家装设计日益增长的需求，增强消费者黏性；同步在10个位于一、二线城市的商场设立家居生活体验馆。2018年6月，软装软饰、家装设计等新业态的经营面积较2017年同期增长30%。同时，继续深入潜在市场推进国际品牌的进驻。至2018年6月，已在29个城市打造了30个国际馆；并通过在国内外市场广泛推广B2B品牌对接会，不断扩大经销商数据库，并对此进行精准分析、筛选，培育专业化的经销商队伍，助力公司占领高端消费市场，国际品牌展位数量达到3 800多个。

在升级迭代的摸索中，红星美凯龙满足了消费者对休闲、审美和互动的附加值功能需求。作为主动的创变者，更有意识地通过体验、文化、艺术展示等，引导、创造中国家居生活的"美好"世界。

二、从消费走向生活

2018年国务院的《政府工作报告》，使"消费"再度成为关键词之一。《政府工作报告》指出，过去5年我国电子商务、移动支付等引领世界潮流，传统消费升级、新型消费快速兴起，网上零售高速增长，消费已成为拉动经济增长三驾马车的主力，服务业成为经济增长主动力，零售业的升级对我国服务业乃至实体经济的健康发展，起到了关键作用。

首先，新零售是对人——消费者的识别和洞察。其次，新零售以线上支持线下，要完成对消费者在特定消费场景的可触达、可服务，实现"人"与"货""场"的结合。正是随着可支配收入的增加、科技进步的促动，人们对于生活本身的关注度提升，注重了"体验"，升级了对商品"品格"的要素要求。

美国心理学家亚伯拉罕·马斯洛在1943年《人类激励理论》论文中，将人类需求像阶梯一样从低到高按层次分为五种，分别是生理需求、安全需求、社交需求、尊重需求和自我实现需求。这些需求从低级向高级发展的过程，在某种程度上符合人类需要发展的一般规律。以中国消费者的消费历程来对照，如果说在过去一段时间人们消费是为了解决温饱（对应马斯洛需求层次中的"初级阶段"），那么2005年左右出现的"名牌购物潮"、圈层的流行等，很多时候是为了社交与尊重需求（对应马斯洛需求层次中的"中级阶段"）；到现在，人们慢慢进入自我实现"为了自己的快乐"这一阶段（对应马斯洛需求层次中的"高级阶段"）。

今天的消费者和消费市场，已经超越了单凭消费昂贵商品或是奢侈品满足虚荣心。高品质和高性价比，才是真正迎合更多消费群体精神需求的关键所在。智联招聘发布的《2017年新中产调查报告》指出，我国新中产正在形成。这群有着清晰的、符合当代商业美学的审美趣味、善于使用移动互联网等工具的新中产在关心性价比的同时，更倾向于为产品品质和体验支付一定的溢价。

因此,面对更加理性的消费者们,商业的调整便发生了重大变化:在可持续发展的框架下,思考什么样的商品才"贴合"消费者的"理性需求与选择",才是真正的价值追求。生活真正的意义不再是消费商品本身,而是注重美好生活的解决方案与自身价值体现,这恰恰也是党的十九大报告中所着重强调高质量发展的意义所在。

第二　"匠行"中国生活

在红星美凯龙，秉承"以提升中国人居家品位为己任，为中国生活设计"，是一句深入人心的口号。以匠心推动创新成为企业的灯塔后，"设计"成为企业发展的引擎。"设计是科技，是生产力，是灵魂"早已不是口号，而是深入企业每个系统中的因子。不同于传统商业，单纯以"价格"作为商品价值的衡量标准。设计，意味着将文化、风格、品位的附加价值导入，让商品更具个性化和多元化，契合不断发展的中产阶层品质消费需求和生活价值。

过去5年中，红星美凯龙秉承追求一流品牌的理念，在原有模式上，加大力度推动"爱家日""尖货节"等活动。多层次多领域全方位发挥设计的力量，力求践行原创精神。

在红星美凯龙的泛家消费服务链中，传统的"家"的概念被升级，强化以家为基础的服务，每个家居日常生活都会被精细化对待。这些，都是经过一个个"设计"而独具个性的过程：以家为核心，赋予居住功能以外的个人属性延伸，如居者的个性、气质、人格、情感等。同时基于设计美学理念，通过对用户大数据的分析，在地理位置、建筑风格、周边环境等匹配度上进行智能推荐。设计就是科技，就是企业发展的原动力，处处体现，成为红星美凯龙匠心的知行，创新的依托。

一、设计就是生产力

找知名室内设计师共同设计商场的外立面，是红星美凯龙董事长车建新在摸索过程中的一大创新。红星美凯龙有句口号："把商场当作产品一样精雕细琢。"既然是产品，就要像彩电、手机那样不断地更新换代：以艺术化的商场外立面吸引大众，树立企业品牌文化；以艺术化、未来化的公共商业空间分享，引导消费者与企业品牌的文化共鸣。在红星美凯龙的价值观里，设计不仅是形象、空间和科技的运用，同时也是技艺的锤炼和美学的培养与提升，更是文化思想的转变与提升，尤其是家庭文化、情感的培养与提升。

由此，从第一代大棚式市场，到因地制宜改造租用场地的第二代商场，再到前店后厂的第三代自建商场……一步一个脚印，一代一个跨越，红星美凯龙不断升级，不断增添空间创意，升华商场的建筑、装饰理念和风格：商场扶梯直上直下（不用拐弯、掉头，节省了土地，提高了商场的布局效果），独特的门楼，是红星美凯龙的创新专利；在卖场里引进江南园林，构建绿色生态购物广场，是红星美凯龙首开业内先河。

红星美凯龙第七代"体验购物广场"，开启"情景式"布展方式探索：在商场内推出实景样板房供顾客在购物时参观、参考。消费者可以根据展示的样品为自己的家借鉴模拟，卖场为顾客提供菜单式组合装修方案，以实际知行提升消费者的居家审美和品位。第八代门店，推出目前世界上最顶尖高科技结晶的"未来居家""森林公园"、室内轻轨、从一楼直达五楼的世界商场最长的自动扶梯，为行业进步、空间形式创新和文化形态创新，作一个积极的探索和尝试。第九代商场，构建全球首个艺术主题的智能化家居购物中心，由世界著名建筑大师保罗·安德鲁设计，"蜂巢"外观，寓意自然生态。商场引入具有导购和娱乐功能的机器人，引进空间艺术化理念，建设高标准的"爱巢"多功能剧场，打造家居舞台剧《生活变变变》，开创了商贸、科技、艺术复合体新模式。

从2005年开始，红星美凯龙通过深度研究中国消费市场发现，随着当代人消费意识的觉醒与消费品质的提高，消费者对高质量、好产品的需求将极大影响中国商业零售业。于是，催生了红星设计大赛、艺术设计展和鲁班设计尖货节等一系列活动。

红星美凯龙在创新中推出"鲁班指数"的概念，主要是围绕用户选购家具时最为关注的"外观、材质、工艺、功能、内涵"5个方向，从"美颜、良材、精工、科技、格调"5个维度，评判家具产品的匠心与创新。只要在任何一个维度上做到极致，都可以称为设计尖货。多年来，中国家具业已成为米兰展的常客。不断地学习和进步也是红星美凯龙推出尖货零售的底气所在。

与电商平台的各种全球购不同，红星美凯龙一方面从国际市场带来精品，另一方面也推动中国本土市场产生越来越多的设计尖货，并同步打造设计平台，包括置业设计、装修和空间设计、家居产品设计、软装设计等。仅2016年，红星美凯龙就先后在米兰、上海、北京等地举办了4场艺术设计主题的大型展览，成为国内首个打破企业仅作为艺术旁观者和赞助人，而绝少投身艺术领域本身惯例的家居商业品牌。

从2007年2月3日开始，红星美凯龙启动以创立一个新节日的方式，庆祝品牌创建20周年：2·15中国爱家日。这三个数字在红星美凯龙起家的地区，方言顺念和倒念的谐音是"你爱我，我爱你"。这个紧接2月14日"情人节"之后的日子，由企业通过活动传达着爱与家从来都是不离不弃、相依相伴的理念：不论竹篱茅舍，还是高屋华堂，有爱、有亲情的地方才有家。于此，向入驻厂商和全国人民发出了"关注家庭和谐，关心家人健康，关爱家居生活"的倡议。依托"家"而发展壮大的红星美凯龙，要用自己的行动回报千千万万需要帮助的家。在倡议设立"中国爱家日"的当天，红星美凯龙与全国妇联共同启动1 000万元的"红星美凯龙爱家捐助金"。12年耕耘,爱家文化已成为红星美凯龙的主要品牌文化之一,并真正赋能品牌的内在价值,赢得市场美誉。

"设计将成为全新的生产力和生产方式。"红星美凯龙认为,设计贯穿整个产业链条,连接并激活泛家居行业的创新基因,使其不断茁壮丰满。如今,深耕家居业30多年的车建新提出两个使命:把商场空间打造成情景化、艺术化的空间;引进设计尖货。在尖货设计上,更是要求"依靠自身渠道的强势影响力,倒逼行业上游,拿出真本事来面对国内消费者,生产出更多本土原创的设计尖货"。对红星美凯龙来说,全面提升产品和服务水平、改善消费者体验是未来发展的重中之重。

二、人才匠心,生生不息

在红星美凯龙的文化纲领中,企业的命运与社会责任紧紧联系在一起,企业的价值关键在于对社会的贡献有多大,而人才便是企业价值的支撑。

车建新曾对外分享快速成长的心得:30多年的进步,得益于红星美凯龙大力创建学习型企业,以团队学习提升全员的文化素养、工作能力,促进公司的管理创新;得益于"一丝不苟,视信誉为生命;勤奋务实,视今天为落后"的企业精神;得益于"帮理不帮亲,对事不对人""做好千万件小事必能做大事""以提高经营管理水平为第一财富""与比自己素质高的人交友"的红星文化;得益于注重战略、注重设计的经营理念——设计就是科技。企业长期致力于建设"学习型团队、互补型团队、创新型团队、灵感型团队",从让员工就业,到和员工一起创业。在"员工是品牌,红星美凯龙才是品牌;只有让员工先成功,红星美凯龙才能成功"的理念下,锻炼、培养了一大批人才。

目前,红星美凯龙拥有23 000多名员工,且80%的员工有营运指标。可以说,在这个庞大的平台里,每个人都是活跃的分子,生生不息。企业的人力资源政策紧紧围绕公司战略,推进落实以省为单位的经营发展业务一体化的战略步骤,实现公司全国资源的统筹,确保公司各项业务工作顺利衔接,并在系统优化、绩效管理、人才发展、业务支持、人事运营及员工关系等方面提供较为强有力的支持。

红星美凯龙不仅有党委、工会,还成立了公司敬老委员会、健康长寿委员会、关心下一代教育委员会和公司家政服务中心。创始人车建新把员工视为顾客、视为兄弟姐妹、当作公司最宝贵的财富。在他看来,员工在企业平台里成长,同样促成了企业的成长。一个好的企业,必须能有巨大的能量留住优秀的人才。其实,红星美凯龙一直都以服务好员工为己任,不吝于对员工进行投入,每年安排员工去不同的地方考察、学习,开阔视野,以多元激励的方式鼓励员工进修学习;每年帮助员工及其家庭做实事、做好事上万件;为骨干员工家庭雇用保姆等。美育员工，已经成为企业的一项重大工程。

2008年，红星美凯龙成立红星管理学院，专门培养商场营运管理方面的人才；2013年，企业携手北京大学、清华大学、中欧商学院、上海复旦大学等商学院，成立了面向行业人才培养的鲁班家居学院，致力于搭建中国家居产业首个互通有无、资源共享智力平台。学院希望通过人才培养、资源共享及梦想孵化三大体系，为家居产业提供从终端的职业教育到企业家个人成长的全周期培养；通过红星美凯龙多年来积累的行业及社会影响力，整合产学研投各方资源，为产业提供更具价值的服务与帮助；为产业搭建共创生态圈，带领家居产业企业领袖们二次创业，为产业创造更大价值，同时也致力于扶持具有创新性的新项目，为产业的创新发展积累经验。

2018年，鲁班家居学院升级迭代为中国鲁班大学，致力于为中国家居产业创建共融生态圈。升级后的鲁班大学将"领袖四为"作为学院的价值观：关注经济全球化进程、一带一路，以及新科技对经济和产业带来的冲击；关注企业家内驱力提升，传承企业家精神，沉淀企业家智慧；关注产业发展趋势，解决企业痛点；为新经济开太平，推动家居产业的可持续发展。2018年9月，红星美凯龙在"教师节"这一天，正式对外发布"星创家"项目，聚焦远景、产业、未来组织和资本四大核心，聚合大家居产业领军人物，共学共创，探寻跨界创新发展新路径，打造家居产业生态圈，最终实现产业的健康与可持续发展。

"中国最好的那些大学IBM，都有我企业的员工"，这成为车建新最自豪的成就。"人人都能成功，关键是如何开发潜能"，长期的用人研究和实践，使他成为人力资源专家。于是，他长期坚持书不离身，笔不离手，如今，他已写下了十多万字关于人力资源开发管理的理论著述。其中，他在国内首创的"电灯与电网""八小时以外的管理"等许多人才潜能开发理论和具体做法，对创新人才开发理论、推广现代人才开发理论都有着积极的实践意义。

红星美凯龙倡导"心年轻·新青年"精神，努力打造更有创新意识、更加有活力的管理团队，构架更为"年轻态"的组织形式。人才发展工作更加关注业务，关注一线，为此红星美凯龙成立了"新业务助推小组"，搭建新业务管理团队和核心专业人才队伍，整合集团资源帮助新业务，助力新业务成长。企业的"精英计划"项目，更是通过人才盘点、定期集训、岗位实战、晋升评估等一系列工作，为实现集团战略目标储备关键人才。连年来，公司多次荣获"CCFA员工最喜爱的企业""年度最佳雇主""中国最佳企业大学"等荣誉称号。

学习使得红星美凯龙的企业推行文化真正落地、深化，成为企业的全员文化；学习也使得红星美凯龙的企业文化成为富有创新力的文化，并成为企业永续创新的最强大动力。

而"学习型组织"成为红星美凯龙最有力的管理工具。

为保证设计的思想文化能够贯穿企业整个体系,企业高度重视人才战略,并与企业品牌文化联动融合,围绕匠心就是创新的企业思想,推动企业带领整个产业生态的上万个品牌,为中国高质量生活创造而坚持不懈。

第三　创建"美好"生态经济体

从手工小作坊到企业化生产、从家具制造业到家具流通业、从单一市场运作到家具连锁经营、从自主经营市场到品牌捆绑市场、从集团化家具市场到品牌化家居卖场，红星美凯龙实现了经营业态和模式的多次飞跃，成功走上了集团化品牌连锁市场经营与资本运营的道路，成为中国家居业的第一品牌。

2018年前三季度，公司实现营业收入99.91亿元，同比增长29.4%，归属于上市公司股东的净利润达到41.60亿元，同比增长46.50%；扣除非经常性损益后，归属于上市公司股东的净利润约为21.99亿元，同比增长27.54%。营收和利润双双快速增长。截至2018年9月30日，红星美凯龙归属于上市公司股东的净资产达到412.97亿元。在已发布三季度报告的家居企业中，红星美凯龙盈利能力遥遥领先，超过行业多家上市企业之和。

万丈高楼平地起，垒土之功不可没。红星美凯龙庞大的"美好"经济生态，绝非偶然，更绝非一日之功。

一、品牌运营加持"轻"战略

红星美凯龙的成长，与启动的轻重战略密切相关。"重"是指红星商业完成自有项目的开发运营，"轻"则是为其他房企的项目做委托管理，推出从规划设计、商业建设到招商运营的"资产管理服务"。企业据此打造了独有的以品牌资产价值为支撑的轻重资产双引擎的模式，推动企业快速发展和健康成长。

2016年以前，红星美凯龙的战略布局在国内省、市、区的近150个城市，通过自营商场发展模式占领了一、二线城市核心区域的物业，积攒了高效的商场营运管理经验，持续提升品牌影响力，建立了较高的行业进入基准和品牌竞争壁垒。到2016年年底，开业商场总计202家，其中自营商场66家，平均出租率为95.7%。其中，18家分布在北京、上海、天津、重庆4个直辖市，比例达到27.3%。成熟商场同店增长率为5.2%。另有22家筹备中的自营商场。

2018年，集团住建集采公司年完成"第二开发商"业务营收（确认收入）307亿元，荣获"中国建筑建材品牌集群首批成员单位"称号，与中国工程建设检测认证联盟签署全面战略合作协议，联合推动健康家装建材产品认证。2018年，公司全年新开商场77家，其中，自建商场5家、委管商场5家、特许经营商场22家，截至2018年年底，公司拥有家居单体商场359家。如此成绩，得益于企业内部严格的筛选和评审机制，以确保委管商场的稳步发展；也得益于3年来企业在轻重资产策略上的相机调整。

"重资产"投资带来银行和投资者对实体资产认可的同时，投入大、收益慢、债务风险明显等弊端也同时显现其拖慢企业发展脚步的迹象。买地、建设、前期投入和各项税费都是大开销，快速扩张又没有新的投资加入，就持续增加了贷款的数量。为此，红星美凯龙清晰地认识到企业已经进入高速扩张的阶段，特别是上市后更需进入快速盈利的轨道，"重资产"模式已明显跟不上节奏。随着收益慢特点的放大，加上投入成本加大，更使公司的现金流量和资产负债进一步加大。

于是，红星美凯龙开始调整发展战略。一方面，继续执行自营与委管双轮驱动的发展模式，确保主流城市核心区域的市场占领；另一方面，调整优化委管模式，加持品牌内生能力，提升品牌价值，提高品牌壁垒，加快推进三、四线及其他城市的委管业务。

委管模式进入中国具有较长的历史，这种"轻"在于品牌价值资产的体现。依托行业中的影响力和成熟的商业运作模式，利用一些不具备品牌优势在建或已存在的商业地产项目开设红星美凯龙商场，输出品牌和管理团队，每年收取品牌管理、前期规划、委托运营等费用，在无须大规模"重资产"投入的情况下收取可观的收入。地道的"轻资产"商业模式，利用企业的无形资产，输出品牌和管理，赚取巨额利润。

红星美凯龙的委管模式成为企业的一大引擎，得益于卓越的品牌管理、久经考验的可靠性品质及深厚的行业关系，充裕的人才及完美的执行管理也支撑品牌价值的赋能。30多年来，企业始终定位为中国民族品牌的孵化器，并积极扶持跟随企业一起成长的家居品牌，这些为红星美凯龙带来了源源不断的能量：在其供应链生态里，2 000多个"牌子过硬、质量过硬、服务过硬"的著名品牌生产商"与红星美凯龙这一商业品牌紧紧捆绑，获得了"1+2000＞2001"的品牌倍增效应，成为企业商业拓展中一张重要"王牌"。品牌方阵的协同效应，源源不断赋能加持委管的价值，成为各个体系运营拓展的活水。

委管商场合作方也看中红星美凯龙作为知名企业和著名品牌的价值力量，能够帮助合作方在拿地时赢得政府支持。与此同时，红星美凯龙在多年实践运营中摸索出一套涵盖选地购地、政府洽谈、开发建设与工程管理、招租和经营商场的整个管理流程和规范运营体系，既能帮助达成业绩目标，又能为合作伙伴创造价值。"轻资产"模式，迎合了合作方盘活资产并持续盈利的愿望，同时拥有了升值空间的商业地产的巨大可能。

红星美凯龙上市后，轻资产战略进一步升级。2016年8月29日，红星美凯龙与国内知名商业地产基金管理机构高和资本在上海正式对外宣布，共同发起设立国内首支家居商业地产并购基金，双方作为该基金的联合GP（普通合伙人，即管理人），资金规模为50亿元（将根据需要随时扩募），前期将以红星美凯龙在一、二线城市的委托管理商场为主要资产标的。这次合作中，红星美凯龙负责寻找优质资产标的，并进行运营管理。高和资本负责基金的结构搭建、资金募集、资产管理和退出机制设计等，充分发挥各自的优势。2017年9月，又与高和资本联合对外宣布，发行国内首个家居行业"类REITs"计划——"畅星—高和红星家居商场资产支持专项计划"，并在上海交易所挂牌交易。该"类REITs"将天津的两家红星美凯龙家居商场证券化，红星美凯龙仍将继续向商场提供管理服务。此计划仅面向机构投资者，总规模为26.5亿元。其中优先级合计为18.0亿元，由银行、公募基金等机构参与认购；权益级证券合计为8.5亿元，由高和资本发起的私募基金认购。

今天的红星美凯龙，已经从一个传统的商业运营企业升级为一个资产运营企业，不仅通过物业的经营管理赚取经营收益，还通过金融化和证券化获取了快速变现的能力，使公司可以兼顾高的股本收益率和较高的资产流动性。因此，企业希望自营物业依靠"类REITs"变现，回收资金后可更快更多地投资于新物业，通过与并购基金的协同，实现滚动开发和针对性并购，成为家居商场物业孵化器，最终形成从建造到运营，从并购到退出的完整轻资产闭环。

二、从家居MALL走向家庭MALL，建设"星"生活

家庭MALL的诞生，于红星美凯龙而言，既是历史发展的选择，也是自我更新的革命。

自诩为郊区工作者的创始人车建新，早年间以"家居"定性选择MALL的位置，因此地点均在郊区。随着历史的变迁和城镇化的拓展，郊区成了新兴的城市中心。此时，彼时MALL周边所有的数据、元素支撑发生了翻天覆地的变化。如何在城市新中心，发挥MALL自身更大的价值，成了车建新思考的重心。当家庭MALL概念逐渐形成时，红星美凯龙就逐渐形成了一套独有的双MALL驱动模式。

自2009年起，红星地产开始专注开发运营城市综合体及商业购物中心项目，以"创造更持续的价值"为目标，围绕资产盘活、资产运营以及资产升值提供全程专业服务，大力发展轻资产业务，是继家居股份公司之后并与之协同并进的商业地产开发运营平台。

从北京第一家家庭MALL试水至今，仅仅不过五六年，红星美凯龙就以自身的高效率，在零售mall的市场上有了自己的一定位置。作为体验式商业服务典范，红星美凯龙控股集团旗下另一个购物中心品牌——爱琴海购物公园，已在北京、上海、天津、重庆、昆

明、福州、兰州、唐山等地开业13家。作为国内最早布局大数据的线下商业平台，"爱琴海"已经构建了完整的内外部大数据生态，实现了定位精准客群。目前，已形成打通线上线下，囊括3 000+品牌资源，年服务1.8+亿人次消费者的庞大商业平台，已开业商业面积年平均销售增长率达到40%。

作为国内兼具高雅和品位的时尚休闲娱乐文化购物中心的代表品牌，爱琴海购物公园拥有包括真冰冰场、滑雪场、天空农场、马术体验、婚庆中心、儿童乐园、书局、模拟舱飞行、场景体验、手作技能、旅行及动漫等多种文化休闲娱乐体验馆，开创了文化体验商业先河。并以顶级的超现代建筑设计、独创的情景式共享空间模式、汇聚200多家的品牌组合，和盛大的文化推广活动在所在城市引起轰动，成为提升城市定位的绝佳名片。重庆"爱琴海"开业首日接待顾客46.6万人次、福州"爱琴海"开业首日接待顾客46.8万人次、天津"爱琴海"开业首日接待顾客35.6万人次。拥有上海规模最大和壮观优美音乐喷泉的上海爱琴海购物公园作为旗舰店已在2017年年底盛大开业，项目商业建筑面积超过20万平方米，已成为上海新地标。

2018年9月，爱琴海购物公园第二个产品线奥特莱斯正式对外发布。红星美凯龙认为，消费升级不等于价格升级，消费升级的本质是把更好的东西卖得更具性价比，而不是更贵。所以爱琴海购物公园奥特莱斯在名品折扣之外，其全新产品线"艺术空间+儿童体验+美学生活+品质服务"满足了地域消费者一站式品质生活所需。"我们打造的奥特莱斯，贩卖的不仅仅是物有所值的商品、贴心的服务、舒适的物业环境，我们希望更是地域消费者一站式品质生活解决方案的提供者。有艺术、有品质、有情感，又能够满足家庭消费，地处城市的全新奥特莱斯，它承载每一个人的生活梦想。在这里，不仅仅可以认知、学习美好生活，更可以满足每一个人的社交、欢聚与分享。"这是企业一再强调和表达的创建思想。新奥特莱斯的战略思路和设想，已经明确体现企业构建家庭生活消费与服务生态的雄心。

这是红星美凯龙进军零售商业后的再一次全新摸索，也是在复制家居MALL轻资产战略成功模式上的再一次试水。爱琴海购物公园意在打造一个高性价比且高品质的线下消费场景，以实现红星美凯龙这一商业品牌价值在商业零售领域的赋能以及另一体系全新"委管体系"的探索与再造。截至2018年6月，"爱琴海"已进入60余个城市，签约打造了70余个独特气质的人文地标，从签约数量再到管理面积，稳居行业前列。历经9年，红星地产快速跻身中国房地产50强之列，连续6年荣膺中国商业地产TOP2，并多年获得房地产开发企业稳健经营TOP2。凭借对生活美学的不断追求，红星地产的规模化正在加速发展，目前已经在全国布局51个城市，89个项目。

三、共生共融的产业链生态

红星美凯龙借深耕家居产业30多年积累的优势，以产业资本孵化新兴产品和服务，平衡供求关系与结构的同时，完成业务的跨界外延，完整家居生态链条并实现产业闭环。希望用资本撬动更大的市场，搭建泛家消费服务平台，实现线上线下融合，迈出了泛家居业供给侧结构性改革的第一步。并借助互联网，打造一个共生共荣的商业生命共同体开展城市运营，从而打破壁垒，融合资源，催化泛家消费全产业链高效协作，不断自我迭代，创造更多附加值，并重构泛家居业新标准。有媒体评论说，"这个超级平台会有助于更多生产商专心扎实做生产，而且来自平台上的大数据，会反向以C2B的模式反哺生产者，所以从这个意义上讲，红星美凯龙是向着一个更高层次更复杂的商业文明的生态去演进"。

的确，商业模式在不断创新，为顾客建立一个更美好家园的终极目标却从未改变。红星美凯龙更加强调以家为核心，融合用户、媒体、投资方、家具建材厂商、家居生活用品厂商、设计师、家装公司、服务商、房产商等产业生态的多方力量，为中国消费者提供包含产品、服务在内的家庭生活解决方案，也可使企业一直秉持"'家居生活专家'的品质，帮助每一位消费者实现居家梦想"的理念得以更好地实现。至2017年年底，红星美凯龙开设城市运营中心19个，组织线上线下赋能、协同，初步建立条线管理机制，商场数字化建设项目获上海市发改委"共享经济"优秀项目大奖；龙翼上线64家商场，为集团每年在软件系统外包开发、授权维护等方面节约费用超2 000万元，龙翼入选"全球软件案例TOP100"。此外，企业还初步完成3D场景应用实验室的搭建。红星美凯龙主APP共完成3个大版本更新及5次功能性迭代，并成为高新技术成果转化项目。

至2017年年底，红星美凯龙家倍得项目全年实现收入和利润快速增长，合同金额突破5.5亿元，总收入2.3亿元，同比增长61%，实现净利润2 020万元，同比增长98%，荣获上海市《高新技术企业认证》，被评为"五星级诚信创建企业"；星艺佳在新业务模式探索中取得显著的业绩，并在一定程度上助推了集团委管业务发展，有效提升市场竞争力；红美家品自主开发美式轻奢系列产品，优化升级产品结构，并全面进驻京东、天猫等互联网业务。

2017年，红星美凯龙住建集采完成"第二开发商"批量精装修合同金额2亿元，签约2018-2019年实施的项目合作协议26个，首创"绿色环保正品成品住宅"，在全国范围内形成了一定的影响力；星和宅配业务目前已覆盖13个城市，服务品牌350个，仓储面积达52 000平方米，顾客和商户对星和送货安装满意度达95%以上，居行业第一。同时，与香港大学共同研发智慧物流系统，建立智慧物流1.0项目。

红星美凯龙利用独一无二的平台优势汇聚多渠道资源，一直通过深刻的市场研究和战略创新，推动行业发展变革，也是首次将绿色环保上升到企业战略层面。

2018年11月，腾讯&红星美凯龙战略合作暨11·11启动

2018年10月31日，腾讯&红星美凯龙战略合作发布会暨11·11启动仪式举行。双方宣布建立全面战略合作伙伴关系，以"智慧零售"为共同理念，在建立数字化及差异化消费体验、构筑"数字化"运营体系、营造家居行业数字化新生态等领域开展合作，探索家居零售行业的价值链重塑。希望以数字化手段助力行业完成新消费与新数字化的升级，共同构筑美好生活。正如车建新董事长所说，本次合作必将被载入家居行业发展史册。两大巨头牵手，一起探索、共建家居产业互联网，共创经营泛家用户全生命周期的新商业模式，意味着新的家居产业生态将被重构。

近两年来，家居行业面临巨大挑战，但红星美凯龙仍保持了快速的增长。与腾讯达成全面战略合作，无疑将给高速前进的企业新的生态体注入新活力。

第四　高质量发展的中国样本

在中国经济转型升级的重要当口,红星美凯龙以良好的业绩、庞大而健康的产业生态平台、充满活力的企业内生系统,为深化经济改革提供了企业如何高质量发展的鲜活案例。

"引领消费者品位的提升","设计就是科技"——是车建新和红星美凯龙所倡导并一以贯之的价值理念。现实中成功的背后,是一个企业家艰难铸造的过程,也是时代红利、产业红利孵化企业同时企业反哺产业与时代的互造过程,更是创始人和企业品牌从商业美学建设到生活美学创造与引领的融合过程。如今的红星美凯龙,经历了多次升级后,俨然成为美学与品质双重意义上的"家居生活中枢",为消费者提供富有美学内涵和生活质量的"内容"。而支撑这个中枢和内容的是品牌价值与商业模式,更是品牌背后的文化体系、创新思想和价值观。

一、一个"富二代"

"红星美凯龙用爱、尊重和支持对待员工,是最高境界的管理。"国际组织学习协会核心成员丹尼士在红星美凯龙学习考察两周后,对企业作了如此评价。

建筑木工出身的车建新从小家具门市的操作中悟出未来中国流通业的繁荣前景,从与别人的交往中悟出弥补自身短板的长久之道。他认为,木匠之道与企业经营之道相通。真正的木匠并不在于做具体的木工活,而在于善于组织指挥,善于因材而用,善于设计规划,能指挥其他木匠建成高楼大厦。

改革开放造就了一批成功的中国企业家之后,关于"富二代"的新名词解释已约定俗成,指的是继承巨额财产的富家子女。然而,创业有成的车建新在红星美凯龙A股上市的庆典晚宴上反其道而言且言之凿凿,他说:"我是个富二代。"一个乡村泥瓦匠的儿子,在开创出一片奇迹般的事业天地之后,广而告之地把自己定位成"富二代",乍听之下让人颇感匪夷所思。仔细聆听,其诠释却能让人感佩此"富二代"之立意深远,催人反思。儿童时代,父母给他零花钱买经典故事连环画,使幼小的心灵通晓了常山赵子龙的英雄忠义、岳武穆的精忠报国、杨家将的舍家卫国精神等,这些中国传统历史中值得传承弘扬的文化基因与精神密码，父辈的无形馈赠与无私给予，在潜移默化中内化成了他的精神支柱与前进动力。父母通过身体力行与言传身教，把"勤勉、正直、善意、质朴、包容谦虚、宽以待人"等诸多千金难买的为人做事的高洁品行直接传承并"移交"给了他，也正是这笔无形却又无比丰厚的遗产——最朴素也是最持久的价值观，才给予了他启动"创业"的勇气和力量。也正是这受用一生的精神财富，让他这个"富二代"能够将红星美凯龙企业集团推升到全球MALL王的至高地位。

车建新已经习惯于将企业与商业领域的职业情操，用儿女对父母的情感加以比拟。在他看来，事业其实并不是一代人就能完成的，而这种代代传承、积累与延续的优良品德的保证，孕育了家族精神与智慧亮点，最后形成了真正的财富。

2018年7-10月，由中央电视台致敬改革开放四十周年的特别节目——CCTV-1《大国品牌》"改革开放40年40品牌"系列展播活动隆重推出。该活动旨在全景展现当代中国品牌风貌，通过展示改革开放以来优秀品牌取得的辉煌成就，推动自主品牌成长、升级和发展，助力中国品牌群体崛起，助力优秀中国品牌走向世界。"富二代"车建新倾一生心血打造的红星美凯龙有幸名列其中，与华为、阿里巴巴、腾讯、海澜、伊利等中国顶尖企业品牌共享殊荣，成为"改革开放40年40品牌"之一。

真正的美好生活必然以高质量的物质文明和精神文明为支撑。在中华民族复兴和传统文化复兴的重要历史时期，中国传统文化中优秀精神基因的传承和价值回归才是高质量的因子与源泉，也是中华文化复兴和民族复兴的来源与基础，更是中国商业文明重建的基础。至汉以儒立国，中国贤哲们和2000多年历史所流传并成为传统的宝贵财富，恰恰是商业社会功利主义盛行后，而不知不觉丢失的"勤勉、正直、善意、质朴、包容谦虚、诚信忠贞"等诸多千金难买的为人做事的道德品行。这些最朴素的价值观才是最持久的，也是党的十八大以来，习近平主席多次在多种重要场合所发表和强调的。一个企业能够在当下社会喊出新的富二代要义，真是让人振聋发聩。这个"新"，其实是一种回归与传承；而这个"富"，才是当今中国必须重新拾起并高举的价值思想，才是中国高质量发展的核动力，才是大国品牌应有之本义。有这个"富"，才有相处和谐的爱和世界的尊重。

二、美好生活，需要诗和远方

车建新将自我精神"富"的能量贯通到企业平台的运作中，并在企业的曲折发展中，坚持成长、传承的初心，以"勤劳、质朴、正直"这样富足的心态去培养、拓展、生长美好的生活观。正是基于始终如一的初心，红星美凯龙创造了一个全新的商业模式、创造了一个现代服务的新行业，成为中国家居制造品牌的孵化器和产业生态体、引领中国家居消费进入新时代。

红星美凯龙自主创新的结果，不只是一个民族商业品牌的崛起。它对中国家居流通市场的升级和创新，起到了积极的示范和引导作用，对行业整体发展水平的提升产生了深远的影响。在自身不断创新升级的同时，成为家居工厂品牌孵化器：坚持走扶持工厂、共生共荣的发展之路，致力于培植民族家居产业；成为整个产业供应和合作生态的创业孵化器：为广大经销厂商、服务商提供创业的舞台、成长的院校和资本的支持；同时充当家居产品创新的孵化器：为工厂搭建高平台，通过体验式购物，为原创设计提供灵感，造就了一大批优质的民族家居品牌；更是创造了提升中国人居家品位的连锁基地：以情景化的布展、体验式的购物，艺术文化引导与培育，把居家品位传递给千家万户。

在考虑企业经营发展的同时，红星美凯龙越来越多地考虑如何与环境和谐相处，持续发展；企业对社会的善举，对公益的推动持续加强。可以说，强烈的社会责任感正是红星美凯龙自主创新的精神动力。

红星美凯龙将继续深化一个地产两个商业MALL模式双轮驱动的模式，贯通产业链，并启动文旅产业战略，延展生活消费的价值链，实现美好生活的深度发展。

如今，站在新时代门口的中国商业品牌，正向世界展示着自身的蜕变和进化。面对日趋激烈的竞争，中国需要具备世界格局的大国品牌。红星美凯龙也将为打造"中华民族的世界商业品牌"的企业愿景不懈奋斗。党的十九大提出"把人民对美好生活的向往作为奋斗目标"以及"中高端消费、创新引领、绿色低碳"等理念，红星美凯龙要把党的十九大精神贯彻落实到企业的方方面面，不断创新和提升业务品质，为消费者提供更好的产品和更好的服务，为"美好生活"贡献自己的力量。

"勤勉、正直和俭朴"的精神品质，是韦伯和富兰克林道出资本与商业永葆价值的基础；这种"富"的道德戒律，才是商业经济社会应该仰望的星空。

董事长专访

只有匠心，才能创新

《样本》：20年前，您在家居行业中提出"设计就是科技"。这句话成了您的一句名言。如何解读这句话？

车建新：以设计为核心，首先需要提高的是家居业的整体审美和认知。

每年红星美凯龙都会带领一批国内顶尖的家居品牌和家居设计师参加米兰家具展，帮助他们了解国际最新的潮流与风向，与世界接轨。另外，也将中国制造推向世界。其实，一段时间内，"中国制造"常常等同于廉价、仿造、劣质，"中国设计"最开始也曾承受着偏见。但现在中国家具业已成为米兰展的常客。这一年一年的进步，也是红星美凯龙推出尖货零售的底气所在。

开阔眼界是一方面，最终还是要落实到产品层面。红星美凯龙要做的，实际上是要提高整个行业的平均水平，这并非能一蹴而就。"是设计尖货就推荐，不是就不推荐。"尖货零售能够成功吗？红星美凯龙相信，消费者的眼睛是雪亮的，当一个人的审美水平提高上去，他就很难再退回来接受低俗和平庸。

消费升级使得人们从炫耀型消费走向享受型消费，希望真正从好品质的商品中得到生活之美。人们对家居产品的需求不再止于使用，而是需要更能彰显自我的设计。解决效率问题，关键在科技；解决价值问题，则复杂得多，科技、时尚、娱乐、文化、艺术等一个都不能少，合起来是两个字——设计。

行业要保持可持续发展、企业要成为百年老店，离不开对高品质、精细化的追求，更离不开扎实的基础和匠心精神。精细化设计的过程或许耗时持久，产品形成后却会带来品牌价值的快速提升。红星美凯龙致力于为消费者提供具有品质感的家装设计，赋予消费者居住空间更多美学价值。如能将这种潜心钻研产品的精神融入企业灵魂，深入消费者日常，就能引领国人生活方式的变革。所以，在我看来，设计就是科技，就是生产力。这是从家居大国实现家居强国的必经之路。

《样本》：红星美凯龙文化营销以"居家艺术化"和"艺术创收"为主要的两大核心方向，通过线上线下的融会贯通，打造全国艺术商场和拓展全新的艺术家居增量市场，引领国人的居家审美。那么，您如何阐释"品质品位"概念？

车建新：品质就是精细、完美，是强度、韧性、线条，是凡事做到精致的习惯。要确立做强技能的价值观，对事和物专注研究，反复实践。做强技能就是对品质的认知与努力。品质是人做出来的，人的素养、格调和精神，决定了产品和服务的品质品位。追求品质要有"掘地九尺"的求本精神，这样培养出来的品质，才能打下美的坚实基础。

品位是质感的物+优美的情境+高雅的时尚+和谐雅致的色彩。品位既是极致之美，又是组合之美。有了品位，消费者就有了感觉，就自然提升了对你品牌的好感和认同。可以说，品位是品牌美誉度的外化符号。

《样本》：红星美凯龙从家居购物已经走向家庭购物，建筑、室内空间的设计与业态的创新，与消费升级有关联吗？您提出"城市客厅"这一概念是家庭MALL理念的延伸吗？请谈谈您的理解和思考。

车建新：消费升级在今天的意义与价值，就是物质文明的重塑，到精神文明的提升。红星美凯龙在多年前提出设计就是科技，就是生产力，不完全是基于消费升级的考量。2005年提出消费升级时，我们花了很多时间思考和研究消费升级的核心是什么？我们认为，应该就是消费者的价值创造。所以，我们通过设计对建筑、室内乃至业态内容的不断创新，就是致力于提高消费者的审美品位，这是一个极为重要的入口。这是生活质量理解和提高的关键入口。包括艺术元素、设计节和艺术活动的举办，包括文化主题的不断导入和爱家日的不断升级等，我们为消费者创造价值一直不遗余力。

未来的商业一定是交流互动的，所以商业空间里的一切，包括空间的设计、产品的陈设，都将由城市特性与当地消费者喜好来决定。比如，在上海的第九代商业空间里，完全会出现高端油画展，甚至会举办话剧节、海派时装秀等貌似与居家生活并不完全相搭的主题活动。而且，商业空间价值的提升将很好地契合消费升级。未来的消费者在"城市客厅"中，刷卡消费已经变成了一项基础消费目标，他们将更多地享受到文化精神层面的"给予"，并不夸张地说，有时消费者走进新的商业空间之后，像是来到了一座博物馆。有时外地消费者进场后，甚至能够在短时间内了解这座城市的基本风貌。从某种意义上说，"城市客厅"也成了另类的城市生活展览馆。这也是红星美凯龙在未来商业空间的建设中，将创新融合的商业主题。

所以，"城市客厅"计划，是从消费时代走向生活时代的创造。换句话说，消费是围绕和实现高质量的生活的本来目的，也是回归生活的本质，这也是消费的本质：为美好生活服务。这是红星美凯龙从家居平台服务商转向家庭生活服务商的意义所在。

《样本》：关于"创新"，您赋予怎样的内容？

车建新：在2017年红星美凯龙的"鲁班文化节"上，我提出了"只有匠心，才有创新"。于我解读，"鲁班精神"的内涵就是一个民族的品质标杆与创新动力。

所谓匠心，一是用心，二是细心，三是一丝不苟，四是精雕细琢，五是精益求精，六是追求完美，七是追求极致。匠心与创新是一个因果关系，匠心是创新的"因"，创新是匠心的"果"，创新的本质就是匠心不断升华、智慧不断萌生的结晶；也只有在匠心之上，才能达到有品质有价值的创新。

创新发明，其实也并不是多难的一件事，只要你掌握了创新发明的方法。因此，我通过数据的分析和"因"的剖析，加上日常积累的经验，再通过直觉与感悟而发明创新，总结出了"创新发明四型方法论"：组合型创新发明——分别解剖两个事物的三层"因"，并交叉组合、碰撞尝试，变成新事物；推理型创新发明——从事物的三个到五个因（剖面）中去推理果；演绎型创新发明——通过演绎、假想、摸拟，发明出新事物；整合型创新发明——前面三种创新发明的组合，同时应用，同时进行，并通过组合（解剖）+推理+演绎的整合互动，形成一种系统的创新发明。

王阳明思想近年来为何这么受关注？匠心，某种意义上就是足够的诚意；我的创新发明论，就是阳明先生的知行合一。他的思想的确对中国当今的现实具有巨大意义。中国的大国支撑在哪里？中美贸易战对我们的启示是什么？我们制造产品，的确需要足够的诚意，就是对消费者和使用者有敬畏之心。高质量的产品是高质量生活的基础。中国为什么应用性创新多，而基础性创新少，就是多快好省，太多的企业和老板耐不住寂寞。当然也和中国缺失创新机制与创新的政策环境有关。改革开放初期，国家基础薄弱，吃不饱穿不好，的确需要快马加鞭立竿见影的行动与方法。而党的十九大提出从高速增长到高质量发展，就是中国产经界的福音。无论如何地高质量发展，都离不开匠心的基础和创新的动力。这是企业长久发展持续经营的核心动力，是社会健康发展的关键要素，也是我坚持设计就是科技和生产力的出发源点。

专家点评

红星照我去战斗

在我的记忆里，对红星美凯龙的最初印象，是一家很有特色的家具专卖店。当时，开在上海顾戴路麦德龙商场的二楼，经营项目和特色与周边的众多商号一般无二。现在想来，已过20年；再10年前，红星美凯龙在上海普陀区长征镇真北路开了企业第一家家居装饰概念店。受邀参观后，耳目一新，无论在规模、层次、专业化程度上都是超前的。其后，红星美凯龙不断创新家居MALL的美学、体验以及运营模式，开启了全球家居、百MALL时代的全新格局。创新的基因，就在这不断的升级迭代、推陈出新里得以发展、完善，成为企业发展的原动力。正如企业创始人车建新所言，只有匠心，才有创新，企业要高质量发展，离不开匠心的基础和创新的动力。

近20年来，随着消费向着广度和深度发展，商品、服务、商业业态、购物环境进入了升级换代阶段。商业发展机遇带动了商业地产的大发展，商业地产又带动了商品、服务、商业业态、购物环境的创新发展。红星美凯龙紧紧抓住了时代的机遇。

33年时间，从1986年借款600元创业走到今天，红星美凯龙已经是一家拥有700多亿元资产、超过350家商场，总经营面积达1 600万平方米，覆盖全国180个城市的大型企业集团，更是一个从非常普通的家具制作的民营企业发展成为家居零售业的领导品牌。从本我，自我，到超我，创造了一个又一个的商业奇迹。它的成长历程，深深烙印着中国改革开放四十年中国民营企业的热血与奋斗精神。

设计，于家具或家居环境打造，是一项再常规不过的工作。但红星美凯龙创始人将其提到生产力的高度，的确是见识卓越。实际上，一个购物中心的定位，无论从建筑、业态，还是内空间的规划，都要有相匹配的设计——才能达到前瞻性、专业性、系统性方面的优势构建。在实施概念设计时，是以消费对象需求的定位来设计商场店容店貌，公共空间，便利便捷的设施、商铺时尚性等方面，如红星美凯龙的智能化家居、蜂巢居室、未来居家展示等。正像企业自身所表达的，在红星美凯龙的价值观里，设计不仅是形象、空间和科技的运用，也是技艺的锤炼和美学的培养与提升，更是文化思想共鸣与提升的重要手段，尤其是家庭文化情感培养与提升的良好策略。因此，每个红星美凯龙商场风格各异，艺术商场和艺术家居深受不同消费者的青睐。

新时代下的企业，不断寻求促进自身高质量创新发展的路径。跨行跨界，是红星美凯龙近年来的一大方向。企业将家居装饰专业店与购物中心融合在一起，购物中心又引进真冰冰场、滑雪场、天空农场、马术体验、婚庆中心、儿童乐园、书局、模拟舱飞行、场景体验、手作技能、旅行及动漫等多种文化休闲娱乐体验馆以及奥特莱斯等业态。这在一定程度上强化了消费者的体验感，使消费者对购物中心产生黏度，忠诚度大大地提高，有利于购物中心的健康发展，并通过快速运作，实现对企业自有资源的再整合与产业价值的赋能。

现在的红星美凯龙，已经做好了下一轮发展规划与产业战略，正以"红星照我去战斗"的精神准备好再一次腾飞。让我们祝愿红星美凯龙开创更美好的新未来！

刘服群　上海市商业联合会专家委员会成员

第二章
大物流生态经济探路者
——圆通速递有限公司

- 在奔跑中调整姿势
- **企业描述：** 中国快递第一股
- **样本解读：**

    第一　中国快递业的集体腾飞

    第二　创新变革，优化大物流平台

    第三　激活价值链，布局全球

    第四　跳出物流发展物流

- **董事长专访：** 画大同心圆，共建生态圈
- **专家点评：** 动力变革，拥抱世界

在奔跑中调整姿势

这是一个全新的时代,世界面临百年未有之大变局,变局中危险和机遇同生并存,这给中华民族伟大复兴带来了重大机遇。在这个矛盾统一的社会里,一切都在不停地变化:优胜劣汰,适者生存。基于国内外经济形势的变化、民生的需求、市场的推动,新的产业剧目在不断地上演。

从没有这样一个行业,从诞生到成长为中国发展新动能,从"灰色"身份到被"正名",只短短数年;从没有这样一个行业,连续多年业务量保持着高位运行,每年保持高速增长,业务规模多年来稳居世界首位。

依托消费需求扩大和互联网电子商务的快速成长而奋起直追,快递行业成就了自身的高速增长,并对消费升级、培育壮大新经济影响深远,成为社会经济成长的重要构成元素,成为社会生活中不可或缺的一部分。快递,在中国乃至于在全世界缔造了一个传奇和样本。中国快递,成为全球快递市场发展的新引擎。

加快物流业发展,是提升国民经济整体运行效率的重要途径之一。2017年2月13日,国家规划打造"快递航母",到2020年形成3-4家年业务量超百亿件或年业务收入超千亿元的快递企业集团,培育2个以上具有国际竞争力的世界知名快递品牌。2016年,圆通速递有限公司率先上市,身在其中,不遑多让。

随着电子商务市场增速的逐渐趋稳,快递业务量增速趋同,错位竞争、另寻契机成为众多快递公司的第一选择。圆通速递于物流竞争格局里,立潮头紧扣时代脉搏,在国际化、资本化、信息化建设上重拳出击:牵头组建"物流信息互通共享技术及应用国家工程实验室",为构建大物流系统提供信息保障,完成国家快递服务标准化试点工程;深化实体网络系统建设,触动快递+、触网新零售,造血平台经济,实现平台生态良性循环;收购先达国际,加速国际布局,助推"一带一路"建设;借"一带一路"的东风,着力打造国际化航空大平台和"义新欧"铁路大通道建设、深化国际物流系统布局……

一桩桩、一件件,或在内部深化,或在外部系统拓展,圆通速递自带创新基因、怀揣着巨大的探索勇气,一往无前,在高速奔跑中调整姿势,走向更非凡的未来。

> 企业描述

中国快递第一股

圆通速递有限公司（以下简称圆通速递）创立于2000年5月28日，定位为"互联网信息技术的快递平台"，是一家布局新快递物流、新科技、新零售等多个业务板块以及航空货运、国内国际协同发展的大型企业集团。公司以"客户要求，圆通使命"为宗旨，以"诚信、创新、共建、共享"为核心价值观，以"服务社会，强企为国"为责任担当，以"中国人的快递，世界因我们触手可得"为愿景。

2016年10月20日，圆通速递（股票代码：600233.SH）在行业内率先成功上市。2017年，收购香港上市公司先达国际物流控股有限公司（股票代码：06123.HK），并于2018年2月28日将公司更名，改为"圆通速递（国际）控股有限公司"。

一、领先的快递平台服务商

受政策驱动、人口红利持续释放及消费升级等多重利好因素推动，近年来快递行业发展迅速。圆通速递抓住时代机遇，不懈努力，经营情况持续向好，市场占有率稳步提升，业务量从2015年的30亿件增长到2017年的50亿件，营业收入从2015年的120.96亿元增长到2017年的199.82亿元。

2018年上半年，圆通速递业务完成量为28.14亿件，占全国快递服务企业业务量12.74%，较2017年度提升0.1个百分点，市场占有率小幅提升；2018年上半年公司实现营业收入1 206 628.74万元，较2017年同期增长46.95%；2018年上半年公司实现归属于母公司股东净利润80 150.64万元，较2017年同期增长15.69%，实现归属于母公司股东扣非净利润76 946.40万元，较2017年同期增长20.26%。

在国内，圆通目前拥有118个转运中心，68 000余个派送网点，县级以上城市网络覆盖率达96.73%，日均快件量已超2 000万件，市场占有率居行业前列；在国际，圆通国际网络覆盖4大洲，拥有国际直营站点60余个，覆盖50多个国家和地区，开通国际航线2 000多条，海外网络代理点突破1 000家，已基本形成了覆盖欧洲、北美、东南亚等国家和地区的全球物流骨干网络。同时，公司发起的"全球包裹联盟"（Global Parcel Alliance，简称GPA），也是目前唯一一个由国内物流快递企业发起的国际化物流快递联盟平台。此外，公司还提供涵盖5大业务板块的产品和服务，致力于为客户打造提供一站式综合物流解决方案的物流平台。

在科技创新领域，圆通坚持向科技要生产力，以科技创新引领企业未来发展。下一步，将继续发挥牵头联合承建物流信息互通共享技术及应用国家工程实验室的优势，推动圆通科技化、智能化快速发展，为行业的创新发展添砖加瓦。

在绿色环保领域，圆通始终树立绿色理念，不断探索绿色快递新模式。企业希望，通过绿色包装、大力推广电动快递车、开展绿色联盟行动等方式，积极推动绿色物流发展，坚持打造可持续发展的绿色快递物流企业。

二、服务社会，强企为国

作为中国快递行业的领先企业，圆通速递长期践行"服务社会，强企为国"的企业责任理念。积极响应国家号召，成立军民融合办公室，组建战略运输机队和运输车队民兵组织，投入军需物流运送，快递驿站进军营，成立扶贫办公室，通过产业扶贫、就业扶贫、快递+电商等模式为贫困地区的农产品上行提供支持。截至目前，圆通通过打造"万众创业、天下加盟"大平台，为社会提供40多万个就业岗位，为复退军人、大学生、下岗工人、返乡创业人员搭建开放型的创业平台。2003年，圆通率先在业内实施"全年无休"，为客户提供安全、便捷、高效的快递便民服务，有效地保障了社会民生。与此同时，企业以安全生产作为企业的生命线，全面保障寄递安全和社会安全。企业的高速增长和大规模投资，有效地带动了各地经济的发展和居民收入的提高。数年来，圆通积极主动参与公益事业，先后捐赠善款累计数亿元，并设立创业发展基金和"圆通公益基金"，勇担社会责任，不断回报社会。

多年来，圆通速递荣获"全国交通运输行业精神文明先进单位""全国交通运输行业文明示范窗口""全国青年文明号""全国模范职工之家""中国快运物流示范基地""中国十大竞争力物流企业""中国民营企业500强""中华慈善突出贡献奖""达沃斯论坛全球成长型企业""上海名牌""上海市现代服务业联合会副会长单位""上海市公众满意度金榜""上海市平安示范单位""上海市五星级诚信创建企业""上海市模范职工之家""上海市青浦区行业领军企业""青浦区纳税百强企业""上海市青浦区重点企业"，2017年，公司还被评为5A级物流企业、"互联网+重点信用认证企业"，并荣获"2017中国快递年度发展奖""上海市重点物流企业""2018亚洲智慧创新物流之星"等奖项和荣誉称号。

未来，圆通速递在"二次创业"浪潮中，将不断变革创新、提质增效，始终以感恩之心践行"客户要求、圆通使命"的服务宗旨，积极践行"一带一路"倡议，加快国际化发展步伐,打通上下游、拓展产业链,画大同心圆、构建生态圈,为客户提供安全、快速、优质的快递服务和产品支持,加快构建全球网络生态命运共同体,最终实现共建、共创、共享多方共赢发展新格局。

样本解读

第一 中国快递业的集体腾飞

马云曾说,大家讲电子商务在中国是一个奇迹,在世界是个奇迹的话,我个人认为,物流行业才真正是中国过去10年诞生的最了不起的奇迹。

据数据统计,仅2016年,在全球每年约700亿件的快递量中中国就占了300亿件。按照300亿件快递量和13亿人口计算,2016年相当于中国人均发送了23件快递。国家邮政局局长马军胜在2017年年初表示,中国快递业已经连续6年每年增长超过50%,中国已成为全球第一快递大国。

在快递行业史上,2016年是一个值得铭记的年份。这一年,快递行业全面进入了资本时代:圆通速递、顺丰快递、申通快递、韵达快递纷纷上市,中通快递赴美IPO。

这一时间,距离国务院出台《关于促进快递业发展的若干意见》(以下简称《意见》)不到一年。《意见》明确提出鼓励各类资本依法进入快递领域,支持快递企业兼并重组、上市融资,整合中小企业,优化资源配置,实现强强联合、优势互补,加快形成若干家具有国际竞争力的企业集团。与此同时,快递物流企业融资渠道得到优化,国家发改委鼓励银行业金融机构开发支持物流快递企业发展的金融产品和融资服务方案,快递物流企业可借此进行产业链上下游的战略合作、股权投资、并购重组等开展业务整合,以拓展业务范围、扩大网络布局、提升服务水平。

上市第一年,几大快递公司的年度报表均成绩喜人:圆通速递以168.18亿元的营收领跑"三通一达"。上述5家企业,净利润较上年同期增幅最小的也在60%以上。

难怪,在各快递巨头的年度报告或多或少都将盈利收益点首先归结于:报告期内快递行业整体持续迅速增长。

难怪,圆通速递董事长喻渭蛟说,我们遇上了一个好时代,选择了一个好行业。

为进一步鼓励、扶持快递行业的发展,国家相继出台了《快递业发展"十三五"规划》《国务院办公厅关于进一步推进物流降本增效促进实体经济发展的意见》《国务院办公厅关于推进电子商务与快递物流协同发展的意见》等一系列政策。

2017年,全国快递服务企业业务量累计完成400.6亿件,同比增长28%;业务收入累计完成4 957.1亿元，同比增长24.7%。

2018年，全国快递服务企业业务量累计完成505亿件，同比增长25.8%；业务收入累计完成6 010亿元，同比增长21.2%，快递行业仍持续快速增长；邮政普遍服务和快递服务满意度稳中有升，消费者申诉处理满意率达到98.5%。通过深入实施"快递入区"工程，城市自营网点标准化率提高10个百分点，主要企业投入运营智能快件箱27.2万组，箱递率达到8.6%；全国高校快递规范收投率达到96.2%；城市公共快递服务站和农村公共取送点分别达到7.1万个和6.7万个。

小小的包裹，撑起了中国经济的一片天。

根据2019年国家邮政管理工作总体要求预测，2019年全年邮政业业务总量将完成15 000亿元，同比增长22%；业务收入完成9 300亿元，同比增长18%。其中，快递业务量达600亿件，同比增长20%；业务收入达7 150亿元，同比增长19%。在《快递发展"十三五"规划》中提出，在产业能力上快递市场规模要稳居世界首位，到2020年快递业务收入达到8 000亿元。

鲜花着锦的热闹，反而促使快递行业从业者们慎思、笃行。以圆通速递为例，70%的业务贡献，来自电商系统。但受中国电商市场增速下降等不利因素影响，快递企业也将迎来自己的"二次创业"。随着我国物流业转型升级速度加快，行业差异化发展也在迅速推进，大物流时代已经到来。面临新机会，快递企业需要选择更长远、更符合自身发展特点的一条路。

第二 创新变革,优化大物流平台

2016年,圆通速递成功在A股上市,成为中国快递第一股。

2017年,圆通速递定调为布局未来、创新突破的基础年。

2018年,圆通速递定位为"二次创业"的开局之年,也是创新变革、提质增效之年。

公司在2017年年报中表示,圆通速递坚持以提高发展质量和经济效益为中心,把高质量发展作为确定发展思路,强化服务意识,注重绿色安全,将提质增效作为核心工作。公司以电商快递为基础,强化与信息技术等资源的深度融合,增强人才、系统、网络的专业化能力,提供仓配一体化、供应链及其延伸服务。圆通速递积极开展多式联运中心建设,加快推进覆盖全球的陆、铁、空、海多样化综合运输体系建设;依托科技公司及承建国家工程试验室对公司科研实力的提升,构建物流信息共享体系,实现各种资源的深度融合,服务市场,协调资源,降本增效,推动公司运营信息化、自动化,打造以科技与信息技术为主要驱动力的智慧圆通,提升公司综合服务能力。

一、深耕主业,优化网络平台

圆通速递是以快递服务为核心,围绕客户需求提供代收货款、仓配一体等物流延伸服务。公司以自营的枢纽转运中心和扁平的终端加盟网络为基础,积极拓展终端网点、优化网络建设,不断提升网络覆盖广度和密度、提高时效水平、提升服务质量,为客户提供最具性价比的快递服务。

公司致力于搭建与合作伙伴和谐共生的快递业务平台,采用枢纽转运中心自营化和末端加盟网络扁平化的运营模式,掌控枢纽转运中心等核心资源,并有效调动庞大加盟网络中的资金和人力资源,将快递服务网络末端延伸至全国各地。"圆通最大优势是加盟商、网络与终端。"董事长喻渭蛟表示。圆通成长至今,在实践中探索发展的"直营与加盟相结合的圆通模式"——枢纽转运中心自营化和末端加盟网络扁平化的运营模式是根本所在。圆通这个大平台,在枢纽转运中心自营模式下,公司根据全网络的业务量情况、快件时效、运营成本等情况综合考量,并进行全网协调,持续优化转运中心规划布局、中转路由等。

2017年,公司加大对自营枢纽转运中心的投入,通过自建或其他方式,增加自营转运中心至64个，并根据业务需要及行业发展动态，加大投入对部分枢纽转运中心进行自动化的升级与改造，不断提升枢纽转运中心的快件处理能力，拓展枢纽转运中心的辐射范围，同时进一步增强了公司快递服务网络的稳定性；加盟商通过自营转运中心中转快件，承担所属区域的揽收、派送等工作，服务于公司整体快递服务网络。公司对快递服务网络具有较强的总体管控和协调的作用。

2018年上半年，圆通速递继续加大对转运中心、自动化设备以及运能建设等方面的投入，逐步增强网络核心资产掌控力，不断完善网络服务能力。公司根据路由优化和业务量增长的需要，以改扩建后的转运中心满足未来业务增长和丰富产品体系需求为宗旨，持续对部分枢纽转运中心实施升级、扩建、搬迁等计划。2018年上半年，公司共对济南、烟台、海口、郑州等枢纽转运中心完成改造、扩建。在建转运中心外，公司计划在义乌、天津、广州、石家庄、昆明等20多个城市购置土地用于建设多功能转运中心及仓储项目。还计划对现有52个转运中心的设备进行全面自动化升级，以提升分拣操作效率、降低人工成本。截至2018年6月，圆通速递共布局完成自动化分拣设备15套，且多个转运中心的自动化设备改造升级亦正在稳步推进。

针对末端加盟网络，圆通速递也采取一系列举措，助力加盟商降低成本提升运营效率。公司深入推广各项先进业务信息系统的使用、优化全链路运营流程。同时，大力推广加盟商加大自动化分拣设备、伸缩机等先进设备的运用，帮扶加盟商实现转运中心工艺升级。并且不断改善加盟商至枢纽转运中心之间的运力统筹，大大降低加盟商的人工成本，并实现、推广燃油集中采购模式。报告期内，加盟商采购、运输、营运成本显著降低，全网运输成本明显改善，快递服务网络全面、优质、集约、健康发展。

截至2018年6月30日，圆通速递在全国范围内拥有自营枢纽转运中心64个，加盟商3 281家，快递服务网络覆盖全国31个省、自治区和直辖市，地级以上城市已基本实现全覆盖，县级以上城市覆盖率达到96.73%，自有航空机全货机12架；公司通过子公司圆通国际迅速拓展公司全球网络覆盖，基本搭建起覆盖各大区域的航线网络，腹舱航线总数超千条，覆盖国内城市120多个，现已基本形成了覆盖欧洲、北美、东南亚等国家和地区的全球物流骨干网络。

二、信息化、标准化，智慧赋能全链路

习近平总书记关于信息建设曾重点强调，要坚定不移实施创新驱动发展战略，抓住基础技术、通用技术、非对称技术、前沿技术、颠覆性技术，把更多人力、物力、财力投向核心技术研发，集合精锐力量，作出战略性安排。

圆通将企业定位于互联网信息技术的快递平台，一贯重视科技与信息研发，为实现加快从劳动密集型企业走向科技智慧化企业的转型的目标，以科技和信息为支撑，打造智慧圆通，实现创新发展。

因此，将目光聚焦中国物流业存在的物流信息互联互通不足、物流装备信息化和自动化程度低、物流业标准体系亟待完善等问题上，聚焦关键环节，紧扣创新这一"第一推动力"，围绕提升物流运营效率和寄递安全水平的迫切需求，重点做好互通平台搭建、物流资源和运能资源的整合、智能装备研发、行业标准制定、示范基地建设以及物流人才培养等工作，才能有效提升物流行业的运行效率、降低物流成本、提高服务水平、培育技术创新人才。

圆通速递信息化战略从干支线运输管理信息化、分拣转运管理信息化、末端配送信息化、客户交互信息化、财务结算信息化、需求预测信息化、安全管理信息化等方面入手，不断凝聚具有创新精神的专业研发团队，借鉴国内外先进经验，以科技公司为主体进行研发创新，打通各板块信息化系统，联通各板块信息端口，实现全网全过程信息化运作和管控的闭环。以提升信息化、自动化为主线，进一步引进信息和科学技术专业人才，进一步增强全链路可视可控能力，提升内部运营的安全和效率，降低运营成本，并为全链路的信息数据采集、产业链上下游的信息交互提供支持和保障，全面实现物流、客流、信息流、关务流、资金流合一；圆通速递致力于逐步掌握大数据分析技术与能力，将公司运营过程中产生的大数据转化为实际生产力，逐步实现业务流程与公司管理的智能化和智慧化转变。

2017年5月12日，由圆通速递牵头联合承建的物流领域首个国家工程实验室——物流信息互通共享技术及应用国家工程实验室在上海揭牌，实验室将推动快递行业以及圆通向科技化、智能化快速发展。

信息化的发展为快递行业带来了新的发展机遇，亦是现代化快递物流业的主要特征，快递企业依靠技术升级的契机提升运营效率、降低业务成本，进而深化业务模式创新，获得快速、可持续发展。圆通速递，亦在其间。

自2009年起，圆通速递持续投入大量资金开发拥有自主知识产权的快递服务运营系统——金刚系统。目前，公司已搭建了包括"金刚系统""罗汉系统""行者系统""管理驾驶舱系统""GPS车辆监控系统""GIS辅助分拣系统"等在内的行业领先互联网信息技术平台，覆盖揽收、中转、派送、客服等全业务流程以及财务结算、人力资源等日常管理的各方面，基本实现了对快件流转全生命周期的信息监控、跟踪及资源调度，促进了快递网络的不断优化和服务质量的稳步提升，奠定了客户服务满意度领先的地位。经受住"双十一""双十二"等购物节的"快递爆仓"的考验，更加高效、更加灵敏、更加可持续发展的体系正在市场发展里生根。

2017年，是圆通信息化建设硕果累累的一年。在业内，圆通率先推出了"隐形面单"，为个人信息安全再添"安全锁"；同年5月12日，公司组建的物流信息互通共享技术及应用国家工程实验室（以下简称国家工程实验室）正式挂牌，成为物流领域的首个国家工程实验室，实现了这个行业在国家层面建树零的突破。

经过多方研究，国家工程实验室明确以落实国家战略，推进"互联网+物流"行动计划，加快自主创新研发，打造核心竞争力，引领整个物流行业及光联产业协同发展为主要指导思想，以解决物流行业发展中普遍共性的重大瓶颈问题为目标，通过国家战略、互通共享、智能装备、物流安全、创新应用5个重点工作方向开展具体工作。2018年12月20日，物流信息国家工程实验室对外发布了首份针对物流领域军民融合发展战略进行较为全面系统分析的报告——《军民融合—新时期物流行业的重大使命：中国物流领域军民融合发展报告（2018）》。

国家工程实验室认为，2015年3月，军民融合首次上升为国家战略，近几年军民融合在各行业的发展也不断提速。对物流行业来说，军民融合路径的有效探索将极大提高社会整体物流运行的质量和效率，加快推进社会物流体系的高质量发展步伐。随着工作的深入，国家工程实验室带来的红利，将对圆通及整个行业的创新转型、国家创新驱动发展战略的实施以及"一带一路"建设等起到推动作用。

为保障实验室项目的有序完成，圆通速递还特地设立了"圆通研究院"，为圆通速递高层提供内部优化建议、中长期发展建议和决策参考；服务行业、支持物流国家工程实验室进行相关软性课题研究、开展相关项目。截至目前，发布了行业第一份无人机报告《无人机现在与未来——前景解析与快递物流行业应用》；并在权威期刊上公开发表了《"新零售"的理论架构与研究范式》)。

信息化建设与标准化建设，总是相辅相成。2011年，圆通速递成立企业标准化管理委员会，全面启动标准化体系建设，目前已完成302余项企业标准的制定，已形成对快递服务网络和业务流程全覆盖的标准化体系。2013年12月，公司成为首家国家级快递服务标准化试点单位。

此外，公司不断加强标准化体系建设，坚持自营业务体系与加盟商一体化的管理理念，立足公司现有业务需求并结合未来发展重点，构建以"基础通用标准"为基础，"核心营运标准"为中心，以"管理标准""服务标准"为支撑与保障的全方位标准化体系结构，通过企业标准在全网范围的全面贯彻实施，加强管控力度并统一服务标准。同时，借助标准化规范营运模式，明确管理职责，巩固服务质量，提升品牌形象。标准化已经成为圆通速递的核心战略之一，执行的标准共302项，其中，采用国标38项、行标25项、地标1项、企标238项。截至2017年，圆通速递按照GB/T 1.1要求，编制了133项企业标准，包括信息管理、人力资源管理、客服管理、营销管理、网络管理等十几个方面，涵盖圆通速递主要管理活动和经营活动的各个环节。

与此同时，公司积极参与行业标准化研究。2017年，公司重点参与了《绿色物流指标构成与核算方法》《快递封装用品系列标准》《快件处理场所设计指南》《冷链快递服务规范》《邮政市场违法行为举报处理办法》《城市配送电动物流车辆应用选型规范》《物流服务与电子商务信息交换规范》《物流服务仓配一体化信息交换指南》《快递智能分拣设备》《智能仓储机器人设备技术要求》等多项标准的制定和研讨。2017年5月24日，由圆通速递承担的"快递服务标准化试点（国家级）"项目在国家标准委专家组的评估验收中获得高分通过。

中央鼓励和支持企业成为研发主体、创新主体、产业主体，鼓励和支持企业布局前沿技术，推动核心技术自主创新，创造和把握更多机会，参与国际竞争，拓展海外发展空间。圆通速递紧紧把握互联网与实体经济深度融合的契机，大力投入信息化建设，以信息流带动技术流、资金流、人才流、物资流，促进资源配置优化，创新发展，推动企业的核心动能建设。

三、让党建成为发展的"红色动力"

自2007年6月成立党支部以来，圆通速递一直坚持"网络覆盖到哪里，党建就延伸到哪里"的原则，针对民营快递物流业的特点，强化思想、组织、人才和制度4个方面保障，实现4个方面的成效提升，用党建推动发展、以发展检验党建，探索出了一条"融入发展抓党建、抓好党建促发展"的路子，使党建成为企业发展源源不断的"红色动力"。2012年6月，圆通党支部升格为党委。目前，全网拥有近5 117名党员，党委下设1个党总支、33个党支部。

为进一步强化党建工作的开展，圆通特地在集团总部大楼辟出1 200平方米空间，用于展示馆、党群活动中心：展示馆展示在党的领导下民营快递物流业快速发展的历程；党群活动中心则设立党史陈列区、会议室、红色影院等。基于圆通在党建与企业发展融合道路上的积极探索和成果显现，两处文化园地被上海市青浦区评为"两新"组织党建阵地示范窗口。不仅如此，圆通党委还在内部发起成立了首期70多万元的党员互助基金，倡导坚决"不让一个党员因病因贫而掉队"。

以总部阵地为抓手，圆通党委积极对接企业网络资源优势，进行全网"红色动力"辐射。截至目前，已在全网设立25个收看点，并组织全网员工收看党的十九大开幕式、庆祝改革开放四十周年大会等，利用圆通视频会议系统、内部局域网、微信群、党建微信公众号等信息化平台，定期传播党和国家重要方针政策，唱响主旋律。近年来，董事长兼党委书记喻渭蛟还带领党员干部先后到江西井冈山、福建古田、河北西柏坡等红色革命教育基地，开展"重温入党誓词、重读入党志愿书、重看入党考察期"活动。

2018年6月25日，圆通速递在总部召开庆祝建党97周年党员大会，会议回顾总结过去一年来公司党建工作，并表彰了一批在党建工作中涌现出来的先进个人和团队。

为解决企业党建"说起来重要、忙起来不要"等问题，促进党建规范化、可持续，圆通着重在标准化和制度建设上下功夫。公司党委ISO9000质量管理标准作为管理工具被引入党建工作中，制定了《圆通速递有限公司党建工作标准》，将党建工作流程进行细化分解，形成了党建质量管理手册、15个程序文件、27个制度标准，明确规定每一项工作做什么、谁来做、何时做、怎么做、做到什么程度等。如此，企业还将支部及党员基本信息、关系转接信息等统一纳入党建系统管理，建立较为完整的基层网点党建标准化档案。2017年12月，公司通过了ISO9001党建质量管理体系认证，成为快递行业首家通过党建质量管理体系认证验收的企业。

追求一切从实际出发、实事求是，理论结合实际的圆通党支部，在针对企业自身加盟制网络利益主体多、人员流动频繁等特点，在探索中坚持将党建组织架构和企业组织架构有机相融，朝"加盟制经营、一体化党建"方向努力。因此，在企业党建组织架构搭建上，特地对应企业自身的三级管理体系：在总部建立党委，在各管省区及转运中心建立党总支、支部，加盟公司建立党小组。目前，公司党委下设的33个党支部中，有21个直属党支部、10个联合党支部、2个功能型党支部。

此外，公司党委还加强党领导下的群团组织建设：工会主席进班子，鼓励党支部书记与工会主席"一肩挑"，党支部委员兼任团支部书记，工会女职委兼任妇委会负责人，等等。目前，全网共成立工会82个，总部工会荣获上海市青浦区"工人先锋号"，公司党委委员兼工会主席被选为中华总工会国防邮电工会委员，客服团队荣获交通运输部颁发的"全国青年文明号"荣誉称号。

"功以才成，业由才广"聚天下英才而用之的圆通，坚持"把骨干培养成党员、把党员培养成骨干、把党员骨干培养成公司高管"，把党员干部与企业管理干部培养使用相融合。在招聘员工时，对于党员报名者在同等条件下优先录用。近年来，从高学历、高职称员工以及劳动模范、技术能手等业务骨干中培养了46名优秀人才入党。目前，公司96名总监级以上高级管理人员中有55名党员，1名党总支书记由副总裁担任，21名支部书记中有19名为公司高管。

公司还推行"党员亮身份"，党员佩戴党徽，摆放党员先锋岗、示范岗标识牌。基层收派员、业务员党员统一穿着带有党徽的工作服。公司成立3支党员突击队，在"双十一"旺季等发挥先锋模范带头作用。

党员当先锋、打头阵，带动了全网的队伍建设，先后涌现出行业首个全国五一劳动奖章获得者曹中希、"诚信快递哥"张锦、"奋不顾身火场救人"张洋等一批先进员工。在2017年第三届全国"最美快递员"评选中，圆通员工在12个名额中摘得3个，为全行业最多。为提高加盟公司一线人员管理技能，圆通速递精英联盟激活项目启动，开展三板斧培训，包括目标管理与任务制定、有效授权、纠偏辅导等。

圆通希望通过各种各样的形式，形成具有中国社会主义特色的快递行业党建体系。与此同时，实现让企业文化落地，让落地文化激发动能，成为企业成长的重要元素，并真正实现体制内的"提质增效"软实力的开发、建设。

2018年10月，圆通速递位于上海大虹桥板块的青浦区华新镇的新总部正式启用。对于上海乃至全国快递业而言，青浦都是"发展高地"和"市场风向标"。处于上海、江苏、浙江3省市交通便利位置的青浦区集聚了快递业务经营许可企业88家，规模以上交通运输企业48家，全国和区域快递总部14家，国内已上市的7家快递行业龙头中，有5家企业总部坐落在上海青浦。新总部大楼的启用，将为圆通网络服务市场和客户提供更好支撑，也标志着圆通速递站上了发展的新起点，肩负起新使命，开启了新征程。"我们要变压力为动力，在变革中求生存，在变革中谋发展。用我们的承诺和行动，不断让客户感受到圆通更好地服务体验和价值，为新时代中国快递物流业的转型升级和中国经济的高质量发展做出更大的贡献。"董事长喻渭蛟表示。

第三　激活价值链，布局全球

"中国人的快递，世界因我们触手可得"是圆通速递的发展愿景。

为实现发展愿景，圆通速递开启"二次创业"，打造"网络生态命运共同体"，内外兼修，创新深化战略以激发价值链进而触手世界：对内，圆通速递深化多样化运输平台体系，优化深入城市触角，打造"新品牌"、触网电子商务平台；对外，则紧紧把握"一带一路"契机，抢占航空航线高地，频频落子布局，推进国际化发展战略。

一、深化多式联运体系，护航"新品牌"

基于快递行业的竞争走向明朗化，圆通速递积极拓展多元化战略布局，坚持创新运营模式完善多层次产品体系，打造公司多元化的产品与服务。以领先的服务理念和信息系统为依托，深耕快递服务主业，成为圆通的战略运营指导方向。为此，圆通速递的快递服务网络，期待以高效管控的枢纽转运中心为骨干，通达全国的航空、汽运、铁路运输网络实现快递在转运中心间的集中快速中转，并通过扁平化的加盟商及终端网络进行快递服务"最后一公里"的揽收与派送。经过18年的发展，公司已形成了覆盖全面、高效稳定的快递服务网络，打造了公、铁、海、空多样化综合运输体系。

在公路系统上，圆通速递根据运能体系建设目标，继续购置干线车辆、实施机队升级，完善公司运能体系能力建设。截至2018年6月末，公司自有运输车辆达1 244辆，自有运输车辆占比快速提升。

2015年10月，公司全资子公司圆通航空正式开航运营，成为当时国内2家拥有自有航空公司的民营快递企业之一。截至目前，公司自有机队数量已达12架，并开拓了中国香港、马尼拉、达卡等国际航线，海外服务网络及航空运能建设进一步完善。

基于多样化综合运输体系及信息化建设的提升，圆通速递坚持不断创新，根据客户需求、市场发展及行业动态，运用全新运营模式不断扩展服务范围，优化产品结构。2016年3月25日，圆通陆续运行次日达、隔日达、72小时承诺服务，并与菜鸟合作，支持菜鸟平台商家"承诺达"订购服务，超出承诺时效的快件圆通将按承诺标准给予商家赔付。2018年10月17日，圆通蛟龙集团旗下全新的独立品牌"承诺达特快"正式对外发布。

承诺达特快从集团的快递、物流、航空、新零售、高新科技等资源沉淀中得到有效支撑，对标国际、服务中高端客户的高频配送服务网络，将与现有的经济型快递协同共进，着力打造多方面优势——性价比高、更快更稳、科技安全、未达退款。在产品体系上，承诺达特快同城、经济圈范围内可实现即日达、次晨达；跨省重点城市互发的快件，可依托"全货机+散航"资源，实现次日达覆盖率90%以上。在网络拓展模式上，采用以全直营体系为核心的共享模式，包括代派、联建、代理等多种模式，实现运营成本管控和服务质量保障之间的有效平衡。

截至2018年年底，承诺达特快已在全国设立近700个直营营业部，服务网络覆盖市、县近千个，基本形成了平台型物流网络的雏形。

二、"快递+"，造血平台经济

在践行过程中，面对新形势、把握新需求，不断思考、创新改革，已然逐渐成为深入融合圆通速递企业中的一个重要基因。迈向高质量发展的新时期，快递不再是简单的"递"，快递企业也不再是简单的"快"，而是不断拓展新兴服务，深化"快递+"经营内容和项目的探索，由"快递平台"向着综合物流服务商转型。金融、电商，仅仅是圆通多元触角中的两个维度。

圆通速递金融以圆通产业为核心，实现供应链金融和消费金融双轮驱动，分阶段发展金融业务；通过金融服务和上下游客户紧密互动，形成物流、信息流、资金流的闭环。

2016年8月，圆通速递董事长喻渭蛟向媒体表示，圆通必须要通过资本市场的杠杆来快速地整合产业链，"圆通对标了国际快递公司，未来会有金融板块"。

2017年6月26日，上海圆驿融资租赁有限公司成立，累计至今投放融资资金6亿元；2018年8月，圆通全资收购了上海星达保险有限公司。

圆通在金融板块的投资步伐，正在逐步加速。在圆通的规划中，金融将大大促进快递行业的规范化发展、强化企业与加盟商的共生共荣，更是圆通实现迈向高质量发展的重要要素，尤其将大大助推圆通的"全球布局"。

若说金融触角的延伸，是在推进企业发展、强化与加盟商关系上进行的有耐性的战略布局，那么快递+电商的模式探索，则是针对资源的有效整合，对产业链条自身的精耕细作，真正体现了中国特色社会主义民营企业在主动承担社会责任的同时，实现精准扶贫，发展经济的长效机制。

当圆通人在国内基本完成布局后发现，快递企业在电子商务运营上天生有优势：强大的物流运营能力，强大的终端资源挖掘及整合能力。"e城e品"，应运而生。

自2017年6月以来,圆通"e城e品"覆盖陕西、山西、山东、安徽、重庆市等地的苹果、猕猴桃、滩枣、柠檬、莲藕、红皮土豆、红薯、花生、红心猕猴桃、脐橙等80多种产品。同时,圆通还与济宁市政府签署合作协议,先期建设10个快递+电商孵化基地、100处快递电商镇级公共服务中心和1 000处村级快递电商公共服务站,构建新型农业经营主体运营模式,形成市、县、乡、村四级快递电商融合发展体系。

跨界新零售,给圆通的经营团队带来了新的挑战:如何有效整合供应链系统、如何精准洞察消费者需求等。结合助农扶贫项目的尝试,聚焦特色农产品,让圆通寻找到了新的可能,尤其是产品销售上的点对点扶持。2017年8月初,山东嘉祥县苹果滞销,通过圆通"e城e品"线上平台的推广,3天内就将第一批约2万斤的苹果销售一空。最多的一天卖了近2 000单,销售额超过4万元。类似例子,不胜枚举,这为"快递+电商"模式的探索不断注入信心,也提供了更多的资源整合和商业运营的可能。

"快递+电商"模式,不但解决了农村地区农产品销售的难题,还培养了一批快递创业者、电商创业者,真正实现了"精准扶贫"的有效探索。"授人以鱼,不如授人以渔。"圆通速递积极投身参与、服务国家精准扶贫战略大局的同时,积极创新产业模式和管理机制,充分发挥企业就业吸纳容量大、产业带动力量强、网络覆盖范围广等优势,通过直接吸纳就业、培训农民就业,并培养农民、农村大学生以及退伍军人等利用企业平台资源或自主创业或参与公司的"大众创业天下加盟"计划,在农村形成独有的增收致富的"造血机制"。近些年,依托无处不在的网点、网络,圆通给各类贫困人群提供了大量的就业岗位。2017年11月,国家邮政局对对口帮扶河北省平泉县定点扶贫工作的先进单位进行了表彰,圆通荣获最高等级的"定点扶贫贡献奖"。2018年4月,圆通作为上海市青浦区知名企业,与云南德宏州政府签署扶贫协作框架协议。圆通将通过基础设施建设、产业、教育、就业等多种形式助推德宏精准脱贫。同时,圆通还与德宏州陇川县护国乡边河村签署"万企帮万村"精准扶贫行动村企结对帮扶协议书。圆通董事长喻渭蛟还被聘为护国乡边河村的名誉村主任。陕西的周至,云南的滇西、昆明、大理等,到处都有圆通的影子。

截至目前,圆通扶贫工作覆盖17个省、市,全网从业人数近40万人中,大量来自国家级贫困县、农村地区;圆通仅自有电商平台每日销售特色农产品数十万单。全网每天2 000多万票快件,成为连接农产品源头到市场的重要桥梁,成为缩小城乡差距、增加农民收入的"助推器"。下一步,圆通计划进一步充分发挥快递物流业的网络优势、产业优势、就业优势,进一步积极助力精准扶贫,从注重减贫速度向更加注重脱贫质量转变,从注重找准帮扶对象向更加注重精准帮扶稳定脱贫转变,从注重外部帮扶向注重外部帮扶与激发内生动力并重转变。

三、抢占航空战略高地，加速推进国际化

目前中国快递业已进入5个方面全面融合发展的新阶段，即互联网和物联网融合、国内和国际融合、线上和线下融合、快递和物流融合、资本和技术及人才融合，而"一带一路"建设也迫切需要中国快递物流业走出去，"中国制造"也需要和"中国服务"协同走出去，中国电商平台"买全球""卖全球"需要中国快递企业同步"运全球""送全球"，圆通董事长喻渭蛟表示。

可以说，圆通一直是一家具有前瞻性、战略定力和战略自信的企业。既然致力于成为全球领先的综合快递物流运营商及供应链集成商，自是早早布局，走在前头。国际化战略布局，动作频频。2017年5月16日，圆通速递宣布以总价约10.4亿元港币（折合每股4.07元港币）收购先达国际之现有发行股本约61.87%，合计2.56亿股股份。先达2017年在全球17个国家和地区拥有实体公司，在全球拥有52个自建站点，业务范围覆盖超过150个国家，国际航线超过2 000条。圆通速递希望通过收购，获得先达遍布全球的网络布局、干线运输能力和关务能力、经验丰富的本土化管理及运营团队，能够实现快速提升公司全球网络覆盖率、快速构建公司国际化发展的网络基础、奠定海外竞争的先发优势，并在公司现有海外网络基础上进一步延伸公司海外服务网络及业务范围，助力公司在东南亚、欧洲等"一带一路"沿线国家或地区打造高性价比的跨境物流全链路产品与服务，提升公司国际业务竞争优势。圆通的全球化战略雄心，锋芒初露。

2017年7月，圆通牵头启动截至目前仍是唯一一个由国内物流快递企业主导发起的国际化物流快递联盟平台——国际包裹联盟。国际包裹联盟首批成员由全球25个不同国家和地区的50家快递及产业链企业共同组成。2017年5月29日，在2017北京国际服务贸易交易会上，圆通速递"全球包裹联盟"荣获最具国际化战略服务示范案例荣誉，被称为"物流版的一带一路"。

2017年9月，圆通集团又一次开快递物流业的先河，战略投资中欧班列，深度参与推进"一带一路"建设。时隔不满2个月，同年12月27日，圆通又增资扩股"义新欧"运营平台。2018年11月28日，"义新欧"班列被写入中（中国）西（西班牙）两国联合声明，这是"义新欧"中欧班列首次被写入我国与其他国家的联合声明。这也意味着"义新欧"中欧班列在中西两国外交、经贸领域的作用和地位进一步得到提升。截至目前，"义新欧"已成为运行线路最多、装载效率最高、经营模式最新的中欧班列，被习近平总书记称为亚欧大陆互联互通的重要桥梁和"一带一路"建设的早期成果。

随着国内快递行业逐步由价格竞争转向服务质量竞争，以及国内快递企业的激烈竞争

捷克当地时间2018年9月19日，首次以"圆通号"命名的"义新欧"中欧班列进驻"一带一路"捷克站货运场。

逐步从国内市场渗透至国际市场，自有航空运输网络的重要性越发突出。

在国内市场，规划布局了"一主八纵"九大基地："一主"，就是嘉兴全球航空物流枢纽；"八纵"，是国内八大区域的核心城市以浙江省嘉兴市为战略多式联运中心，义乌、西安、成都、天津、武汉、广州、南宁、昆明8座城市与重点国际市场实现无缝对接。2018年1月，圆通开通无锡—香港—徐州地区航线，开启企业加速国际化进程中提高国际竞争力的运作；2018年6月6日，圆通速递与菜鸟、中国航空联合宣布，将在全球最繁忙的货运空港——香港国际机场共同启动建设一个世界级的物流枢纽，为全球72小时必达的物流网络提供有力支撑；2018年7月30日，圆通与嘉兴市人民政府签署战略投资协议，在嘉兴机场建设全球航空物流枢纽，并依托该枢纽打造立足长三角、联通全国、辐射全世界的超级共享联运中心和商贸集散中心。

在国际上，公司实施"3+3"国际布局战略，即逐步打造以捷克覆盖欧洲、泰国覆盖东盟、香港链接全球，美国覆盖北美，迪拜覆盖中东、巴西覆盖南美的区域网络，实现市场和网络的快速增长。2018年8月15日，公司开通圆通航空自开航以来的首条国际航线——天津至哈萨克斯坦首都阿斯塔纳；2018年9月5日，圆通航空首条南亚航线——"长沙—达卡"定期往返航线首航；2018年9月11日，圆通航空开通第三条国际货运航线。据悉，圆通航空出资20%参建的西北国际货运航空有限公司正在筹建。

圆通不断加大自有航空与机队的投入运营及中远程航线的深入开拓，为公司快递服务网络的进一步完善和服务时效水平与服务质量的进一步提高提供了有力保障，为公司参与国内外快递物流市场竞争奠定了坚实基础。为了实现资源的有效配置，公司充分利用圆通在航空、速递、仓配和信息技术等方面的综合能力优势，提升与重要客户的合作深度和广度，为客户提供新的选择，创造新的价值。目前，圆通航空已经着手规划GBP项目（全球商业伙伴计划）。

2018年上半年，圆通国际实现业务收入194 845.40万港元，同比增长24.84%，实现归属于母公司股东净利润3 802.40万港元，同比增长93.91%。公司持续加快与圆通国际优异的国际货物运输代理业务的互补与协同，在保持货代业务优势的同时，结合公司覆盖全球的快递服务网络，融合圆通航空、中欧班列等优势运能资源，增强公司关键资源掌控力、议价能力，全力打造极具性价比的跨境物流全链路产品与服务，全面拓展跨境电商平台的战略合作。

第四 跳出物流发展物流

"这个时候,快递小哥、环卫工人、出租车司机以及千千万万的劳动者,还在辛勤工作,我们要感谢这些美好生活的创造者、守护者。大家辛苦了。"国家主席习近平在发表2019年新年贺词里,如是说到。蓬勃发展的产业,使得快递大军在短短十数年间迅速成长为国家无法忽视的新生力量,成为满足人民美好生活需求的创造者、守护者。

预估计10万亿元以上的市场规模、业务量近10年复合增速达40%,快递业务量得到了跨越式增长的物流,已成为继电商、金融、云计算后的又一个国家级的基础设施建设机会。中国的物流业,成为支撑国民经济社会发展的基础性、战略性产业。其中,"草根"中成长发展起来的民营快递企业,直接推动了物流产业的快速扩张与成长。可以这么说,现如今大到中国经济,小到国民生活方式,上上下下、里里外外,哪儿都有快递的影子。

党的十九大提出,我国的社会主要矛盾已经转化为人民日益增长的美好生活需要与不平衡不充分的发展之间的矛盾,并要求"加快发展现代服务业,瞄准国际标准提高水平"。中央明确了推动高质量发展的根本要求。国家邮政局也强调坚持稳中求进,推动邮政快递业向高质量发展迈进。这些都对快递物流企业在新时代的发展提出了新的要求。

稳步增长的同时,受技术、政策、市场等多因素驱动的快递业进入提质增效期。更加严峻的竞争局势,让企业们已不能局限于自身的一亩三分地的建设,而是将触角伸及更加深刻的产业构成要素中,思维探及更加多维的空间、目光投向更加广大的市场;更宽广的空间,让企业们将目光聚焦在全世界百万亿的物流大市场中,走向数据、技术、资本和商业模式等全方位的竞争。企业们在战略重心上都有不同程度的调整和变化,对内,或聚焦更细分的领域,打造拳头产品和服务,抢占核心竞争力,纷纷向打造综合物流商发力,走向高质量发展;对外,则更加积极参与到"一带一路"等一系列战略的落地实施,参与到与更多的国家合作中,实现多方位开发建设。快递企业们,早已不仅仅是单纯的"送全国""送全球",而是投身于全产业链的"精耕细作":打通上下游、拓展产业链、画大同心圆、构建生态圈。以圆通为例,开启了包含航空、数位物流、跨境物流等在内的多个战略项目投资布局,不断向构建多层次的快递生态圈发力。

从萌芽到集体腾飞,快递企业们实现了自己的崛起、行业的崛起,也让中国成长为

"世界快递第一大国"。从高速发展到高质量发展，快递企业们持续深化改革和创新，面对越来越复杂、越来越多样的消费需求，继续推动快递末端服务集约化、智能化、社会化发展。

在"十三五"期间，整个快递产业将呈现出"产业发展势头迅猛、能力水平持续提升、转型升级步伐加快、发展环境显著优化、市场秩序逐步规范、产业贡献日益增强"的发展态势。

于企业们而言，只有"跳出去"，才能天高地阔，获取更大的发展空间；只有"走出去"，才能任尔翱翔，激发更为持续的发展动力，才能构建大物流经济生态。

董事长专访

画大同心圆，共建生态圈

《样本》：公司为何以"速递"定位？

喻渭蛟："express"本身即有速递的意思，我们的愿景就是"世界因我们触手可得"。我们的事业根本就是进行更快速投递，即通过各种更快捷的交通方式和信息化手段，达成互通共享。于企业而言，用人做事，内方外圆，对外的服务工作更是需要做得耐心到位，以达成服务圆满。这就是"圆通速递"的由来、定位和使命。

《样本》：公司以"诚信、创新、共建、共享"为核心价值观，以"诚信守法"为立企之基，靠"改革创新"为行动指南，以"共建共享"为目标，打造公司网络生态命运共同体。具体如何解读？

喻渭蛟：圆通致力于成为全球领先的综合性快递物流运营商和供应链集成商。我们不断地完善和优化我们的体系，将经营管理体系从完全加盟变成直营和加盟相结合的模式，真正建设成为一家"共建共创和共享"的公司。为此，我们从产业链、人才培养以及资本分配等多方面推出一揽子计划：针对优秀加盟商推出"万人持股"计划、针对产业链建设推出"打通上下游、拓展产业链"相关计划及举措，加快构建全球网络生态命运共同体，基本上形成了圆通生态圈。我们希望圆通的加盟商们，未来在圆通的大平台上不仅仅是做快递，更要一起为客户提供安全、快速、优质的快递服务和产品。随着服务的转型升级，我们一起用承诺和行动，不断让客户感受到圆通更好的服务体验和价值，一起拓展国际市场，一起布局电商、金融，一起进军零售业，最终实现共建、共创、共享多方共赢发展新格局。

《样本》：您认为快递物流业将呈现怎样的趋势？

喻渭蛟：随着资本时代、大物流时代的到来，中国的快递物流业进入了全新的发展阶段。在我看来，未来将总体呈现"五个融合"的发展态势。一是物联网和互联网融合。快递在信息化方面所积累的经验将为我国物流信息化的发展产生更强的引领作用。物联网技术也将在快递物流领域发挥更大的效用，物联网信息技术将让快递物流变得更加智慧化、让管理变得更加精细化、让消费者感受到的服务更加便利化。二是快递和物流融合。我国公路货运量、铁路货运量、港口货物吞吐量、快递业务量都是世界第一位，物流市场规模稳步扩大，物流供给质量逐步改善，但仍有短板——在降本增效等诸多方面较发达国家，仍有较大潜力。因此，快递向物流延伸，快递与物流融合发展已经成为必然的趋势。快递企业将在物流信息化、产业集成化、服务一体化等方面注入新的发展活力。三是上下游产业链融合。"打通上下游、拓展产业链"是快递业供给侧改革的重要方式，也是行业转型升级的必然路径。全面整合仓储、运输、加工、配送等环节的物流资源，推动物流企业与制造业、商贸业的联动、协同和融合发展，打通物流服务的全链条，将有助于降低整个产业链的物流成本。四是国内国际融合。当"一带一路"日益成为各领域的共识，更加快了中国企业"走出去"的步伐。中国需要有世界级的"航母型"快递物流企业服务于中国经济，世界也需要有中国的快递物流巨头，服务于新一轮的世界经济复苏。在快递物流业实现国内国际融合的发展进程当中，要坚持"随着国家战略走出去、随着互联网电子商务走出去、随着中国的企业走出去、随着华人走出去"，要在建设过程中着重打造"四流合一"的能力，即信息流、资金流、物流、关务流，要以多种方式（包括合作、代理、加盟、联盟等）快速实现国际基础物流网络的布局。五是资本和人才、技术融合。自2016年以来，中国快递企业陆续上市，意味着中国快递业已经具备了资本密集型的特征，中国快递市场也迈上了全新的竞争阶段。目前，具备消费型服务业和生产型服务业双重属性的快递物流行业，在生产环节（转运、运输、信息化）已经走向了技术密集型，科学技术在快递生产环节的重要性也日益凸显。另外，随着快递业发展进入新阶段，中国快递业对于专业化人才的渴求，也比以往任何时期都显得尤为明显。在快递物流大发展的时代，资本、技术、人才都是企业决胜的根本，更是行业发展的关键性、决定性要素，资本、技术、人才的融合发展是企业、行业发展的基础性动能。

《样本》：关于"创新"，您赋予什么样的内容？

喻渭蛟：领先，来自创新的每一步。可以说，创新无处不在。做企业，关键在于信心和理念。企业在发展过程中必须强化信念，不断思考，付诸实施。不创新，不变革，便不可能走得长远。因此，我们的行动指南即是改革创新。我常说，执行决定你的位置，效率决定你的前途。只要每个人在公司的大平台上、在自己的岗位上，为自己的角色、工作负责，不断思考并付诸实施，就有成果。这，就是创新。

《样本》：企业未来发展规划是什么？

喻渭蛟：快递行业在接下来的5-10年里，都还将会处于高速增长且企稳的状态。圆通将紧扣时代脉搏，进一步服务国家战略、满足客户要求，更加聚焦服务和时效，更加聚焦运能和成本，更加聚焦末端、终端，更加聚焦科技引领，更加聚焦差异化，更加聚焦国际化，着力打造新的品牌形象。

加盟商是网络型快递企业的根本所在，合理控制加盟网点的规模，通过终端布局和新城配中心建设为加盟网点减负已经取得一定成效，并在布局上领先同行，为赢得未来市场先机打下了良好的基础。展望未来，继续深入推进网格化、新城配中心建设的落地，加快转运中心自动化设备更新、提升干线运输自有车辆的运营效率等举措，也将推动降本增效的进一步落实，为加盟网点的市场议价形成有力的支撑。

同时，充分发挥信息化、科技化、智能化等技术手段的作用，实现创新引领与业务推进有机结合。研发出更多服务于加盟网点内部管理、财务核算、客服集成、运营支撑等方面的产品，为加盟网点的经营转型提供切实可用的技术手段，也是赋能加盟网点的重点方向所在。

此外，圆通未来要发展，还需要精耕细作、打造高品质的三张"网"：A网，是我们源头的基石，也是我们坚持不懈着力打造、优化的最有性价比的网络；B网，即高品质服务的国际化、全球化网络，目前的工作重点是打造新品牌——"承诺达特快"，强化在行业中的差异化服务竞争。另外，自2018年起我们还特地以嘉兴为中心，投资打造一个全球航空物流枢纽+超级共享联运中心+商贸集散中心，强化网络建设；C网，即我们的国际网，从基础建设、网络深化、全球化拓网布局到差异化竞争深耕，圆通速递在快速发展中，把握时代脉搏、与市场同呼吸，努力打造自己的品牌特色，形成竞争优势。

> 专家点评

动力变革，拥抱世界

中国快递业的崛起，堪称商业奇迹——从零起步，短短20年时间，登上了世界的宝座：自2014年开始，我国快递业务量连续5年稳居世界之首，超过美、日、欧等发达经济体总和，成为世界邮政业的动力源和稳定器。尤其是"十三五"以来，我国快递业保持高速增长态势，更以每年100亿件的增幅，见证国家发展改革的伟大进程。如今，快递年支撑网络零售额已近6.9万亿元，占社会消费品零售额比重超过19%，成为新经济的代表和经济发展新动能的重要力量。

依托互联网电子商务和电视购物的快速发展而成长的中国快递第一股——圆通速递，成立已18年。作为得益于国家改革开放四十年的政策红利，得益于产业结构调整、经济发展方式转变、民生持续改善以及社会和谐稳定的宏观环境，成长起来的中国企业"宠儿"，圆通速递构建大物流体系，加快向综合物流服务商转型。快递，于企业和市场而言，不再是简单的"递"，也不再是简单的"快"。

近年来，在一系列重大战略和政策的推动下，我国快递业的服务网络不断健全，服务能力大幅提升。圆通速递身处其间，在不断探索中始终坚守主业，狠抓国内国外两大市场：在国内，主抓"向西、向下"，向末梢延伸，积极响应国家关于快递业"通乡镇、通村组"的"两通"计划，增加对三、四线城市、乡镇农村地区的资源投资，协力打造"工业品下乡"和"农产品进城"双向流通渠道，加速构建更为完善的农村地区、西部地区快递服务网络。圆通速递对地级以上城市基本实现全覆盖，县级以上城市覆盖率达到96.73%。在海外，圆通速递狠抓物流干线网络，沿"一带一路"向外延伸。通过战略合作、股权投资等，不断拓展海外网络。

另外，我国快递业在迈向高质量发展的新时期，更在不断加强模式创新、科技创新、产品创新，催生动力变革。由此，2017年，圆通速递实现对主营航空货物运输代理、海运及其他物流服务的先达国际的战略控股；在东南亚、欧洲等"一带一路"沿线国家或地区，打造极具性价比的跨境物流全链路产品与服务。圆通速递迅速完善海外物流干线网络布局，奠定了海外竞争的先发优势。

圆通速递在锐意进取开拓创新的同时，还强化规范运营，提升末端服务能力；强化标准化、智能化，提高协同运营效率；强化绿色理念，发展绿色生态链。与此同时，加大对自营枢纽转运中心的投入，进行自动化升级与改造，不断提升快件处理能力，拓展辐射范围，增强快递服务网络稳定性。

目前，圆通速递拥有自有航空公司，自有机队已达12架，开辟了多条航线，为服务网络的进一步完善和服务时效与服务质量的进一步提高提供了有力保障。2017年，圆通速递上市公司每股收益超过0.5元，净资产收益率高达15%以上，为股民们交出了满意的成绩单。2018年11月，圆通速递成为中国物流和采购联合会评选出的"改革开放四十周年物流行业代表性企业"之一。圆通速递董事长喻渭蛟同时获评"改革开放四十周年物流行业企业家代表性人物"。

截至2018年年底，中国快递年业务量突破500亿件，创造了我国快递发展史上又一座里程碑，也是我国从快递大国向快递强国迈进的新起点。随着邮政体制改革的深入，法律体系的完善，政策环境的优化以及对外开放的落实，圆通速递等快递企业将在市场竞争里充分释放活力。

齐晓斋　上海市商业经济学会会长

第三章
价值生态共同体的文化典范
——横店集团控股有限公司

- 为有源头活水来
- **企业描述：** 产业驱动美好生活的引领者
- **样本解读：**

  第一　独特的全球文化产业样本

  第二　"四驾马车"齐驱的一体化战略

  第三　影视文化与城镇化融合发展的中国标杆

  第四　文化价值：永续经营的原动力

- **董事长专访：** 贡献美好价值，彰显社会担当
- **专家点评：** 文化自信，大象始成

为有源头活水来

在人类商业发展道路上，文化基因起着关键性的作用。

自南宋以来，浙东学派讲求事功实学、经世济用的价值文化，用以推动浙江经济社会的前进。在中国商业史漫长的演进中，"地域"成为界定商业群体的鲜明标签。江浙商贾在儒学的滋润下，以"财自道生，利缘义取"为从商之道，崇仁重义，义利并举，亦贾亦儒，将思想文化和经济活动有机结合，以先进思想推动经济发展。经过600年的积累，促成今日浙江商人在海内外商业中的领先和影响力。

作为一家在改革开放中成长起来的民营企业，横店集团历经40余年风雨沉淀，创造了一个又一个奇迹，实现了一个又一个梦想。从发展工业到建设度假村，到建造影视外景拍摄地，再到建立全国首个国家级影视产业实验区，绘制以影视文化为核心的大文旅版图，将偏远闭塞的小山村变成了影视文化产业重镇。岁月荏苒，横店集团秉持浙商素有敢为人先的创新精神和百折不挠的奋斗精神，坚持"共创、共有、共富、共享"的核心价值观，把带动区域百姓共同富裕、促进区域发展作为义不容辞的责任。其独创的企业义利观，是对浙商文化基因的传承，更彰显了中华优秀传统文化的精神印记。

20多年历程，横店集团在实践中成功探索出一种影视文化产业的共同体模式。尤其是2012年的产业实验区升级到2018年的产业集聚区，真正推动了影视文化生态链、文旅生态链和区域发展生态链的完美交会。也正是这三大生态链的高度融合，铸就了产业和区域生态价值创造与模式创新的中国企业典范和文化典范。

寒待翠华春，长令宇宙新。党的十九大提出"永远把人民对美好生活的向往作为奋斗目标"这一高质量发展重要使命，使横店的价值生态探索，于今天更具现实和时代的意义。

> 企业描述

产业驱动美好生活的引领者

作为一家在改革开放中从无到有打拼出来的中国特大型民营企业，横店集团从诞生之初就拥有强劲的创新基因。经过40多年的发展，横店集团现已形成电气电子、医药健康、影视文化、新型综合服务4大支柱产业齐头并进、良性发展的局面，旗下拥有横店东磁、普洛药业、英洛华科技、得邦照明、横店影视5家上市公司，200多家生产与服务型企业，近5万名员工。2017年，实现营业收入733亿元，税收总额43.8亿元，总资产超过700亿元，以"世界磁都""中国影视梦工厂"享誉海内外。

一、从产品制造走向文化领先

1975年，横店集团创始人徐文荣创办了横店丝厂，之后又创办了针织厂、内衣厂、印染厂、化纤纺织厂等工厂。20世纪80年代，横店集团开始发展高科磁性材料，为此后电子元器件制造业发展打下了基础。从1990年开始，企业业务领域扩大至医药化工产业，并成立了浙江首家民营企业集团——浙江横店企业集团公司。

从那年开始，横店先后被国家有关部门授予全国乡镇企业示范区、国家科技成果转化示范基地、国家社会综合发展实验区（国家可持续发展实验区）、全国首个影视产业实验区等十多个国家级示范单位、实验区等众多国家级荣誉。截至2018年7月，集团下属重点工业企业拥有有效发明专利802项，各类研发平台56个，其中，国家高新技术企业15家，国家企业技术中心1个，国家工程研究中心1个，国家级院士工作站1个，国家级博士后工作站3个。至2017年，横店集团累计捐赠善款总额达到4.8亿元，其中包含为横店人民提供生活补助、横店老年协会补助及对外慈善捐助。

20多年前，怀揣壮志情怀的横店集团创始人提出"文化富民"的思想，并将集团的经济目标定调为"工业高科技，影视旅游高水平，依托第三产业致富是主目标"。当时的横店无名山无名川，且无天（机场）无地（火车站），很多人对此并不看好。但横店集团依托强大的工业基础与灵活的民营机制，大力投入资金治理南江、造桥修路、建设宾馆，并相继建起了"五个村"：神话荟萃的文化村，体育馆、电影院俱全的娱乐村，拥有当时全国最大室内大佛的天堂村以及民俗村和度假村为横店集团日后发展文化产业奠定了基础。

文化是衡量一个国家文明程度高低和社会兴衰的尺度。从第一产业拓至第二产业，再到第三产业的培育壮大与社会、经济的至高成就，横店集团逐步从产品制造走向了文化领先。在这个过程中，不仅实现了自身文化自信和文化版图的崛起，完成了企业新生命的构建，更推动了当地区域经济、社会文明和文化自信的发展。

二、"中国影视梦工厂"与"城镇中国"先驱

1996年，以协助谢晋导演拍摄《鸦片战争》而建设广州街影视基地为标志，横店集团拉开了影视文化产业发展的大幕。此后连续多年的不间断投入，铸就了横店影视文化产业的早期骨骼：以影视拍摄基地为依托，以影视文化为内涵，以旅游观光为业态，以休闲娱乐为目的，将影视旅游作为一个新兴的产业加以发展。横店从一个默默无闻的小镇变成了"中国影视梦工厂"。

鸟瞰横店镇区

在横店集团创新的文化价值理念指引中，影视文化和旅游不仅融合发展，也与城镇和区域经济文化融合发展。横店镇先后被评为"全国文明镇""国家卫生镇""国家5A级旅游景区""全国小城镇综合配套改革试验区""社会主义新农村建设示范镇"。2015年作为全国四个乡镇之一，成功入选国家首批中小城市综合改革试点，2016年被认定为第一批国家特色小镇。2017年，横店农民年人均收入超过65 000元，走在全国农村前列。2018年，

横店镇先后入选最美特色小城镇50强（位列第2名）、全国综合实力千强镇前100名（位列第29名），连续3年获浙江省小城市培育考核第1名。2017年横店集团带动横店上缴税收占东阳市税收总额近50%；实现贸易出口额82亿元。借助影视文化产业的优势，横店镇各行政村深化产业植入，建起各具特色的影视村。据统计，横店集团通过发展影视文化产业带动第三产业发展，创造相关就业岗位近5万个，占横店镇总劳动力就业总数的53%，劳动力就业率达100%。在1985-2017年，横店集团在城市建设方面的累计投入已经超过106亿元。横店的实践，为中国城镇化提供了一套新的方案——通过对农民的就地转化实现农村城镇化。

横店集团虽然是一家民营企业，但它从顶层理念上就将企业发展和地区发展紧紧融合在一起，它是推动我国城镇化发展当之无愧的先行者和榜样。毫不夸张地说，中国没有一个企业或集团的发展能像横店集团这样，与一个乡镇的发展如此紧密地联系在一起，并为区域发展带来持久且巨大的影响力。

> 样本解读

第一 独特的全球文化产业样本

纵观我国文化产业发展的历史轨迹，从"十五"定位起步期到"十一五"的市场培育期，从"十二五"快速发展期到"十三五"融合转型期，每一个阶段无不承载着民族振兴的鸿鹄之志，每一次跨越无不置于文化强国的战略目标之中，每一项文化业态的崛起无不是企业时代担当的政策回报。

横店集团对于文化产业的布局，可追溯至20世纪90年代。事实证明，横店集团的这一战略定位正好踩准了时代的节拍，与国家改革开放总体战略正相符合。2000年，"文化产业"一词被正式写入中央文件；2002年11月，党的十六大报告作出深化文化体制改革，提出"顺应时代要求，深化文化体制改革，推动社会主义文化大发展大繁荣"。文化产业第一次作为一个产业门类被提出来，并且同文化事业相提并论。在这样的政策背景下，横店影视文化产业开始走上迅猛扩张的轨道，并在全国独领风骚；而浙江从2015年提出的七万亿七大产业到2017年的八万亿八大产业，就增加了文化产业，再到2018年年初国家文化旅游大部的合并，恰恰反映了横店集团的卓越远见与高超的战略布局。

一、从实验区走向集聚区

乘风破浪会有时，我自逐浪高，才是立于潮头的引领者应有的气概和精神。横店集团敏锐洞察国家大势，力排众议，布局文化产业，反映了创始人徐文荣的卓越见识与战略智慧。其独特的发展模式更是彰显了徐文荣先生和徐永安先生两代掌门人杰出的战略水平和无与伦比的思想力、行动力。

如今，横店集团旗下影视文化大板块包括浙江横店影视城有限公司、横店影视股份有限公司（股票代码：603103）、横店集团影视文化产业服务中心、浙江横店影业有限公司、横店影视制作有限公司、浙江横店影视职业学院以及浙江横店影视产权交易中心等诸多主体，形成了影视基地、影视及文化旅游、影视制作、电影院线、影视教育、影视交易及产业孵化到衍生产品开发的整个产业布局，并形成了强大的产业生态，在浙江省乃至全国的影视文化产业中享有龙头地位。

更重要的是，以扎根乡村为企业使命的横店集团，是中国极少数企业社会化的先锋和引领者，它搭建了一个开放的平台，从产业到就业再到百姓创业，带动了上下游产业的各个链条，并联动横店、东阳乃至浙江省区域实现共生共融共发展，打造了一个活力四射、可持续发展的区域生态。

从无到有，从小到大，从大到强，横店影视文化产业大致经历了起步探索、产业初步形成、产业规模发展以及2013年至今的产业全域化发展4个阶段。通过植入强劲的共富基因和产业联动发展的动能，初步形成了企业自主投资建设、以市场为导向的影视产业运作体系。在此基础上，充分利用横店影视基地的基础和资源，加快产业集聚；充分利用实验区的专业化、集约化、规模化优势，扩大经营规模，激活生产要素，延伸产业链；通过体制机制创新，提升对发展影视产业的推动力，打造以中国影视产业的要素集聚平台为目的的中国首个国家级影视产业实验区——浙江横店影视产业实验区。在2004年成立。随即，28座影视拍摄基地的相继建成，使横店一跃成为全球最大的、最具特色的影视实景拍摄基地。2010年，横店影视城被授予"国家5A级旅游景区"。2012年，浙江省委、省政府批准设立浙江省横店影视文化产业实验区，横店影视文化产业升格为省级战略。

多年来，横店集团对影视文化产业的资金投入，从当年的30亿元叠加到了近200亿元。这些项目，进一步夯实了横店作为全球最大的影视实景拍摄基地的行业地位。近年来，横店影视文化产业实验区获得了"国家级文化和科技融合示范基地""中国最具特色影视拍摄基地""中国文化创意产业最佳投资环境园区""中国广播影视十大年度榜样"等众多荣誉。而春秋·唐园、梦外滩、圆明新园等一批具有特殊战略意义的重大文化产业项目纷纷开工建设，横店影视文化产业集聚区的批准设立，通用机场、众创空间、影视产权交易中心等一批服务和孵化平台的成立运营，都进一步推动了横店影视文化产业步入跨越式发展的新阶段。

从实验区到集聚区，横店给市场和社会交出了一份满意的答卷。

二、从产业链到价值链

对影视文化产业的经营，横店集团除了雄厚的财力支持和灵活的管理机制，更有独具匠心的专业化和产业化发展布局。从最初采取免费政策和服务基地的战略思路，为横店构建产业链打下扎实又良好的基础；到中期进一步完善影视配套服务体系，完善产业布局，到如今搭建资本、金融及人才服务的孵化平台，赋能整个影视文化产业和文旅产业板块。横店集团探索了20多年，终于形成了共荣共生的产业价值生态系统。

2004年，横店影视产业实验区管委会设立后，先后出台了影视文化产业发展专项基金、影视企业贡献奖、上市奖等一系列扶持政策，成立中国影视文学创作中心、电影电视剧审查工作站，并相继取得了电视剧备案立项初审权、电影电视剧审查权，设立国地税横店分局，组建产业服务中心，搭建影视信息化云平台，为入区企业的发展提供支持。2010年，横店第一家影视后期制作公司——红点影视后期制作有限公司成立，公司与浙江大学合作研发了"跨区域后期制作远程协同平台"，创建了国内首个4K/3D影视后期制作平台；2013年，包括博纳影业、光线传媒、香港唐人电影等众多知名影视企业纷纷入驻实验区，实现了入区企业从28家到570家的飞跃，上缴税费从205万元飙升至10.81亿元，纳税超百万企业有101家。

近几年，随着我国影视文化产业的市场规模、产值持续快速增长，影视文化产业的市场化、工业化、资本化的步伐也显著加快，这种行业的发展趋势对重塑行业生态、重构交易模式提出了迫切的需求。横店集团瞄准产业"痛点"，提出了"一体化"影视互联交易平台、"一站式"影视产业整合服务模式、"一揽子"影视金融解决方案的三大主体工程，为影视版权产权化、影视资源金融化、影视产业资本化探索出了新的模式，能够最大化地盘活影视公司存量资产，同时提高这些资产的利用率，为节约社会成本做贡献。自2012年实验区升格为省级战略后，横店充分发挥先发优势、基地优势、政策优势和服务优势，着力在基地化建设、产业化集聚、专业化服务、社会化带动、全域化发展、影视化营造等方面下功夫，建成了全球规模最大的影视实景拍摄基地，形成了全国最为密集的影视产业集群，构建了最为完善的影视产业服务机制。

经过3年的努力，影视众创和产权交易双轮孵化平台的打造、电影学院的筹建等，为促进横店影视文化产业的价值集聚，构建了一个完整的生态闭环，也真正实现横店从"拿着票子来带着片子走"，到"拿着本子来带着票子走"，再到"带着创意思想来带着票子走"的影视文化产业发展三部曲。

随着资源整合、融资服务能力的不断增强，横店产业、科技、人才的集聚优势进一步凸显。横店已真正成为中国"规模最宏大、要素最集聚、技术最先进、成本最低廉"的影视文化产业基地，对提高我国文化软实力和影视产业国际竞争力，促进我国影视文化产业迅猛发展做出了突出贡献。

第二 "四驾马车"齐驱的一体化战略

随着居民消费能力不断提高，各类文化消费主体快速崛起，新型文化业态不断涌现，产业融合、产业转型升级需求日渐迫切，横店影视文化产业面临的竞争力也越来越大。迈入2011年后，横店集团充分认识到，要正确规划设计经营战略，努力实现全产业链发展、全域化发展、全方位服务，才能为中国影视文化产业的新发展打造更加丰富、更加完善、更加先进的影视生态系统。

当前，我国经济正在由高速增长阶段转向高质量发展阶段，文化产业被寄予厚望，未来有望成为国民经济支柱产业。习近平总书记在党的十九大报告中关于坚定文化自信、建设文化强国的重要论述，为横店影视文化产业发展指明了方向，也为其带来了历史性的机遇。以改革创新为动力，强化影视城、产业基地、影视股份、影视制作四大核心业务布局，以"四轮驱动"的一体化战略，作为横店影视文化产业跨越式发展的强力内核。

2017年，浙江省《政府工作报告》把文化产业纳入了全省的八大万亿支柱产业之一；金华市正在加快推进文化影视时尚产业全域化发展；东阳市着力打造"引不走、永不落幕的影视之都，影视各要素的集散地和总枢纽"……面对难得的发展机遇期，横店集团通过与各级党委政府、企业、社会各界形成合力，适应市场需求、增强核心竞争力，充分发挥龙头作用，全力开启横店影视文化产业发展新篇章。

一、影视城——弈一盘文旅大局

在横店，影视和旅游已经有机地融为一体，相互促进，不可分割。旅游3.0时代，横店影视城提出"影视文化+"的多元文化平台发展战略，以"影视为表，旅游为里，文化为魂"的经营理念，坚持做强影视产业，做深旅游产业，做大文旅大消费产业。

《横店影视城十年（2011—2020年）规划》确定十年新目标：在横店打造影视、旅游两大产业国内制高点。实现横店影视城从观光景区到观光休闲复合型旅游目的地的转型，成为中国影视旅游第一品牌、中国著名的"影视名城，休闲小镇"。

1. 加码文化"硬件"，深根固本

在国家大力支持文化产业发展的形势下，全国各地影视拍摄基地星罗棋布，新基地层

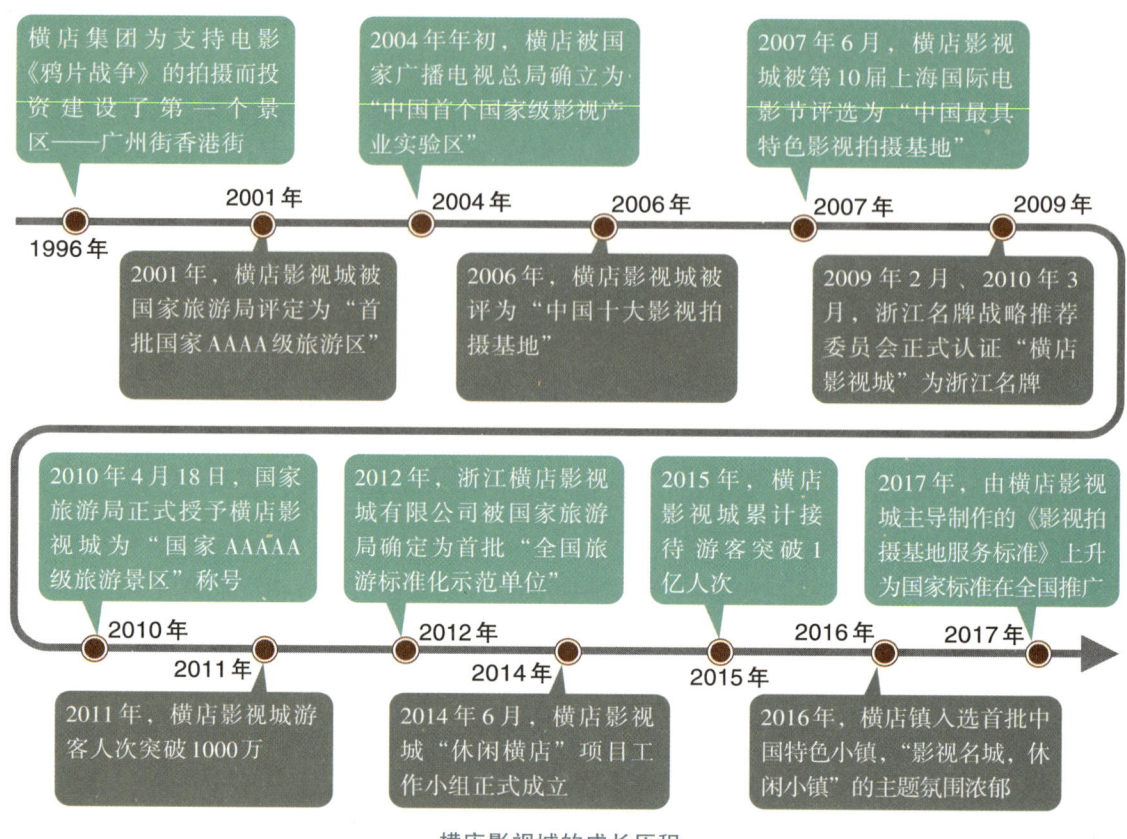

横店影视城的成长历程

出不穷，进一步加剧了影视拍摄基地之间的市场竞争。面对新形势，横店持续注入资金，不断加码影视城建设。既对广州街香港街、秦王宫等原有拍摄基地加以升级完善，还兴建新形态的拍摄基地，尤其以统一规划、投资建造的现代景拍摄基地——横店影视产业园项目最为典型。2016年，该项目被列入浙江省重大产业示范类项目。该项目建成后，横店将成为影视拍摄场景最齐全、摄影棚数量最多、面积最大的集群地。

为进一步提升影视拍摄基地在全国的标杆地位，横店还强化建设了一批全新项目。例如，按照横店泛博物馆群总体规划，以华夏上下五千年历史文化为主线，同时在华夏文化园、秦王宫、清明上河图、明清宫苑、明清民居博览城、广州街香港街等景区辅以建设一系列泛博物馆；投资300亿元，按1∶1比例在横店建造"圆明新园"等。

在影视旅游的基础上，横店影视城还大力拓展休闲度假游，建设"梦幻谷海豚湾""梦外滩主题公园""花木山庄温泉度假区""广州街香港街转型升级"等项目，系列演艺秀的加码，让横店"影视名城，休闲小镇"的氛围更加浓厚，内容更加丰富，为横店影视城的更大发展奠定了坚实基础。

横店影视城现有大型演艺秀节目22个,其他街头秀节目百余个。图为秦王宫景区的街头秀节目。

2. 多渠道营销,助力旅游市场持续爆发

自2015年以来,随着国内游客旅游消费的转变以及景区同质化竞争的加剧,横店影视城在面临来自行业的产品、模式、价格、渠道等诸多方面的竞争时,积极推行"一城一策""一渠一策""互联网+"等多样化营销策略,通过整合传统市场、会务、网络、订制中心等业务资源,不断拓展新渠道以满足不同游客群体的需求,实现旅游业务的持续增长。

在传统市场方面,2017年旅游营销团队在11个市场上分别完成了1 000万元以上的营收额;VIP旅行社输送了大量客源,为营收做出了巨大贡献;公司下属旅行社通过导游队伍整合、二次消费的拓展及6S管理的开展,提升导游综合能力以及散客服务质量,逐步实现了内部经营机制的转型,完成了二次销售新模式的搭建。在网络销售方面,注重投放广告的品牌与效益相结合,2017年的网络广告传播曝光达12.9亿次以上;针对大型渠道制订精密的推广计划,进一步挖掘整合区域渠道,拓展专项渠道,出台了"横国大庙会""三生三世美人节"等近70个网络活动。在会务市场方面,在流程与活动策划、渠道拓展、会务宣传平台、会务延伸服务、会务团队优化等各方面进一步完善的同时,着重拓展会务会展全产业链,集横店的影视元素发展横店特色"会奖+会展"产业,实现会议、节庆、活动、文体赛事和展览板块共同发展。在订制中心业务上，积极迎合市场需求，充分结合横店影视城现有资源、历史文化元素、影视IP元素，就单个渠道订制专属线路产品。在教育旅游市场方面，以学生主题教育、军训、夏令营、拓展培训为重点的国防科技园景区，抓住研学旅行的契机，着力青少年研学教育产品开发，推出与培训教育、传统文化相结合的主题活动。

3. 打通"影视文化+"，推动转型升级

2014年，随着"影视文化+"概念的提出，横店影视城进入了"文旅大消费"阶段。2017年，根据这一发展思路，在影视与旅游两大主营板块都面临巨大竞争压力的情况下，横店影视城对产品转型、营销、管理服务等方面进行了提升，实现了经营业绩的平稳增长。2017年，浙江省发改委、省国土资源厅联合公布了年度第二批新增浙江省重大产业项目名单。其中，横店欧洲小镇影视旅游拍摄基地建设项目、横店温泉养生文化旅游区两个项目被列入"重大产业示范类项目库"名单。横店欧洲小镇影视旅游拍摄基地项目建设于横店镇白竹坞，集中展示了欧洲各国风土人情，构建影视产业、影视文化与主题旅游为一体的产业集群。在这里，不仅可以实现影视拍摄、影视后期制作，还可以进行主题旅游、休闲度假等，为打造独特的"影视文化+旅游"生态圈，驱动横店影视主题旅游产业的升级起到了表率作用。

横店温泉养生文化旅游区是以"影视文化+养生"模式打造的健康养生旅游项目。以山水温泉养生、影视文化、火山文化为主题，景观设计定位为侏罗纪时代动植物及远古时期火山岩风貌，以温泉养生和温泉体验为核心，以热带雨林温泉为特色，集温泉养生、游乐戏水、文化体验、生态观光等复合功能于一体的温泉养生旅游区。通过温泉旅游区的打造，进一步丰富生态旅游、养生旅游、温泉旅游等旅游产品，弥补横店冬季旅游项目配套产品的不足，提高横店影视城的吸引力、竞争力和综合接待能力。

"影视文化+体育"，利用横店影视城的娱乐特点和明星资源，开发大众体育。2015年举办的横店国际马拉松吸引了1万人次参加，首次举办即实现了盈亏平衡；"影视文化+教育"，则通过打造有影视特色的教育产品，营造第二课堂，拉动冬令营、夏令营业态；"影视文化+微电影"，目前已为游客推出MV服务：为游客拍摄小短片。未来，微电影产业还将从游客进一步扩展到企业、政府等方面；"影视文化+文创"，初步建立了旅游文创的元素提炼、转化设计、生产、品控、销售等体系，形成了"横店有礼"的企业品牌和"剧中人""大咖""印象横店"的产品品牌体系。

自2014年以来，横店积极参加国内各大电影节、电视节、影视交易会等，将横店影视城最新的信息与服务政策有效地传播出去。2018年，"第八届中国旅游项目投资大会暨首届中国文化旅游融合发展论坛"在东阳横店开幕。大会以"文旅融合"为主题，围绕历史、文化、艺术、科技等人类文明的优秀成果与旅游产业的融合和发展展开讨论，为文旅融合破题，展示了当前文化旅游融合发展的最新理念和最新成就。

横店影视城一直致力于打造"影视名城，休闲小镇"，围绕"影视文化+"，实现旅游项目多样化、客源群体多元化、管理制度化、质量标准化，最终实现横店影视城向观光休闲复合型旅游目的地转型。通过横店体育、横店演艺、横店美食、横店养生、横店研学、横店微电影、横店文创、横店会务、横店娱乐等创新产品，为做强做大横店影视旅游注入新活力、拓展新空间。

二、"产业基地"——实现全产业链贯通

虽然各地都在兴建影视基地，并以大力度的优惠政策吸引企业，但横店的吸引力始终处于领先地位。横店一直在加快影视要素集聚，延长产业链，做深价值链。自2012年开始，省级横店影视文化产业实验区的确立，拉开了产业贯通和价值赋能的大幕。

1. 多方联合，共促全域化发展

完善产业链是影视产业基地做大做强的必由之路，也是支撑发展的持续动力。要实现这一目标，需要多方联合发力。2012年，金华市第六次党代会正式将东阳文化产业全域化确定为金华市三大省级战略。2014年，东阳市编制完成《东阳文化产业全域化发展规划（2014-2020年）》。同年，东阳市出台《东阳市影视拍摄外景地管理暂行办法》，设立外景基地奖励补助基金，充分调动外景基地建设积极性。2016年，对管理办法进行修订完善，提高奖励补助标准，建立外景基地资源信息库，增加外景地年度内新建和改造提升的配套道路、停车场、卫生间、景观建设等基础设施建设补助。目前，东阳市全市范围内已经形成43个初具规模的影视拍摄外景地、50余个影视外景拍摄点，成为横店影视城的有益补充。在整合东阳全市外景资源的基础上，还积极拓展永康、磐安、仙居等地外景资源，引导外景基地和横店影视城签约，实现统一管理运行。

2016年，东阳市在"十三五"规划中明确提出，加快区域联动融合发展，谋划"城区横店一体化"工作，打通"双城"机制障碍和各路关口，推进基础设施、产业发展等融合，增强城区和横店的资源互补性，促进影视要素互动流通，推进影视文化和旅游产业全域化发展，充分发挥"双城"的辐射带动作用。

2. 共生共荣，赋能价值链

作为引领东阳市经济发展的主引擎，横店正在加快影视要素集聚，延长产业链。通过影视产业的发展推动旅游、文化等产业的发展，通过要素融合、平台构建、科技创新、服

务升级，向"全球最大的影视创作、制作和发行基地，全国最大的影视融资交易中心"的2.0时代全力迈进。

2012年，横店影视文化产业实验区内设立了副处级管理机构——浙江省横店影视文化产业实验区管委会，东阳市委市政府先后制定出台《关于进一步加快横店影视文化产业发展的若干意见》等数十项扶持政策，设立"文化产业发展专项资金"和"影视企业贡献奖"，实行"一企一策"，持续加大投融资、财政补贴等方面的扶持力度，累计发放专项资金奖励超27亿元。联合中国银行等金融机构针对影视企业推出"影视通宝""影视贷"等金融产品。2015年，设立中行横店支行作为中行投资银行及影视文化产业专业支行，建设银行、中信银行、南京银行等也纷纷为企业提供金融服务。成立横店国、地税分局，设立影视品牌指导站和影视文化产业研究院等服务机构，为入驻企业提供完善的公共专业服务。2017年，根据浙江省"最多跑一次"改革要求，在影视文化产业服务中心设立了办理中心，市场监督管理局、文化局、电信局等相关部门入驻中心，开展"极速"业务审批工作。目前，通过设立办理中心，影视企业注册从原来需要12个工作日缩短到1小时立等可取。电影、电视剧的备案立项，影视企业只需填报和发送电子版表格至中心，3个工作日内便可得到初审意见。对影视企业和个人版权登记开展"邮寄"审批，实现了"一次都不用跑"的服务理念。

2015年，横店影视文化产业实验区管委会成立了横店电影电视剧审查中心、横店影视版权保护中心、横店影视品牌指导站、横店影视文化产业研究院等服务机构和影视文化人才管理改革试验区、影视后期制作人才培训基地，专业服务日趋完善。

2016年，横店影视文化产业实验区内成立了横店影视产权交易中心，为中国影视产业发展搭建了一个专业化、市场化的产权交易服务平台。这不仅拓展了发行渠道，为中国乃至全球影视产业发展提供专业化、市场化的文化产权交易配套服务，而且提高了影视产业投融资的效率，促进文化与资本的融合，推动影视企业快速发展。

2016年，横店影视文化产业也迎来了"大数据互联网时代"：实验区与腾讯公司等合作设立众创空间，加快影视与移动互联网等相关产业的快速集聚，并吸引后期制作、网络直播、手游等泛娱乐企业入驻。

2016年，该产业基地被评为"中国文化产业最具人气产业园区"。从2012年到2017年，横店接待游客人次从1 177万增长到1 872万，累计接待游客总数已超过1.3亿人次。

人才、资本、信息等多种要素在这里集结、沉淀，形成了完整的产业生态，为基地内的各个企业的成长提供了充足的养分和发展空间。至2017年，实验区已吸引唐德影视、华谊兄弟、印记传媒、长城影视等1 579家影视企业和艺人工作室入驻，占浙江省影视文化企业的50%左右。横店影视城累计接待剧组1 800多个，拍摄影视剧54 000多部（集），古装剧出品量占全国的三分之二。2017年，实验区实现营业收入228.13亿元，上缴税费24.10亿元。2004年至2017年，累计实现营业收入988.99亿元，上缴税费103.82亿元。目前实验区通过各种形式进入资本市场的企业已达32家，正在谋求上市的企业17家。由横店影视城制定的《影视拍摄基地服务规范》被列为国家标准，2017年3月在全国推广。今天的横店影视文化产业集聚区，已经形成集剧本创作、融资投资、实地拍摄、制作发行、衍生产品开发、基地全方位服务等汇于一体的完整产业链和价值服务体系。

2018年，横店影视城接待剧组370个，同比增长26%

目前，横店已形成群众演员专业村十多个，注册"横漂"演员6万余人，累计为剧组提供群众演员500多万人次。经过14年的发展，已在国内赢得较高知名度的横店演员公会，又在2016年迎来喜讯：浙江省委宣传部等4部门联合出台了《关于扶持"横漂"发展的若干意见》（浙宣〔2016〕17号）文件，东阳市委市政府出台《关于做好"横漂"管理服务工作的实施意见（试行）》，内容包括实施"横漂"吸引集聚、培育提升、推荐展示等6大行动，共25条具体措施，并明确34个责任单位，每年落实专项资金120万元。横店现有各类餐馆、宾馆500多家，从事第三产业的劳动力占总劳动力就业总数的48%，劳动力就业率达100%，第三产业比重从2012年的1∶50∶49到2017年的1∶46∶53。

横店影视产业集聚的能量在过去3年开始形成马太效应，区域价值赋能和服务价值溢出效应巨大。

3. 以人为本，强化未来动能

人才是产业持续发展的原动力。为促进影视人才的引进、管理和服务，横店着力打造影视文化人才集聚高地。2015年4月，东阳市在产业基地内启动了影视文化人才管理改革试验区建设，出台《关于创建影视文化人才管理改革实验区的实施方案》《东阳市影视文化高层次人才认定标准（试行）》《影视文化高层次人才认定标准》等政策；在东阳市人才服务专窗专门增加影视文化人才服务内容，为影视文化高层次人才协调办理相关引进手续和承接审批服务申请、提供政策咨询服务。产业基地对外建立人才柔性引进和间接拥有机制，吸引知名编剧、导演、网络作家等入驻实验区；实施"横店DREAM计划——海外留学归国人才影视创业扶持计划"，打造高层次人才创业基地，提升实验区影视人才国际化水平。

人才不仅要引进，更要注重自我培养。实验区以浙江横店影视职业学院为平台，不断探索影视人才培养新模式，积极创新教学体系、师资招募渠道、教学形式以及合作机制。建设影视文化人才书苑，为影视文化人才打造交流合作平台；凭借横店影视文化产业优势，与国内知名影视企业、艺术院校等合作成立浙江横店影视职业教育联盟，为实现影视拍摄基地向产业基地转变提供强有力的人才支撑。

为引领中国影视文化产业持续健康发展，打造产学研结合、在全行业具有重要影响的影视人才培养基地，更好地发挥横店影视文化产业集聚区在全国甚至全球的标杆作用，横店集团拟筹建具有独立法人资格的中外合作本科高校——横店电影学院。办学目标是通过持续不断地努力，将学校打造成一所国际领先、有影响力的应用型本科影视艺术高等院校，构建影视高端人才培养基地，为浙江省打造中国影视文化产业副中心提供高端人才支撑，为横店及中国的影视文化产业发展繁荣提供智力支持。

目前，横店电影学院筹建工作正在稳步推进，已列入教育部"十三五"时期高等学校设置规划，已完成电影学院1 500亩征地规划设计，引进国外一流电影艺术高校、商谈国内高水平艺术高校开展合作办学等相关工作已得到有力推进。此外，横店影视还加快编剧村、作家村建设，提高创作组织化水平。

三、影视股份——纵深终端，打造完美消费网

电影生产最终需要以发行放映为保障，方能获得效益最大化。随着文化体制改革和院线体制改革的推进，中国电影市场迎来爆发性增长，影片之间的竞争日益激烈，"渠道为王"的重要性凸显无疑。

2017年10月12日，横店影视正式在上海证券交易所挂牌上市。截至2018年11月，横

店影视已建成星级影城312家，银幕1 975块，覆盖187座城市，票房排名保持全国院线第八、全国影院投资公司排名第三，成长为全球十大院线之一。

自2015年以来，电影票房市场的动荡，加上影院同质化竞争日趋激烈，全国各大院线经营效率的增长模式普遍遭遇瓶颈，传统单一经营模式的影院面临转型挑战，单靠电影票房难以支撑院线的深度发展。横店影视布局院线终端起步虽然不算早，但凭借独到的战略理念和独有的商业布局，在院线系统的排兵布局中实现了异军突起。

1. "农村包围城市"的战略路径

城镇化是伴随工业化发展，非农产业在城镇集聚、农村人口向城镇集中的自然历史过程，是人类社会发展的客观趋势，是国家现代化的重要标志。近年来随着中国城镇化速度的不断加快，三、四线城市的影院建设也在不断加速，同时消费者消费观念、消费水平也开始逐步提升，三、四线电影市场表现出了良好的发展潜力。数据显示，2016年上半年三、四线城市电影票房合计占全国比重为36.16%，至2018年上半年上升至41.16%；一、二线城市电影票房合计占比则从2016年上半年的61.71%下降至2018年上半年的58.36%。电影市场下沉趋势明显，三、四线城市逐渐成为票房增长主力。横店影视以三、四线城市为重点的战略优势逐渐凸显。

2017年，横店影视在杭州推出全新高端品牌"纷腾电影生活馆"，将触角伸向一、二线城市。在服务上，有别于传统影院仅仅提供爆米花、可乐等小食，"纷腾电影生活馆"配备了咖啡吧、鸡尾酒吧、VIP休闲吧以及中西餐厅等，甚至提供VIP管家服务，为客户创造影视体验的美好时光，大大提升了横店影视的品牌形象。

2. 新技术引领行业升级

除了前瞻性的战略眼光，横店影视也始终保持着敏锐的嗅觉，以新技术引领整个行业的升级。

随着观众对观影质量要求的不断提高，现有的影院放映设备已不能满足观众的需求。2016年，激光放映技术刚开始在市场上应用，横店影视抓住机遇，率先引进300多套激光放映设备，赢得了观众的一致好评。2018年，横店影视启动全激光覆盖影院技术，成为全国乃至全球范围内首家全激光覆盖院线。新技术的率先使用，成为横店影视近2年票房增长的重要因素。

3. 多业态深耕，强化动能效益

票房收入是横店影视最大的营收来源。除了积极提升票房收入，横店影视还将目光瞄准了非票房业务市场，旨在多业态深耕，强化企业动能效益。

在经营战略上，横店影视持续实施2016年提出的"四个连锁店一个传媒公司"战略，加快推进"影院综合体"建设，依托影院庞大的客流量，在保持传统卖品销售的情况下，增加高科技休闲体验、游戏娱乐、便利超市、特色餐饮等场景消费和产品消费，增加客户黏性。以影院为单元经济模型，兼以影视文化、影视资本的赋能，链接、覆盖全国网络，创立独一无二的城市文化消费网络。加快整合各方广告资源，以发展银幕广告业务为核心，积极打造影院阵地广告、数字海报机、影厅冠名、灯箱广告等综合业务，打造具有明显区域优势、目标群体、精确客户群体的广告及宣传的商业平台。

在电影产业巨头林立的今天，横店影视正是凭借企业自身的担当，站在产业的高度谋篇布局，以更规范、健康的运营，打入消费者的内心和灵魂，不断推动企业在消费市场的纵深拓展。

4. 科学管理人才，推动可持续发展

经过多年发展，公司已建成相对完善的人才储备和培训建设体系，未来将进一步加强人才储备，强化培训力度，不断为公司业务快速扩张补充人才，全面提升人才素质。公司十分重视加强各级别、各岗位员工的多方面培训，提升关键岗位的思想品质、道德素养及领导能力，提高各层面员工的业务知识、专业技能，增强所有从业人员的实际管理能力和操作能力，打造一支思想品质好、业务知识强、专业技能高、行为作风硬的横店影视管理团队。

在内训方面，从企业发展史、企业文化、团队建设、人力资源、标准化管理、市场营销等课程进行全方面培训，重点规范制度管理，促进市场营销，强化企业文化等能力，并深入一线影城开展实战培训；外训方面，公司拟聘请专业第三方合作单位进行系统化管理培训，并吸取其他行业的优秀经验，拓宽思路。公司将通过培训，确保员工队伍的稳定，不断提升员工满意度和忠诚度，建立各级人才梯队，完善优秀人才储备机制，拓宽员工职业发展通道，为公司的快速发展提供人力资源方面的保障。

四、完善影视制作经营体系

按照打造"中国影视梦工厂"的发展规划，横店集团积极布局影视制作，成立了横店影视制作有限公司，至今形成了相对完整的创、编、导、演、摄、制、销一条龙经营体系，并已成为中国影视制作行业的重要力量。

1. 深挖主旋律题材，彰显时代价值

继2014年习近平总书记在文艺座谈会上的讲话后，国家加大对文化产业良性发展的重视程度。依托横店影视文化产业实验区和横店集团的资源优势，横店影视制作有限公司积极迎合这一大方向，始终坚持制作弘扬社会主义核心价值观的主流作品。创作的《抗倭英雄戚继光》《遥远的婚约》《骡子和金子》等主旋律电视剧，受到中央领导人、各级党政部门、新闻媒体、专家学者和广大观众的高度关注。市场变化风起云涌，但"横店制造"始终坚守匠人初心。2015年，以中国文化大IP孙悟空为主角制作的《西游记之大圣归来》荣获中国动画电影票房冠军，并一举拿下华表奖、金鸡奖等28项国内外大奖。

2. 多方位合作，促进资源有效互动

做大做强内容业务，是横店影视板块落实全产业链战略的重大举措。横店影视制作有限公司十分重视国际合作，力争把国外优秀团队的先进技术和理念转化为自身优势。2016年，由公司与香港星皓影业合作的电影《西游记之三打白骨精》上映。全明星的阵容、顶级的特效制作和超强的"西游记"IP帮助影片在国内获得了12.06亿元的票房成绩，并销往美国、日本、法国、英国等50多个国家和地区。此外，横店影视制作有限公司还与北京大学戏剧研究院、中国美术学院影视与动画艺术学院、浙江师范大学文化创意与传播学院等建立合作关系，共享产业政策、市场信息以及人才培养、团队管理、项目开发制作、市场运营等经验，共同探索有效的影视项目制作流程管理机制，依托各自资源优势，共同打造影视精品。

专业化服务是横店影视文化产业健康发展的根本保障，规模化发展是横店影视文化产业兴起的基础所在，自主化经营是横店影视文化产业发展的核心竞争力，产业化拓展是横店影视文化产业发展成功的关键……20多年的发展历程，横店集团围绕影视产业所进行的一系列探索与实践，成功塑造了一个个引人入胜的创业创新故事和事业榜样。当前，横店集团将发展目标锚定"全球最强的影视产业基地"和"全国影视文化产业的集聚中心、孵化中心、交易中心、人才中心、体验中心"，其影视产业发展必将迎来又一次历史性机遇。

第三　影视文化与城镇化融合发展的中国标杆

城乡一体化发展是我国实现城乡资源互补、经济协同发展、文化共同繁荣的必然趋势。党的十八大明确提出了"新型城镇化"概念，党的十九大首次提出实施乡村振兴战略。2018年，国务院印发《乡村振兴战略规划（2018—2022年）》，对未来几年的乡村振兴作了战略部署，乡村振兴进入全面实施期。其中所秉承着国家创新战略和高质量发展使命的核心精神，不仅顺应了亿万农民对美好生活的向往意愿，而且将进一步释放我国的发展潜力。一路走来，在共创共富价值理念的指引下，沿着"企业办社会"的发展道路，横店集团积极造福桑梓，做到了每一步发展都与横店镇血脉相连，从造桥铺路到兴修水利工程，从建学校、办医院再到推高铁、造机场，开辟了一条"乡村振兴"的新路径。

一、紧抓时代脉搏，升级区域价值

文化旅游产业作为现代社会中发展迅速的一个综合性产业，能够带动相关产业的发展，助力优化我国的整体产业结构。文旅业的发展不但反映了我国居民生活水平的提高，同时也带动了景区及周边地区的经济增长，为中国乡村振兴战略提供了一条康庄大道，带来了巨大的价值提升。2015年，横店打出建设"影视名城，休闲小镇"的口号。政府也意识到，景城割裂、业态单一已经成为制约横店文旅发展的主因之一，而大交通的制约更是成为未来区域发展的主要瓶颈。

2017年3月9日，总投资390.1亿元的杭温高铁项目正式开工建设，对此，浙江省省长袁家军认为，"横店集团功不可没"，他在项目开工现场强调，项目从酝酿提出，到前期研究，到规划审批，再到可研评审通过，申报工作历经千辛万苦，冲破千难万阻，最终峰回路转、如愿以偿，获得国家核准批复。横店集团倾注了巨大的心血与汗水，彰显了以地方经济社会发展为使命、咬定青山不放松的横店精神。作为中国铁路建设史上首个国务院混合所有制改革试点和国家PPP示范项目列入国家《"十三五"现代综合交通运输体系发展规划》《中长期铁路网规划》。这不仅使东阳、横店百姓翘首以盼几十年的铁路梦终于成为现实，更将对完善国家高速铁路运输网络，构建浙江省1小时交通圈，带动沿线旅游资源开发，促进横店等沿线地区经济社会发展具有重要意义。

因为坚信航空产业能够帮助更多百姓共同致富，横店集团是中国最早进入的民营企业之一。1995年集团开始涉足航空产业，从筹建东阳横店航空体育专用起降点、浙江省航空运动学校、浙江横店航空产业有限公司，到2012年横店通用机场启动建设，持之以恒、坚持不懈，20多年磨一剑。2018年3月24日，浙江东阳横店通用机场正式启用。作为浙江省重点建设项目，对完善浙江省通用机场布局，推动通航产业的发展，构建高速公路、铁路和机场并行的东阳交通体系，促进区域经济发展和产业升级有着十分重要的意义。

随着杭温高铁通车指日可待、横店机场的起用，横店将和高端旅游的消费区——杭州、上海、南京等地实现快速通达，未来可期。不仅旅游总人数以及具备高品位、高消费能力的游客人数将稳步提升，更是通过重大交通枢纽的承载，提升区域社会经济的价值。正如横店集团董事长、总裁徐永安所说："未来，横店的目标定位是东方影视文化旅游名城，中国主题休闲梦幻之都，航空产业辐射能力巨大，临空经济前景可观，将成为集团战略支柱产业；依托全球规模最大的影视实景拍摄基地、'中国影视梦工厂'，将横店机场打造成为中国影视旅游的空中门户。实现横店的'航空梦'，当务之急在于实现'机场梦'，就是将横店通用机场改扩建为公务机机场，并更进一步升级为民用运输机场，打造成为浙中地区重要的支线机场乃至干线机场，更好地服务区域经济社会的高质量发展。"

不错过时代赋予的机遇，更不辜负时代赋予的使命，是横店集团能成为中国民营企业标杆、中国城镇化创新发展典范的最佳注解。

二、融合发展的进化论

随着影视文化产业服务机制实现产业价值链的闭环，以及产业集聚能力和孵化能力的提升，又一步加快推动"影视文化+"的多元化发展，在"影视文化+体育、影视文化+文创、影视文化+会展、影视文化+研学、影视文化+博物馆"等新业态上的探索取得显著成果：横店国际马拉松、全球华人篮球赛、全国男篮俱乐部比赛、全国气排球联赛等一个个赛事活动落户横店，"横店体育小镇"已初显风姿；随着中国电影放映机博物馆、大宋市井生活博物馆、清宫御膳博物馆等场馆建成开放，横店博物馆群建设进入大面积实施阶段；独具横店特色的研学产品在各大市场受到广泛好评，千人研学团应接不暇；丰富的会务资源助"横店会务"短短几年内在华东迅速打响了知名度；以"横店有礼"为主品牌的文创产品开始对外进行品牌输出……众多新业态的融合发展，让横店影视城的未来有了更多空间与发展的可能。两大产业生态在构建闭环的同时，也创造了相互融合、协同发展的动能，互为支撑和蝶变效应开始显现。这个战略思维犹如横店强大的工业体系，一直以来默默支撑着影视文化和旅游事业的前进，逐步赋能区域社会和经济生态发展的产业进化模式，并悄无声息地完成了城镇良好生态的进化。

2016年，横店入选浙江首批中国特色小镇。横店集团基于产业创新的独特模式，特别是特色小镇着重强调在生产、生态和生活融合的指标方面遥遥领先。得益于创新性的经营智慧，更得益于一直以来物质文明和精神文明双轮驱动的坚持，横店集团又一次成为中国特色产业创新发展的标杆。

三、横店的大局观和时代观

在工业文明和后工业文明激烈变革的过程中，横店提出了公共精神，就是共创、共有、共享、共富的"四共理念"。这是一种新的思想与模式，也是横店的文明和灵魂。这种"四共"精神始终贯穿横店40多年的探索发展历程，共同体在先，个人在后。这种典型的中国式共同体主义继承了中国传统的大同思想，更是儒家共同体主义一个新的范本。正如创始人徐文荣一直所强调并践行的：个人的命运必然与国家的命运紧紧凝聚在一起。20多年前，邓小平先生说，要让一部分人先富裕起来，再实现共同富裕。而共同富裕需要更大的智慧，迎接更大的挑战；4年前，习近平主席提出人类命运共同体的文化价值思想，启迪和引领更多的民族和群体携手共进，合作共赢，迎接新的挑战。让利益和责任紧紧捆绑在一起的理念，让成果和智慧共同创造与分享，正是横店集团与两代创始人一以贯之的文化主张和价值理念；浙江文明所传承的儒家义利观，是习近平主席多次在国内外重要讲话中所强调的，也是应该传承的中国传统文化优秀精神基因，也正是横店集团稳健发展和创新突变的基石。

横店影视版图以新时代中国特色社会主义文艺思想作为行动指南，不忘初心，牢记使命，进一步坚定文化自信，持之以恒地践行着推动社会主义文艺繁荣兴盛和横店影视文化欣欣向荣的目标。一方面，横店影视文化产业实验区通过开展"一个党员一面旗"活动，着力加强党建对影视产业的引领和推动作用。围绕"支部建在产业链上"的要求，金华市委组织部、东阳市委组织部和横店影视文化产业实验区管委会联合创新开展影视产业党建工作，建立了"横漂"党群服务中心，开展了丰富的学习活动。另一方面，横店影视产业协会党委在原有4个党支部的基础上，增设了影视后期制作、影视道具、"横漂"创业特色街3个党支部，并将"横漂"党支部升格为党总支，下设6个支部，实现了"横漂"党建工作全覆盖，让剧组的"流动党员"也过上了党组织生活，受到各方点赞。协会党委还对来横店拍摄的剧组开展党员情况登记，扩大临时党支部建立面，常态化开展支部主题活动，以党建工作制度化、常态化统领横店影视产业发展各项工作，开创党建和产业协调互动发展的新局面。

如今这座全球最大的影视拍摄基地，致力于打造世界级的影视小镇、休闲小镇、航空小镇。这里正在成为人文与自然相结合的、人人喜爱的度假胜地。它所赋予的超越地域、时空的文化魅力，必将为新时代下创新中国的高质量发展带来巨大的引领价值。

横店集团是改革开放的直接参与者、推动者和受益者。其发展并非一帆风顺，但始终以改革的心态和开放的思路，不断排除发展阻力，并将共创共富的创业初心作为每一次战略抉择的根本动力。为了带领区域百姓实现共同富裕，横店集团从不因循守旧，从不随波逐流，在创业初心指引下，立足长远，以超常的战略定力带领横店发展蒸蒸日上。在横店集团的带领下，横店从农村到城镇再到城市，横店人从农民到工人再到市民，成为中国新型城镇化发展的完美典型。横店人在企业回报社会价值理念上的坚守与执着，不仅带来了区域经济的兴旺发达，推动了农村城市化，实现了农民就地转化，更在全省乃至全国做出了巨大的物质、文化和精神贡献。

第四　文化价值：永续经营的原动力

创立40多年的横店集团，一路高歌猛进发展成为工业强镇的同时，秉承以文化力促生产力的价值理念，经过20多年大胆创新成为中国影视文化产业龙头，并一以贯之坚持带领地方百姓追寻共同富裕的初心践行。于此间，不仅展现企业超凡过人的胆识谋略、高瞻远瞩的战略思想，也传递出横店人主动担当、勇于担当的社会企业家精神。充满魅力的"横店经验"，吸引一批一批国内外各界人士接踵而来。这份经验是横店集团为当代中国影视文化产业发展贡献的重要财富，正在以其不断扩大的能级，为国内乃至国际的文化产业发展带来重要的示范价值。

而无论它过去还是当前的成就，都源于他们的文化价值观，及其所秉承的中国文化中优质的精神基因，并以此为动力，在长期的艰苦奋斗和创新发展中，形成了一套独有的企业气质和管理文化，并不断地重塑企业内在的道德品质和思想智慧，推动企业持续稳健地经营。

一、共创共富的创业初心，激发企业文化塑造

横店集团秉承"先做人，后做事，做好事"的理念，始终坚持共创共富的创业初心，以带动区域百姓共同富裕为己任，催生了横店人矢志不渝的创新创业精神、敢为人先的改革精神、精益求精的工匠精神，并逐步沉淀为企业文化，凝聚成企业文化力，永葆企业的生命力和竞争力。才有始终如一地扎根乡村，拥抱世界，发展实体创造财富，解决农民就业问题，力做最具社会责任心的企业；才有通过企业化运作和纯公益性投入发展公共事业，推进横店城镇化建设，建立企业职工社会保障体系，设立慈善基金会，关心公益事业，积极响应国家精确扶贫、定点扶贫；才有文化自觉，用"文化"改造丘陵山坡，建设人文景观，赋予其文化内涵和灵气，建成闻名全球的文化旅游胜地，积极带动周边农民发展第三产业的致富之路。

横店人将核心文化理念和经营理念，以及社会主义核心价值观融入企业发展之中，转化为横店人的情感认同和行为习惯，引领精神文化产品的创作、生产和传播。正如董事长徐永安所言，"企业与社会是一种鱼和水、森林和大地的关系。只有具有高度社会责任心

的企业，才有可能实现企业价值、社会价值的最高回报。社会责任，不仅是企业发展的压舱石、稳定锚，更是企业发展的动力源。这个初心与贯穿血液的信念，随着时代的变化不断塑造横店集团企业文化的履新和横店人的精神品格"。

二、传承中华优秀传统文化，实现产业报国

从20世纪90年代初，横店人开始建设"五村六馆一陵园"，从尝试探索发展文化旅游产业，到正式进军文化产业，陆续建设多座跨越五千年历史、汇聚南北地域特色的影视拍摄基地，再现了中华优秀传统文化的历史积淀和恢弘气势。在这个以生命表证和奉献的弘扬过程中，横店集团始终坚持"影视为表、旅游为里、文化为魂"。一是建起了一座红色旅游城，在金佛庄烈士陵园、邵飘萍纪念馆等红色旅游点建成之后的2004年，横店集团响应国家"大力发展红色旅游，开展爱国主义教育"的号召，又陆续修建红军长征博览城、中国革命战争博览城、国防科技教育园等，成为爱国主义宣传教育的重要阵地。二是创办中国农民旅游节，凭着对农民、农村的真挚感情，对中国乡土文化优质精神内涵的弘扬，农民旅游节20年的创新积淀，对横店集团的发展和横店城市化建设都发挥了重要的推动作用。

2012年9月，横店举办了首届"中国·横店影视节"，将发展目标锁定于以中华文化为核心，实施科技创新、文化创意"双轮驱动"，推动影视文化产业朝着"基地化、专业化、产业化、社会化"的方向发展，着力打造文化横店、世界横店。2013年，被科技部、中宣部、文化部、新闻出版广电总局4部门共同评审认定授予"第二批国家级文化与科技融合示范基地"称号；2014年7月，成为中科院的"数字文化实验基地"。横店集团的发展史，也是横店人善于利用科技武器不断进行产业结构调整，推动企业技术创新进步的奋斗史。

横店始终立足中国乡土，立足并激发中华传统文化中的优秀精神基因，以文化产业报国，增强发展自信，共创共富的实践增强企业发展"续航"能力，并一以贯之坚持创新驱动发展实体经济，以夯实发挥竞争力、创造财富和惠及民生的立足之基。而"浙江省文化产业示范基地""浙江省文化建设示范点""浙江省改革开放四十周年典型事例100例之一"等一批批的荣誉称号，正是文化浙江和文化横店光彩的生命印记，更是一群创造企业厚德的横店人赋能企业的精神文化标志。

三、以人为本，建立全覆盖的保障机制

自1975年创业至今，横店集团在践行共创共富创业初心，不断扩大事业版图、为当

地百姓谋福利的过程中，全体员工是最重要的价值共创者与价值分享者。无论是创业初期的元老和骨干，还是新时代背景下日益壮大的多元化团队，横店集团始终把员工权益放在首要位置，与全体员工共享企业改革和发展成果。"用天下人"和"优先投资于人"，是董事长徐永安一直坚持的人才观。而真诚的人文情怀、良好的环境营造和有效的激励保障机制是横店集团用人的三大支撑法宝。

1. 创新机制，为员工提供养老、医疗、住房保障

自1993年以来，公司逐步建立了养老、教育、医疗、特困补助、员工福利等基金，依法缴纳五险一金且高于国家标准。教育基金成立24年来，每年针对教师、学生、困难学生家庭等发放教育奖励和补助，受益人数近万人；2010年，横店集团开创性地提出筹建员工安居工程——"横店·南江名郡"项目，建设精品住宅3 457套，是迄今为止金华地区规模最大的楼盘，并以远低于市场价的优惠向集团内部员工出售，已交付房屋的装修入住率近70%。

"横店·南江名郡"项目已于2018年12月全部竣工交付，图为小区内一景。

2. 守护员工权益，帮助困难员工

一直以来，横店集团及时关注、响应国家法律法规，高度重视职工劳动保护工作，经常性开展劳动法培训和劳动法执行情况检查。集团设有专门的妇女权益保护委员会为女职工提供维权服务。下属各企业也专门成立女职工委员会，全面落实女职工生育保险、女职工三期（孕期、产期、哺乳期）休假关怀。为加强女职工的三期保护，各下属企业建有120多个哺乳室、卫生室、休息室等。集团高度重视残疾人就业工作，每年解决了近500名残疾人就业问题，并为他们提供"五险"。在工厂车间、宿舍、宾馆、饭店等地建有200多个残疾人厕所、残疾人房间，为残疾人提供各类无障碍服务。集团工委每年年底慰问困难职工，子公司层面也开展困难职工慰问，每年有数百人受惠，投入资金百万元。例如，2007年成立的"东磁公司爱心互助会"，目前已有累计300多万元救助基金，建立起对特困员工帮扶救助送温暖的长效机制，能及时帮助受困员工。

3. 选人育人，企业与人才共发展

横店地处偏僻小镇，政府财力有限，只能依靠自身的投入来彻底改造生产生活环境，以此吸引人才、留住人才。横店集团为解决企业快速发展的原动力，创业初期就制定了"请、买、租、纳、育"的人才方针，为人才打造一个无后顾之忧、公平公正、具有吸引力的职场环境，实现团队成长与公司发展的联动。

横店集团建立绿色通道体系和干部公开聘任制，并采取提供住房、补助奖励、解决子女教育及就业等特殊激励措施，引进特殊人才。每年选送优秀人才进行研修，通过校企联盟等方式，确保企业专业人才的储备可以支撑企业发展的步伐，也让专业人才在横店获得施展才华的空间，实现人力资源的可持续发展。比如，联合浙江财经大学、浙江大学、武汉大学、华东政法大学等高校，举办专题性联合招聘会；深化校企合作，与众多"双一流"名校签订教育实践基地合作协议，提前锁定优秀应届生；引入国内"北森人才测评管理系统"等先进测评工具，为人才的选、育、用、留提供科学数据支撑等。

横店集团通过举办企业文化沙龙、开设秋季培训班，推出"我是班组长"锤炼计划等多样化形式，促进交流，拓宽视野，提升员工的职业化素养和综合能力；而集团下属的四家企业大学：东磁管理学院、得邦学院、横店影视城教育科技有限公司、东阳市普洛康裕职业技能培训学校，配合人力资源部门和业务部门的培训计划，提供人才培养的专业化支持；并与浙江大学管理学院联合组建1+4经营管理团队高研班，为横店集团"量身定制"，使企业学习从局部走向整体，从零散走向系统，促使培训从个人行为向企业团队行为的跨越，从而进一步促进企业经营管理水平的整体提升。重视文化育人，是横店集团"文化力"的重要组成部分。人力资源部门联合工会等部门共同组织主题活动，邀请子公司、事业单位优秀职场精英分享个人经历和职场感悟，提高团队的凝聚力和向心力。

几十年如一日，横店集团建立了"全方位"人才培养机制和全覆盖的人才保障机制。更重要的是用企业文化的价值观认同，吸引更多天下英才。

4. 仁心志达，真诚造福社会

自成立以来，横店集团对社会慈善事业的点滴关注从未缺位。从赈灾捐款到向革命老区捐物，从创新打造公益性体育赛事到积极响应国家精准扶贫号召，对社会公益事业的不懈实践，成为横店人践行创业初心的有力延伸。同时，结合自身产业优势，横店集团各下属单位在社区共建、贫困助学、医疗健康等方面，持之以恒地开展了形式多样的慈善捐助及志愿服务行动。横店影视自觉担当企业社会责任，先后开展"送电影进革命老区""红色影片进校园"等活动。成立于2000年12月的横店电影放映队，先后赴江西、江苏、上海等革命老区和校园，截至2017年，已为群众免费放送电影48 072场，观众达1 000万人次。横店马拉松自创立之初就与公益慈善紧密结合在一起。2015年5月17日，首届横店国际半程马拉松成功举办，其中引人注目的是由近100只宠物狗组成的"汪星人爱心助跑团"队伍。它们参赛的报名费全部捐赠给了慈善组织，由此开启了横店马拉松做慈善的先河。

20多年来，横店集团以亲身实践印证出文化对于经济社会发展的巨大推动作用。20多年前，当徐文荣提出"开发文化力，促进生产力"的理念时，大多数人对他力推的文化产业抱着怀疑的态度。如今，经两代人努力奋斗，浙中平原，八面山下的横店影视文化产业集聚区在中国乡村崛起，人们逐渐从文化的土壤中寻找到了物质丰富和精神充实的共赢方案，也为中国乡村振兴战略提供了一个先行者的价值典范。大胆试水文化产业，是横店调整发展模式的战略决策，更是基于经济社会快速前进的一种文明觉醒。他们期待在软实力的锻造提升中找到一个区域持续发展的原动力，并尝试重建传统文化的精神家园，造福社会。

董事长专访

贡献美好价值，彰显社会担当

《样本》：横店集团成功摸索出一条影视文化产业的发展道路，探索出一条可行的行业发展规律，即"横店经验"。请与我们分享您的心得体会。

徐永安：集聚化发展之路，使横店集团赢得了影视文化产业的良好发展局面，是横店集团成就"中国影视梦工厂"的核心竞争力所在，更是中国影视文化产业的一条重要发展规律。在这条实践得来的行业发展规律中，横店经验主要分四个方面：基地化建设、专业化服务、产业化集聚、社会化带动。

今日的横店影视文化产业，产业链条完整、要素元素齐全，从产业链走向了价值链，已形成了一个共生共荣的价值生态。这得益于横店集团在40多年的发展历程中，始终以产业带动、产业集聚和地方百姓的共同富裕来考虑企业的发展，而不单单以企业自身盈利的最大化来衡量企业的价值。我们认为，让企业更具生命力的做法是，脚踏实地、长远发展，尤其是如果企业创利慢的重要因素是让利老百姓、让老百姓有更多的获得，让社会有更多的收益，让地方经济更有后劲，让贡献更能持续，于企业而言，就非常值得。而且，我们确实一直以来一以贯之，坚持这么做。这就是我们在总结"横店经验"，探索发展规律过程中发现横店集团成长最具独特的"经验基因"。

《样本》：请谈谈"横店精神"在企业发展乃至在整个横店发展中发挥的作用。

徐永安：在40多年的发展过程中，横店集团不知道碰到过多少个困难险阻，也曾经历过3次非常严峻的生死挑战。但我们始终坚定意志去战胜困难，突破自我，不断攀上高峰。我们心中始终有一种强大的动力支撑着。这个动力，正是源于横店集团"多办企业多赚钱，多赚钱为人民多办好事"的朴素理念和"共创、共有、共富、共享"的核心价值观，也源于集团扎根横店，拥抱世界，力做最具社会责任心企业的使命与愿景。

无论一个人还是一个企业的成功，都不能以财富的多少来衡量，而要以对社会回报多少来论价值，以对社会承担的责任多少来论贡献，以社会效益的最大化来论功劳。绝不能以眼前利益、快速利益衡量，要以长远发展、永续发展来论英雄。

企业尽社会责任，不只是付出，而且是收获；不仅是投入，也有回报。企业社会责任不是遥不可及的道德训诫，而是一种可行的经营态度和方式。

从20世纪80年代中期开始，在当地政府的支持配合下，横店集团主动担当社会责任，出巨资全面改造修建道路、桥梁、自来水、污水处理、管网通信等基础设施以及全镇的绿化、亮化、洁化，建起了现代化的体育场馆、剧院、公园、图书馆、游泳池、网球场等文体设施，创办了幼儿园、高中、技校、大学、集团医院，使横店具备了现代小城市雏形。到现在，横店集团在横店城市建设中投入资金已超百亿元。

横店集团是文化和使命驱动的企业。我们致力于通过不断塑造和推崇自身的企业文化，厚植匠心土壤，弘扬新时代横店的高品质追求，彰显新时代横店的社会担当。

《样本》：您如何解读创新？

徐永安：不易匠心，方得始终。从一无所有到应有尽有，从无中生有到无奇不有，横店集团的奋斗史、成长史本身就是一部创新史。可以这么说，创新，是横店集团成长的重要基因。

新时期我们大力弘扬企业家精神、工匠精神和劳模精神，希望把产品品质作为永恒的追求，让企业做强、做大、做深，实现从产品的制造者转换为美好生活的创造者，让横店制造、横店创造成为中国制造、中国创造的代表，让中国制造、中国创造赢得世界的尊敬，创新不可或缺。或者可以这么说，创新是实现目标的不竭动力与动能。

创新不可一蹴而就，也不可能一日功成。横店集团拥有巨大的包容力与开放的态度，鼓励员工在横店的大平台上各展所长，也欢迎合作伙伴们一起协作，共同成长，在一次次的实验里走出一条适合的、独有的、横店式的发展道路。

《样本》：横店集团对影视文化产业板块的未来是怎样规划、描绘的？

徐永安：以文化推动繁荣，是集团始终不变的文化初心和文化使命。我们要全面实施"横店影视"品牌提升行动，以高起点、高标准加快影视全产业链战略布局。努力把横店影视节办成代表中国最高艺术水准、中国最具影响力、最受大众喜爱和欢迎的影视节之一，引领中国影视的发展潮流，引领中国影视走向世界；要深入推进"影视文化+"行动计划，以开发优质旅游为目标，推动产业裂变，精心开发酒店美食、体育健身、健康养生、时尚音乐、会展培训、研学教育等体验型、休闲型旅游产品；要大力协助政府，构建与影视文化产业龙头基地相匹配的现代化立体大交通网络，建设高端电影学院，全力为中国影视文化产业的新发展打造更加完善、更加现代、更加有竞争力的影视文化发展环境，催生更多、更能代表中国声音、更能奏响时代强音的文化精品。

与此同时，我们也会全力推动实现横店影视文化产业转型升级，为当地百姓带来永久实惠，为区域经济带来更多良机，为企业发展增添不竭动力。

> 专家点评

文化自信，大象始成

曾有幸参观考察横店这片文化热土。惊诧于这片土地上各个生态千丝万缕的密切，更惊诧于横店对这边热土"人才""文化"的投资力度与发展的决心。横店腾讯众创空间、横店影视产权交易中心正式的开业运营，使横店影视文化产业集聚区的立体生态已然显现；横店电影学院筹建工作稳步推进，并列入教育部"十三五"高等教育发展规划，与美国普瑞特艺术学院、上海戏剧学院签订合作办学意向；全面开展影视产业植入，打造影视文化产业特色村，推进影视产业全域化发展等；又如，"横漂"公会（横店影视城演员公会），建立规范化、制度化、信息化、法制化的管理体系，为注册登记的近6万人、常年活跃在横店的近8 000人提供一系列诸如生存发展、表演培训学习的机会，成为横店集团独"秀"于影视城之林的独特亮点。

其实，无论是"梦外滩""大庆殿"还是极富争议的"圆明园"，都和在建的十几个中国传统文化博物馆一样，于擅长"无中生有"的横店而言，仅是商业常态。难得的是，现如今这样的常态已不仅仅具备"影视建筑"的单一功能，而是发展成横店集团共生共荣全产业链里一个个重要的"因子"，使其坚定自信地推开新时代高质量深度发展的大门，大跨步前进。

高质量发展已成为今后一个时期国家经济社会政策的总纲领，这就要求企业要加快实现从总量扩张到结构优化产业升级的转变。横店影视，历经40余载，拥有秦王宫、清明上河图等20多个跨越五千年历史时空，汇聚南北地域特色的影视拍摄基地，有五星级、商务经济型酒店50余家，以及影视管理服务公司等10多家服务于影视与旅游的子公司，直接从事影视和旅游服务的员工5 700多人。现如今，努力推进深度发展的企业所倾力的，早已不是当初"有没有"式的商业奇迹，而是"好不好"的高质量诉求；早已不是当初"大不大"的盲目，而是"强不强"的高品质追求。因此，以文化推动繁荣，并全面实施"横店影视"品牌提升行动，高起点、高标准赋能产业集聚区，成为横店的新目标。作为一家敢创新、勇争先、能担当的企业，横店努力打造中国"文化复兴和文化自信的样本"，难能可贵地将"人才"与"教育"放到了重要的位置。

1999年，科技专修学院创办；2008年，正式获批成立浙江横店影视职业学院；2018年，筹建横店电影学院；就连"横漂"，企业都专门设立党支部，并将支部建在产业链上，实现"有效覆盖"……抓未来发展引擎和源动力的横店，为夯实产业发展的基础建立了人才柔性引进和间接拥有机制，吸引知名编剧、导演、网络作家等入驻实验区。加快推进横店电影学院筹建，打造产学研结合、在全行业具有重要影响的影视人才培养基地；同时，实施了"横店DREAM计划——海外留学归国人才影视创业扶持计划"，打造高层次人才创业基地，提升实验区影视人才国际化水平。内与外相结合，本土落地与国家化吸收相辅相成、兼收并蓄，气沉丹田，大象初成。

　　墨子言：慧者心辨而不烦说，多力而不伐功，此以名誉扬天下。自认农民，不善言辞辩解的创始人徐文荣，一生以"带农民共同致富，是一生的追求"的使命要求自己，也要求这片土地上成长起来的横店和横店集团的领导干部，勿忘初心。

　　时至今日，经两代创始人努力，"横店速度"的基因已根植于企业的气象中，"四共"的核心价值观成为横店人共同的理想与追求。在天地方圆中寻求和谐的横店人，始终胸怀横店，拥抱世界，并将文化根植于血脉基因里，努力践行，做最具社会责任心企业的使命与愿景，成为一面旗帜。

张宝忠　浙江省商业经济学会会长、浙江商业职业技术学院校长

第四章
科技赋能美好旅游生活
——南京途牛旅游网络科技股份有限公司

- 专注，只为创新生活
- **企业描述：**"简单"构建旅游新零售
- **样本解读：**

　　第一　新时代的"宠儿"

　　第二　三网融合，开启智能时代的深度链接

　　第三　新文旅时代的创新升级路径

　　第四　俯首甘为"孺子牛"

- **董事长专访：**不忘初心，大浪淘沙始见金
- **专家点评：**旅途无限，"牛气"充足

专注，只为创新生活

2016年，在途牛十周年"一路之上"发布会上，途牛创始人兼CEO于敦德阐述了何为"有远见的差异化"：十年前，途牛敏锐地抓住了休闲旅游从线下向线上发展的趋势，进入并专注、专心耕耘；十年来，在线休闲旅游增长速度远远超过在线机票和酒店，巨大的市场需求是这个行业的机会所在，也是途牛快速发展的重要驱动。自2015年四季度以来，途牛持续稳居在线度假旅游市场第一。

尽管途牛走了一条符合行业发展趋势且有自己差异化特色的道路，同时有海航集团、京东两大股东加持，但创业公司可能遇到的问题，途牛都曾面对。面对压力，途牛团队始终无所动摇，坚持前行。于敦德曾公开表示："要向公众去解释赚钱、亏钱这件事是有难度的。所有创业型公司都会碰到一个问题：什么时候赚钱？什么时候坚持亏损？当规模还不足够大时，如果选择赚钱，未必是最好的选择。"伴随有远见的差异化发展，加上在线旅游渗透率持续提升（2017年行业渗透率已增至16.5%），2017年第三季度，途牛实现了上市以来首次单季度Non-GAAP盈利，净利润3 970万元（以下统一为人民币）。2018年第三季度，途牛再次实现季度盈利，Non-GAAP净利润8 300万元，同比增长109.2%。与此同时，第三季度净利润2 800万元，实现途牛上市以来首个单季度GAAP盈利。此外，2018年前三个季度，途牛Non-GAAP盈利3 654万元。

多年来，途牛不惜斥巨资持续性对系统进行建设与优化，建立了庞大的数据系统和更完善的对内对外"造血"平台，树立了领先行业的"科技壁垒"；途牛升级了自营门市服务网络，将全自营门市服务网络与线上服务结合，为客户提供线上加线下的高质量旅游服务；构建了途致贵宾会员服务在内的多层次会员专属服务体系，不仅服务于客户的每次订单，更能站在客户视角长期持续为其提供旅游顾问服务，结合专属会员服务与专业订单服务，形成差异化的客户服务能力；建设拓展了地接社网络，大幅度提升客户体验……通过一步步的推进、一步步的联动，途牛以科技赋能旅游，构建全民链条旅游服务生态。

"以行而求知，因知以进行"，知行相长的途牛人保持着高度的战略定力，脚踏实地、奋斗在路上……

> 企业描述

"简单"构建旅游新零售

2016年10月阿里云栖大会上，马云在演讲中表示："未来的十年、二十年，没有电子商务这一说，只有新零售。"从商业解读而言，新零售要求突破零售业"货、场、人"这三个核心要素。生意的本质是为人服务，新零售要求以顾客和用户为核心进行转变，为顾客创造不同于传统领域的价值点。

消费时代，以个人为导向。随着消费升级下消费需求的不断扩容成长，"使生活更简单"，成为服务性企业未来的竞争核心。

途牛旅游网，定位"大众旅游"，不断强化自身智能系统及庞大的线下实体门店网络，打造一站式产品、销售、服务的闭环，以期达成"让旅游更简单"的发展使命。

一、让旅游更简单

途牛旅游网（www.tuniu.com），2006年在南京市玄武区东大科技园注册成立，企业主体全称为南京途牛科技有限公司（以下简称途牛），是国内最早专注于提供线上旅游度假产品预订服务的平台。目前，公司团队近7 000人，员工平均年龄27岁。其中专业旅游顾问团队近2 000人，研发中心拥有近1 000名员工。

通过自营及与合作伙伴的紧密合作，途牛为消费者提供旅游度假产品预订服务、旅游分销及其他业务平台产品和服务，并通过论坛、游记等一系列完备的产品来拓展用户基础、提升用户流量。

自成立以来，除了在跟团游、出境游市场一直处于领先地位外，途牛还先后开拓了一系列高品质及细分产品品牌如"牛人专线""瓜果亲子游""乐开花爸妈游""朋派定制游"等，同时还包括丰富的旅游增值服务如购物退税、旅游分期"首付出发""牛无线""牛到家""牛签证"等，以提升企业的综合竞争能力，完善产业链上下游资源。

通过企业自主研发的N-booking供应链管理系统，16 500多家合作伙伴实现了产销高效对接，有效地实现了产品更新、订单确认、资金结算、数据分析等所有的上下游协作，运行效率得到了大幅度提升。2014年，途牛参与制定了国家旅游行业标准——"旅行社产品第三方网络交易平台经营与服务要求"（LBT 030-2014），并在2015年成为国家旅游局

"旅游标准化"试点企业,为在线旅游行业标准和规范制定做出了积极贡献。

二、文旅融合浪潮下的多维度升级

经过多年发展,截至2018年10月,途牛拥有高新技术企业、软件企业、江苏省规划布局内重点软件企业、ISO9000、增值电信业务许可证等资质。拥有4项外观专利、4项授权发明专利,同时还有多项发明专利在申请中。公司获国家项目2个、省市两级政府专项30多个。国家工商总局认定驰名商标1个、江苏省著名商标3个、南京市著名商标3个、江苏省名牌产品1个,拥有国家信息消费创新应用示范项目、2015-2016和2017-2018国家电子商务示范企业、2015-2016和2017-2018江苏省电子商务示范企业、江苏省两化融合电子商务试点企业、江苏省两化融合转型升级试点企业、2017年度电子商务领域放心消费创建示范单位、江苏省企业技术中心、南京市企业技术中心等称号;获得江苏省重点文化科技企业、南京市文化企业30强、南京文化产业金梧桐"文化产业创新奖""年度贡献人物""民营企业十强"、中国民营企业500强、中国互联网百强企业等荣誉。

途牛,以成为"旅游入口,世界级公司"为愿景。截至2018年11月,途牛提供了从420个城市出发、基本覆盖全球热门目的地国家和地区的旅游产品预订服务,产品数量超过220万种,途牛旅游APP累计下载量达13.6亿。截至2018年12月,途牛已在北京、上海、广州、南京、杭州、苏州、天津、深圳、成都、武汉、西安、重庆、宁波、无锡、长沙、温州、大连、厦门、青岛、沈阳、太原、合肥、南昌等地开设了超过500家线下门店。已累计组织超过1.04亿人次出游,客户综合满意度95%。从2015年第四季度至今,途牛持续保持在线休闲旅游市场份额第一。根据艾瑞咨询对外发布的《2017年中国在线旅游度假市场研究报告》显示,2017年中国在线旅游度假市场规模达962.9亿元,途牛占市场份额为27%,排名第一。此外,途牛还分别凭借34.8%、33%的市场份额位居在线跟团游和在线出境游市场第一名。同时,易观产业数据库发布的最新数据显示,2018年第三季度,途牛占市场份额28%,继续稳居中国在线旅游度假市场第一位。

> 样本解读

第一 新时代的"宠儿"

一、旅游产业迎来"黄金时代"

说旅游是时代的"宠儿",一点都不过分。

根据联合国世界旅游组织最新发布的数据,2016年全球旅游总人次首次突破百亿,达105亿人次,较上年增长4.8%,为全球人口规模的1.4倍;全球旅游总收入达5.17万亿美元,较上年增长3.6%,相当于全球GDP的7.0%;全球旅游总人次和旅游总收入增速显著高于全球GDP增速。在全球经济不景气的大环境下,包括跨境旅游在内的旅游业显示出强劲发展势头。

旅游在中国,亦是如此。李克强总理2016年3月24日在博鳌亚洲论坛开幕式上曾指出,在中国已经进入中等收入国家水平的状况下,人们的消费需求发生了比较大的变化,面对这些消费需求,新的工业品、农产品会带动新的经济,也会提供更为广阔的就业空间。就旅游业而言,2015年中国国内旅游总收入增长19%,国内旅游人数达到40亿人次,出国旅游已经超过1.1亿人次。这有力地带动了消费,也拉动了产业升级。旅游产业不仅仅是服务业,在新经济的发展过程当中,它已经覆盖一、二、三产业,本身就是综合性产业。

2016年5月19日,李克强总理在首届世界旅游大会上强调:今后,中国将把发展旅游业作为推进结构性改革尤其是供给侧结构性改革、促进经济发展的重要方面来抓,实施旅游消费促进计划和旅游投资促进计划,落实向社会资本全面开放旅游市场的举措,进一步深化对外合资合作,以改革开放增强旅游业发展动力。

2017年,国内旅游市场高速增长,出入境市场平稳发展,供给侧结构性改革成效明显。据中国旅游研究院、国家旅游数据中心发布的《2017年全年旅游市场及综合贡献数据报告》,国内旅游人数50.01亿人次,比上年同期增长12.8%,预计2020年将达到64亿人次,2022年将达到80亿人次;出入境旅游总人数2.7亿人次,同比增长3.7%;全年实现旅游总收入5.40万亿元,增长15.1%。初步测算,全年全国旅游业对GDP的综合贡献为9.13万亿元,占GDP总量的11.04%。旅游直接就业2 825万人,旅游直接和间接就业7 990万人,占全国就业总人口的10.28%。中国出境旅游人数、境外旅游消费已连续多年居世界第一，是拉动全球旅游经济增长最重要的力量。从产业发展来看，中国国内已经形成包括2.79万个旅行社、4.5万个住宿和餐饮法人企业、3万多个景区景点和数百万家旅游企业在内的庞大产业体系，部分旅游企业已经开始在全球进行布局。旅游对国民经济和社会就业的综合贡献均超过10%，旅游业作为国民经济的战略性支柱产业地位更加巩固。

二、品质旅游方能扛起行业发展大旗

2017年，全球在线旅行销售额6 130亿美元，与2016年相比增长11.7%。其中，2017年，亚太地区超越北美地区成为全球最大的市场。而中国的在线旅游销售额近年来持续领先于其他亚太国家。

国家旅游局将2014年确定为"智慧旅游年"，鼓励企业借助云计算技术、互联网/移动互联网、智能终端等先进手段，提升在线旅行预订的服务品质和用户体验。政策的大力推动、消费市场的需求一方面提高社会资本对行业的投资热度、活跃行业内部的投资并购行为，促使旅游行业整体环境的改善和服务质量的提升；另一方面也激发了旅游产品围绕消费需求进行深度开发，并引导大量线下旅行预订用户向线上转移的行为。

经过多年的发展，在线旅游市场的线下流量不断向线上聚合，促进了一大批OTA得以快速成长。随着互联网的逐步成熟，共享经济、智慧酒店、度假方式等满足新消费需求的创新服务项目的出现，促发我国在线旅游市场规模呈现出不断扩大的态势。数据显示，2012-2016年中国在线旅游市场交易规模增速保持在30%以上，其中2016年全国在线旅游市场交易规模达到7 394.2亿元，同比增长56%，增速达到最高值。数据显示，2017年第三季度中国在线旅游市场交易规模达到2 025亿元，同比增长23.7%。据艾瑞咨询数据统计，2017年中国在线旅游市场规模达到7 384.1亿元，增长率25.1%。线上旅游行业整体增长速度高于中国旅游业总收入的增长速度，线上渗透率继续保持增长趋势。

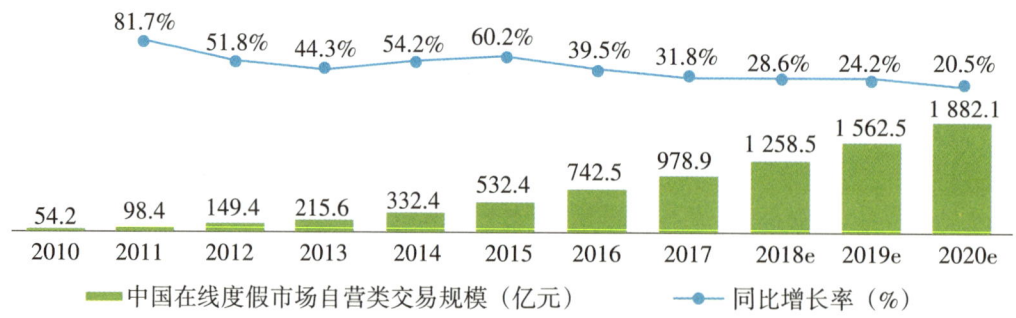

2010-2020e中国在线度假市场交易规模（自营类）

但同时，随着人口红利的逐步消退、同质化竞争的加剧，行业增速开始放缓，迈入相对"停滞"的阶段：过去OTA平台通过线上平台的口碑与品牌不断吸聚线下资源的短板逐渐显现，用户在旅游过程中的体验与服务无法掌控；传统机票+酒店的模式、大而全的出行标配，已经满足不了平台用户旅行更为细分化与场景化的需求。整个在线旅游行业进入了全产业链深度整合的模式之中：如何解决个性化需求"在目的地怎么玩"；怎么玩的更好、更有个性化；如何实现游客在旅游中各种需求得到最大化的满足，成为各大旅游从业者的深度探索追求目标。

与此同时，随着在线旅游过程中的虚假信息、天价商品以及旅行社恶劣的服务质量与环境等负面乱象不断等现象和痛点的出现，在线旅游市场呈现出了一波针对用户细分化、个性化的潮流，尤其是中高端优质服务、出境游需求逐步旺盛。艾瑞咨询数据显示，2017年中国在线旅游度假市场中，出境游占比进一步提升，为54.0%，而周边游的占比首次高于国内游，占比23.4%，而国内游比重则下降至22.6%。一方面，随着出境游流程办理便捷度的提升以及价格门槛的降低，选择境外目的地的用户数量增多，因此出境游市场占比逐年提升；另一方面，中国假期制度的碎片化使得越来越多的上班族选择在小长假或者周末出行游玩，故而周边游市场也逐渐发力。

在新消费趋势和企业据此进行模式变革创新的推动下，整体旅游市场的供给侧改革正在逐步进行。

第二　三网融合，开启智能时代的深度链接

"投资未来、投资正确的事情"，在过程中以智慧践行之、坚持之，是于敦德对途牛多年成长的总结。于途牛而言，形势在变、使命不变。

如果说，12年前的途牛看见在线休闲度假市场的未来，以"有远见的差异化"成长为行业第一；那么如今，途牛则是看见旅游新零售的未来，以"客户价值为导向"，努力实现"让旅游更简单"的使命，为成长为"旅游入口，世界级公司"的愿景而努力。

2014年，途牛旅游网在美国纳斯达克正式挂牌上市。围绕客户价值这一核心，途牛不断加大对智能网络的投入建设、对供应链的调整升级，同时开启线下实体网络布局，加强服务网络建设，以期内外兼修，三网齐头并进融会贯通，强化"人、货、场"的要素构成结构，加快旅游新零售的探索。

上市后，于敦德曾表示，最难的是平衡盈利和市场的节奏点。"在一个早期市场，想赚钱是可以做到的，但要考虑赚大钱还是小钱。在平衡市场和盈利这两方面因素后，关键是判断未来的市场空间。尤其是投资收益回报，应当以三五年甚至更长的时间单位来计算。"途牛，在近3年企业运作中，无不以此为目标。

一、多方联动，强化科技赋能

作为一开始就选择标准化程度低的休闲度假旅游市场，采用"互联网+旅游"模式的互联网企业，途牛一直高度重视研发和技术，并通过多年不懈的坚持和投入，让科技真正转化新动能，成为企业的核心竞争力，以此构建了自己的竞争优势壁垒。其中，途牛通过自主研发的 N-booking 系统提升效率，得以实现公司人均产能是同业平均水平的近3倍的愿望，企业得以实现弯道超车快速发展。

1. 强动力，科技是第一生产力

面对复杂的旅游产品，专注于休闲度假旅游市场的途牛，千方百计地寻找将互联网和大数据技术与传统旅游产业相结合，解决"出游前要冒着严寒酷暑，来回反复地跑门店"等旅游行业痛点的方法。经过反复尝试和改进后，途牛研发的系统，创新性地通过将产品

划分成3个纬度：出发地、目的地、品类（如邮轮是一个品类）。3个纬度相互交叉组合，能构成不同的产品线，形成不同的价格，而且价格能动态变化。产品线不同，订单处理的流程也不一样。在途牛招股说明书上，曾有这么一段描述：产品线由超过10万个跟团游库存单位（SKU）、超过10万个自助游库存单位以及海内外超过1 000个旅游景区的门票构成。彼时的途牛系统就能将这些产品线清晰地显示出来，包括对应的价格、当天的库存状态。所有的预订完全可以通过系统实现，前台预订完之后，后台会生成一个详细的数据库。无疑，这需要强大的IT技术的支撑。

途牛多年来一直不吝于在科技上的研发投入，以强化自身的科技和研发水平。途牛年度的研发投入2亿-2.5亿元。为了鼓励研发，激励年轻员工创新系统提升效率，途牛还曾在研发中心竖了一块牌子："若要提高效率，看我研发少年。"

目前，途牛研发团队近1 000人，公司核心运营系统均为自主研发。公司创新性研发及不断完善的"智能网络"——N-booking系统，实现了公司与16 500多合作伙伴产销的完美对接。且N-booking系统内独创的动态打包系统，从供给端进行创新，满足了消费者多样化、个性化的出游需求。例如，当下，"交通+地接"服务越来越受到游客的青睐，途牛完善的"智能网络"能将不同时间段的机票与不同线路的地接产品进行自动化动态打包，形成多样化的产品组合，极大地丰富了产品供应，解决了出发地成团产品"不成团"、供给不均衡和不充分的问题。以国内长线跟团游为例，动态打包订单占比从2012年的29%增长到2016年的88%。同时，途牛不断拓展机票、酒店等新品类，2016年途牛交通和酒店交易额同比分别增长了300%和100%。

2. 探索旅游新零售

2014年，国家旅游局将2014年旅游业发展主题定位"智慧旅游年"。而江苏省确立了建设"畅游江苏"体系、推进旅游强省的战略目标，将旅游业作为现代服务业的龙头加快培育。与此同时，江苏省政府出台《关于全面构建"畅游江苏"体系，促进旅游业改革发展的实施意见》，推动全省在经济社会的新常态中积极发展旅游业。途牛作为具有代表性的线上旅游企业，积极参与推进旅游行业的健康、有序发展。同年，途牛抓住机遇参与制定了国家旅游行业标准——"旅行社产品第三方网络交易平台经营与服务要求"LBT 030-2014，并在2015年成为国家旅游局"旅游标准化"试点企业。

2014年7月，途牛开始研发"基于移动客户端的智慧云服务平台"项目。强基固本、创新发展，以途牛云计算平台技术、途牛旅游基础数据库、旅游智能搜索引擎系统、个性化推荐系统为支撑，以移动互联网为载体，以建立移动旅游综合门户为目标，实现对各地旅游资源、旅游信息的发布和各地旅游信息的联播，为中小旅行社、酒店等企业提供开放平台等功能，同时对各地旅游局和企业预留了单独模块和运营管理平台接口。全国各地旅游局和企业可根据自身情况，自愿加入该移动客户端的整体建设、宣传、应用、推广和运维中，合作开发个性化的旅游客户端。截至2016年12月底，该项目所有建设内容均已完毕，旅游移动互联网客户端、旅游企业移动办公客户端均已成功上线并运营良好。2016年，该项目获得国家服务业发展引导资金项目扶持。据此，途牛与各合作伙伴、旅游部门的合作实现了从被动到主动的转变，也使得市场产品主动融入"途牛标准式"进行市场良性竞争。品牌影响力、公信力、美誉度、市场抓取力、供应链整合等，通过科技的核心竞争力，实现企业发展的一举多得。

2015年1月，途牛又启动"云计算环境下的途牛旅游平台信息化提升综合解决方案"项目。依据客户及合作伙伴体验服务的提升需求，创新性以新一代信息技术的应用为支撑，通过智能网络和应用增强企业的反应能力和管理水平，实现企业内外部资源的动态配置，促进企业模式创新和产业升级，建立以技术融合、数据融合、安全融合和创新融合为特征的智慧型互联网企业。同样地，该项目在2016年获得江苏省经信委工业和信息产业转型升级专项资金扶持。

近年来，我国境外旅游业增长十分迅速。根据中国旅游研究院测算，2017年全年，中国公民出境旅游达13 051万人次，比2016年同期增长7.0%。同时，联合国世界旅游组织（UNWTO）公布的一份报告显示，中国游客2017年在出境游上共花费2 577亿美元，继续保持世界第一。目前，人们出境旅游已经不再是简单的逛景点、买奢侈品，有更多的消费者希望在旅行中记录自己和亲密旅伴的精彩生活，追求更多的人生体验和美好回忆。看到全球旅游趋势的途牛，自然紧跟市场需求。早在2015年7月，途牛便启动了"基于大数据挖掘的全球旅游电子商务供应链系统"，集上游供应商管理、旅游产品销售管理、游客出行服务等于一体。一方面搭建一条完整的供应链系统，另一方面实现大数据挖掘出的有效数据能够为整个供应链系统提供服务，不断优化整个供应链系统，提高效益。项目大大促进了线上旅游向线下旅游的渗透，带动推进旅游产业的转型升级；促进旅游企业的经营方式从单纯扩大总供应量，转变为充分运用现代技术手段、依据用户需求来提供旅游产品。项目于2017年6月完成，并获得了南京市经信委"南京市软件和信息服务业大企业培育专项补助"。

为深入研究支持线上线下一体化的多渠道知识融合方法，打造"互联网+旅游+传媒"线上线下融合的旅游服务平台，2017年4月，途牛启动了"线上线下融合的旅游电子商务服务技术研发及应用"。项目创新性地以在线旅游企业管理为导向，在途牛旅游电子商务平台及其线下服务中心的基础上，构建旅游大数据服务平台框架，主要包括：旅游云存储和计算系统、企业绩效与客户行为分析系统、旅游电子商务情境推荐系统以及口碑营销系统四大版块。项目于2017年获得江苏省经信委工业和信息产业转型升级专项资金扶持，计划于2019年3月最终完成。2017年3月，途牛被江苏省商务厅评为"2017-2018年度江苏省电子商务示范企业"；2017年8月，途牛被中华人民共和国商务部评为"2017-2018年度国家电子商务示范企业"。

在江苏省政府推进旅游强省的战略目标下，途牛企业活力不断被激发，同时通过各类旅游项目的参与、开发，促进了江苏省乃至国内旅游电子商务平台运营、供应链建设、服务等多方面标准的探索与制定，打造行业标杆，在一定程度上快速占领在线旅游行业技术"话语权"，并为企业本身积累了更多的旅游资源、筛选了更多优质的旅游产品与合作伙伴。

二、从"供应"到"运营"，优化行业生态链

传统互联网企业以数据为依托，紧紧抓牢"人"；在不断发展过程中发现，零售本质三要素中的其他两要素"货、场"始终不可避免。作为旅游零售平台，通过科技手段一手抓供应一手抓实体成了当下发展的共同法则。途牛与供应商的关系有些微妙，既是平台方又是直采方。途牛的意图在于，在运营中更懂消费者所需，深入其中既可深化资源的有效合理利用，又可促进供应商的良性竞争。

1. 强基固本，优化供应链基础管理

途牛基于供应商的声誉、产品质量、过往记录、信用以及价格竞争力，制定了严格的供应商筛选流程，以挑选优质的合作伙伴。

目前，途牛与包括地接社、旅游批发商、旅游产品和服务提供商等在内的16 500余家供应商开展合作，帮助供应商触及中国亿级互联网用户，并协助供应商进行库存管理。途牛采用规范的产品和服务采购协议，使得分布在全国的线下门店可以跟踪当地供应商的表现。另外，公司设立专门团队负责根据用户反馈向供应商提供建议，改进服务质量并优化产品。同时，途牛会根据产品的热销程度、产品质量和价格竞争力，定期向供应商提供评估报告。这是途牛赖以加强与当前供应商合作、吸引新的优质供应商的根本。

创业以来，途牛不断优化供应链管理系统，已形成了完善的管理标准和流程体系。例如，产品的平均上线时间仅为4小时，产品上线自动审核占比71%，通过系统实现了和供应商之间信息流以及业务流的标准化、自动化的高效协同运营机制。

随着系统的不断完善和深化，不仅降低了成本，而且提升了旅游电子商务行业的整体发展水平。同时，平台改变了传统静态宣传常态，推动和帮助传统旅行社加入旅游电子商

务的平台中来，进一步巩固和提升了途牛在国内旅游电子商务行业的领先地位。

2. 多元合作，加速产业链补给

2015年，在线旅游业一方面聚焦移动端竞争，另一方面航空公司、酒店等供应商与大型OTA之间的抗争不断。究其缘由，粗放式的发展无法实现多方利益的良性上升，行业迫切需要在新的技术环境下，重构与供应商以及消费者之间的利益关系。途牛在大环境要求的"规范旅游市场秩序，迎接正在兴起的大众旅游时代"下，整合线上、线下旅游资源，增强对产业链内优质资源的把控和价值协同。

2015年11月，海航旅游集团宣布以5亿美元投资途牛，并与途牛达成战略采购协议。海航旅游在保证市场公平原则前提下，将以优惠条件向途牛提供旗下航空、酒店和公务机等旅游资源。途牛将依托海航旅游在产业链资源上的优势，进行相应采购，预计2年内旅游资源采购金额将不少于1亿美元。随着途牛直采的深入，海航旅游在航空资源方面的优势将为途牛发展连接出发地和目的地之间的大交通提供有力的支持。

2016年3月，途牛与首都航空宣布开启深度合作，获取首都航空的优质航空资源——海航旗下首都航空机票资源完成全渠道系统接入，实现了与途牛所有地接产品的自动化动态打包：一方面，用于散客票售卖；另一方面，整合双方优势、联合推出"首航·途牛假期"品牌，主打高性价比的"机票+地接"打包组合产品。海南、云南、福建等热门旅游目的地"首航·途牛假期"产品销售火爆。

三、扩大布局，纵深线下触角

中国网民在互联网近20%的高渗透率在一段时间内使得边际上的增量越来越少，线上流量成本越来越高。而此时线下流量的单元经济探索渐出成效。与携程并购旅游百事通、去哪儿，直接拥有总量超过6 000家门店的手笔相比，途牛的线下策略相对谨慎。

途牛用了2年的时间，运用大量的数据分析、对比测试等方式来调整门店策略。于敦德表示，此前途牛门店多开在写字楼中，结构调整后基本搬迁到了临街铺位以及商超中心等地，在降低租金等成本的同时，运营效率得到了较大的提升。目前，途牛线下门店全部采用租赁物业自营，且每一个门店的开设都是基于数据模型分析的，通过预估投入产出来确保收益率。途牛曾将门店与其他营销渠道进行数据比对，结果显示，门店的收益率高于一般运营渠道。途牛认为，门店的发展是途牛整个营销渠道拓展中的一个重要组成部分。目前，途牛自营门店总量已实现500家目标。事实上，对于途牛来说，营销渠道不仅仅包含线上和门店，还有更加多元化、碎片化的场景入口。未来也将在这个方向上深入发展，覆盖更多场景，如用户生活和企业服务。以企业服务为例，据了解，途牛的商旅业务在

2018年增长了3倍，交易额已达到亿级规模。

途牛的运营体系包括前端客户服务网络和后端资源管理网络。前端主要是面向全国的线上网络、线下门店，通过该网络，途牛采购的每个资源、品类都可以提供给客人，品类可以不断拓展，但边际成本却极小；后端主要面向各个目的地的资源采购网络，每次采购的资源都可以通过前端网络进行分销，每次集中采购可以获得成本优势。

"我们就像一张网，把这个服务网络的边界不断地扩展，然后销售网络不断地扩大，两个之间就形成了一个密切的交互，这其实也是新零售。我们建立的这张网就是我们的核心资产，也是我们的核心竞争力。"于敦德希望通过对休闲度假产品的结构化和再组织的系统，充分发挥途牛的双边网络效应。同时，途牛升级以动态打包为核心的平台为智能网络连接了销售网络和服务网络，放大双边网络效应。

通过更紧密地靠近客户和资源，深入出发地和目的地精耕细作，途牛在为客户提供个性化、差异化、多样化产品和服务的同时，也进一步缩短了产业链环节，提升了公司的毛利率和盈利能力。财报数据显示，2017年途牛毛利率同比增长80.9%。

2018年，途牛继续重点加强三个网络建设：一是强化销售网络，途牛自营门市数量在2018年年底已达到500个；二是强化服务网络，截至2018年年底，途牛自营随往地接社将覆盖国内主要区域性目的地，总数达到30家；三是加强智能网络，途牛继续加强全品类动态打包系统的建设，实现更加高效的供给与需求连接，满足客户多样化需求。

第三　新文旅时代的创新升级路径

2015年，对于中国商业来说，是加快产业升级、共生共荣的一年。

2015年8月，为进一步发挥旅游业在转方式、调结构、惠民生中的作用，实现旅游业与其他行业产业的深度融合，国家旅游局下发了《关于开展国家全域旅游示范区创建工作的通知》。

2015年10月，途牛启动了新LOGO：去掉了名称后的"旅游"两字。外界预期，途牛将不仅仅满足于做一个休闲度假旅游预订平台，而是希望提供更多的生活服务。事实上，确立了科技研发、供应链与实体门店布局战略的途牛，一直紧紧围绕核心，根据消费者消费方式、消费需求的升级紧随潮流、创新驱动。

一、借力实现移动端流量快速转化

随着即时移动互联网时代的到来，越来越多的用户希望可以通过手机终端更便捷地浏览和搜索出游信息，可以随时随地通过移动端查看旅游攻略、目的地信息和预订出游产品。目前，中国游客使用移动客户端预订旅游产品的比例位居世界第一，远高于欧美水平。

据易观智库2015年发表的研究数据显示，中国在线旅游市场移动端渗透率在2014年第四季度首次突破50%。移动端对中国在线旅游市场整体交易规模的贡献率逐渐提高，移动端正在逐渐超越PC端成为更重要的预订渠道。2016年第二季度，中国在线旅游移动端交易规模达到1 323.6亿元，在线旅游市场移动端渗透率达到73.8%，移动端已成为在线旅游用户主要预订渠道。2017年第一季度，中国移动购物在整体网络购物交易规模中占比高达80.7%，移动端已成为网络购物的绝对主导力量。在行业看来，互联网本质是信息经济，只有标准化或相对标准化的产品才能迅速渗透，形成规模效应。例如，京东以相对标准化的电子产品这一基本条件，迅速在移动端渗透，形成竞争优势。

2015年5月，途牛旅游网与京东达成战略合作协议。途牛获得京东旅行——度假频道网站和移动端的5年免佣金独家经营权，同时成为京东机票和酒店业务的优先合作伙伴。

彼时的线上大型OTA的O2O发展策略，将线上的争夺聚焦于移动端上。业界认为，旅游O2O的发展只有与移动端充分结合，才能形成闭环。相关数据显示，彼时京东的移动电商发展速度超过其他平台。

但竞争虽然激烈，格局并未形成。借着这一场互惠互利的合作时机，定位于标准化程度低的休闲度假旅游市场的途牛，"抄捷径"直接从彼时移动端转化最好的国内大流量电商购物平台中有效地获取了更多的流量和广泛的客户基础。

2016年第四季度，途牛移动端订单量已超过整体在线订单量的90%，而2014年第二季度这一数据仅为30%。截至2018年9月30日，途牛旅游APP累计下载量达到13.6亿。

二、首创"专属+专业"服务驱动模型

深感于市场竞争粗放与庞杂，途牛并不满足于当前流量入口，而是利用互联网技术和业务模式，层层转化成订单、交易，让业务尽快落地。与此同时，辅助以途牛自身的品牌建设和服务品质，提升产品复购率。

在这一场优化业务模型、提升核心竞争力的探索里，途牛致力于建设"开放、透明、共赢、标准化"的供应链生态：成立会员事业部，行业首创"专属+专业"的业务驱动模型探索，为合作伙伴、客户提供专项服务。

2015年7月，途牛将原来的客服部拆分，成立会员事业部，将服务性部门进行业务变革，主动走向销售的前端，成为有效的获客渠道和销售线索：将7 000万注册会员进行有效跟进，实现途牛长期有效的服务价值。在途牛的会员服务团队中，对服务人员进行"专属服务"与"专业服务"的划分，即当用户需要签证、邮轮等专业品类产品服务的时候，有专业的客服人员进行对接、服务；用户一般性的长期旅游服务需求，会有专属的会员顾问进行长期性的沟通服务。以往独立的售后服务团队，也融合到了专属会员顾问体系中。如此一来，途牛的客户无论在行前、行中以及行后，都可以与专属会员顾问沟通，满足其随时随地、碎片化的咨询需求，极大地提升了用户体验满意度。这样的用户运营策略，带来了一个较为直观的效果就是已有用户的价值凸显，也就是复购率的提升。经过长期的客户模型探索，途牛"专属+专业"服务模式带来的效果更加明显。2015年4月16日，途牛正式推出"每月16日，你最尊贵"会员日品牌，为会员定期提供丰富的旅游产品以及诸多会员日专属福利。2016年，7·16会员日单日交易额破2亿元；2017年，6·16会员日单日交易额达2.28亿元；2018年，7·16会员日单日交易额再创新纪录，突破2.48亿元。

2017年，途牛客户服务部为实现业务的有效开展和落地，在涉及游客出游生活方方面面上研究、涉及、制作了52个场景模式，用以帮助游客了解出游常识、注意事项等。据悉，在2017年的前三个季度，途牛的老客户占比已经达到60%左右，成为促使途牛2017

年第三季度实现Non-GAAP盈利的重要构成因素。

此外,途牛通过强化产品采购团队与N-Booking系统提升供给效率,建立高效沟通,以帮助供应商预测市场变化、迭代产品设计、调整供货计划、推动双向采购等;而作为销售端口的会员事业部,定期收集客户反馈的问题及需求,并进行产品分析及需求引导,优先进行产品甄选,无限贴合客户与产品之间的匹配度。

途牛在供应链建设过程中,也逐渐确立了视供应商为客户的服务标准,设立供应商专属客户经理岗位,提供管家式一站服务,拓展合作伙伴的全品类、全口岸、全业务链的合作机会,为双方的业务和业绩达成提供有效的支撑和支持。

为了更好地把控产品质量,执行更为细致的服务标准,以此来提升用户体验,途牛在门店运营中也融入了"专属服务"与"专业服务"结合的概念——在平常的门市服务中,工作人员为用户提供的最主要职能是专属的服务,简单、常见的订单和问题,可以直接在门店得到处理解决;而一些复杂、专业、困难、小众订单和问题,可以通过途牛打造的专业线上服务团队来跟进解决。这种"专业人做专业事"的线上线下结合的门店策略,既提高了效率,又保证了专业度,这种模式很难在加盟店中应用,只有在途牛自营的门店上才能更好地实现。

同时,线下自营门市还为途牛签证等业务在提升客户体验方面提供了助力。2018年7月,途牛推出签证服务自营品牌"牛签证"。借助线下自营门市,"牛签证"可为全国用户提供签证受理服务。客户可前往就近门市一站式完成咨询、签约、下单,手续便捷。同时,签证客户还可在网上提交订单之后,通过所在城市的门市递交签证材料。

三、深挖品牌IP、推进直采开发

最新尼尔森《2017年途牛旅游网品牌表现追踪调研报告》数据显示,途牛品牌全国认知率94%,位居行业第一。

基于长期以来的品牌价值和对优质产品的把控,2009年,途牛对外发布高品质跟团游产品品牌"牛人专线"。截至2017年第三季度,牛人专线占途牛跟团游交易额高达35%;截至2017年年底,牛人专线累计服务人次达400万,产品综合满意度达96%。

2015年,途牛推出"瓜果亲子游"产品品牌,通过产品创新、服务提升、市场推广等,获得亲子游客群广泛认可。

2016年4月,途牛推出定制游产品品牌"朋派定制游"。2017年,服务出游人次同比增长超过353%,销售额同比增长356%,持续向中高端家庭定制第一品牌大举进军。

2017年,从"专属人群""专属服务"等维度开发的途牛"乐开花爸妈游"产品品牌,经过一年发展，持续向全国二、三线城市渗透，此类地区爸妈游出游人次占比达70%。

2017年，途牛推出中高端旅游产品品牌"一路之上"，其服务的出游人次比2016年增长超过200%。

于敦德表示，途牛要做的并不是把别人的产品拿过来做一个简单的撮合，而是真正为用户带来有价值的好产品，不断提升旅游服务。这必然也是通过自营和向合作伙伴开放两种方式来完成。通过完善服务网络、营销网络和品牌IP的建设，来实现途牛的长期服务价值。

无论是用户服务体系的优化、自营线下门店，还是智能网络建设、技术研发等方面，最终还是得回归到良好的产品品质和服务上。途牛不仅要保证用户在预订过程的体验，还要保证整个出游环节的体验，所以在加强直采、试点自营、提高复购率等方面，途牛都进行了长期的探索和努力。

途牛组建了一支专业的产品采购团队，服务当前供应商并开发潜在合作伙伴。2014年，途牛提出直采策略，并定下了到2018年将度假业务直采比例提升至50%的目标。近年来，途牛直采比例一直在提升。途牛通过与极具地域特色的供应商合作，采购具有价格优势且丰富多样的旅游资源，并与机票、酒店、地接等上游资源进行整合，不仅提升了服务品质吸引更多客户，还可以更好地实现产品向中高端转型。

与直采相对应的开放采购规模，也一直在不断地增长。截至2017年10月30日，途牛千万级别以上合作伙伴的数量已经超过了2016年全年的259家，达到了275家的数量规模。

四、持续推进个性化与交通联运

截至2017年9月30日，途牛国内长线跟团游方面，"交通+地接"产品交易占比已经达到96%。这也推动了途牛发展交通联运的产品打包策略。

例如，从北京出发的产品，搭配交通联运的方式，销售范围便可以覆盖到很多的周边城市和省份，像东北地区、华北地区甚至中原地区等。通过联运可以实现核心口岸城市的集结出发，这样途牛产品的可销售范围就大大拓宽了，从一个城市变成一大片城市群和城市带甚至更大的区域。这样一来，成团率与营收都能得到提高，这也是途牛一直在努力推进的工作。

途牛还正全面复制出发地能力到目的地。2018年，途牛主要通过建立国内自营地接服务网络"随往旅业"、搭建目的地频道、发力"枢纽联运+干线+目的地服务"模式、拓展海外直营地接服务网络"环球经典"、招募"全球合伙人"、提供全球旅拍服务等多个维度全面拓展目的地服务网络，提升客户目的地服务体验。

此外，途牛还专门建立了数据部门，将旅游产品特性、用户需求、大数据、算法和计算能力，多方位地整合在一起，形成更好的解决方案，再通过不断地实践来完善。具体一点来说，就是用户界面不再千篇一律。途牛希望在未来实现这种个性化的呈现，即每位用户界面上的产品排列、内容信息都是最适合自己的。这跟今日头条的个性化算法推荐逻辑较为类似，途牛只呈现用户最关心的信息，不相关的信息系统自动优化屏蔽。

第四　俯首甘为"孺子牛"

说旅游行业是现阶段新经济发展过程中的"明星",一点不为过。一方面,身为在线旅游行业的重要一员,途牛可谓是深受政策、市场、资本、消费者的多方关爱,沐浴阳光成长;另一方面,途牛以"客户第一"为导向,始终坚持"让旅游更简单"的使命,雕琢自己,"回馈"市场,全心全意琢磨如何更好地在服务人民大众的过程中打造企业自身的核心价值。换言之,始终围绕"人"的要素,赢取顾客、获取价值,提升企业竞争力。对于服务行业、服务企业而言,这是最基本的企业成长基因。

途牛的创新、途牛的成长从企业自我剖析,在于洞察未来、智慧地坚持。对于企业而言,说到做到并不容易。尤其是在企业成长中,面对一次次的质疑而能继续坚持难能可贵。在外界看来,是一群始终奋斗在创业途中的年轻人,心存骨气、脚踏实地里践行对美好未来的执着描绘。他们将服务口号化为实际践行的初心与相信的力量。他们相信,科技的力量;他们相信,努力的方向;他们相信,未来可见。

途牛,是互联网"红利"时代成长起来的代表企业之一。如今,人口红利逐渐消失,边际效益在减弱,集体或主动或被动地进入了下半场,迎接新零售的挑战。途牛主动进行供给侧改革,率先围绕"人、货、场"进行线上线下融合的探索,建好了这一阶段的"护城墙",成为行业创新的典型。

互联网的全球化也促使互联网企业不能局限于国内,乘着"一带一路"的东风,"途牛"的征程还在继续推进。

> 董事长专访

不忘初心，大浪淘沙始见金

《样本》：您如何解读现今的旅游市场？途牛又如何应对？

于敦德：自2015年以后，中国旅游产业同比增长率稳步上升。2017年，中国旅游产业收入达5.40万亿元，同比增幅15.1%。目前，在线旅游行业渗透率不断攀升，2017年增至16.5%。在线旅游企业资源方与渠道方趋于融合，线上线下在布局发展下将形成合力。不过，旅游市场在供给上还存在着不均衡、不充分的问题：诸多的旅游产品供给还停留在相对原始的阶段，已不能充分满足消费者日益增长的需求，尤其在地域上、目的地上、产品的品类上等诸多方面，还持续存在着这种不平衡的状态。

途牛顺应趋势，积极面对契机和挑战，贯彻供给侧改革思想，紧紧围绕客户需求和时代趋势，创新智能网络、创新实体网络布局、创新产品供给系统、创新产品种类、创新服务质量与方式、创新升级体验等，塑造自己的核心竞争力。实质上，用户的"满意度"倒逼我们，必须要正视、面对、解决问题：改进质量、创新服务方式、改变产业链的效率，以促进企业自身的良好成长。

《样本》：您制定公司经营战略的评判依据是什么？

于敦德：相对于传统企业而言，我们作为线上旅游企业，在"人、货、场"的核心元素里，对"人"的把握要求度更具优势。因此，从公司创立的那一天开始，我就在无形中给自己定下了一个规矩：每天坚持看客户的投诉内容。旅游产品与一般商品不同，服务综合性构成元素多、对人的亲身体验依赖度极高。因此，客户真实的反馈数据是最宝贵的实践反馈，促使我们不断地进行改进和创新。

当然，我也大量地去深入了解行业内、其他行业的信息数据，通过各种活动了解最新的政策、趋势、合作开发项目等。但是，客户的投诉意见始终作为形成和制定公司经营战略的重要构成要素。

《样本》：您如何界定途牛在市场上的定位？

于敦德：希望途牛永远保持创立时的初心与奋斗活力，做行业创新的领先者。

《样本》：途牛构建自身线上线下一体化服务体系，2018年自营门店已达到500个。这样大规模的投入，会为途牛带来怎样的影响？

于敦德：门店，我们始终认为它是零售体系的一个场景。我们经营门店，跟传统旅行社的出发点不一样。在线旅游企业，也面临着新零售的变革。我们以新零售为前提，旨在更好地服务"人"，满足线上线下相结合的强烈需求。

自营门店，实质上是途牛自身推进结构调整，有效矫正要素配置、扩大供给、提高供给结构对需求变化的适应性和灵活性的一种手段。通过不断深耕的实体门店体系，可以更好地把控产品质量，执行更为细致的服务标准，以此来提升用户体验，促进经营成长。

我们从未盲目地进行门店扩张。公司用了多年的时间，运用了大量的数据分析、对比测试等方式建立了单店运营模型，形成门店经营的系列策略。目前，门店经营整体属性良好。

2018年，我们门店计划已完成500个。为此，我们储备大量的人才，形成标准化的运营模式，也建立了系统的支撑，然后形成了一个有效运营的方法。现在，途牛已经到了一个快速复制的发展阶段。

《样本》：为实现即将到来的需求及变化，途牛在产业链建设上还做了哪些举措？

于敦德：我们全力深化智能网络建设，促使实现更碎片化、更动态、更实时的资源供给和需求的智能匹配，在全力实现科技赋能旅游生活的同时，实现途牛供应链管理的强化、运营体系的自我成长。

途牛致力于建设"开放、透明、共赢、标准化"的供应链生态系统，同时在产业链建设方面应时应需进行完善：强化直采策略、扩大直采比例，整合机票、酒店、本地等上游资源，实现产品向中高端转型，实现新零售体系构成要素的逐步建设。

2018年，途牛度假业务的直采比例将达50%。

《样本》：关于"创新"，您赋予怎样的内容？

于敦德：创新最重要的目的是如何不断地优化用户体验，包括通过技术方法和供应链协同。首先，在客户推荐方面，大量持续更新和累积的用户数据可以帮助途牛更快速、实时地计算分析，使个性化推荐做得更好，在数据分析取代基础人工工作的同时，途牛释放出更多时间和资源做更多的复杂服务。其次，在供应链方面，通过分享后台数据和计算结果，途牛可以与合作伙伴展开更加紧密和深入的互动，使双方共同参与到服务过程当中，提升用户体验。在这个过程中，我们总结了"知行合一"的方法论。创新，是质疑和自我否定的结果。在"创新"的过程中，需要经历千百次的反复质疑与实际验证。

《样本》：请谈谈企业未来发展的重点和规划。

于敦德：途牛未来的工作重点仍旧是持续性地将关注的目光聚焦于"人的需求服务"上。因此，途牛将继续加强自身的网络效应建设，把销售服务网络做的越来越完善、越来越成熟，使覆盖面越来越大、触角越来越深。这其中，包括加强分销渠道的建设，努力促使消费服务网络更完善，并通过我们的点评数据建立品牌信任，通过金融的场景让服务过程更加简单。

未来，途牛将继续保持创新、创业的激情，努力实现"让旅游更简单"的使命，努力成长为"旅游入口，世界级公司"。

> 专家点评

旅途无限，"牛气"充足

2006年，于敦德创立途牛旅游网时刚25周岁。8年后，途牛在美国纳斯达克上市。今天的途牛已经是全球领先的在线旅游网站。作为旅游圈最年轻的上市企业创始人，他不仅是南京市创业明星、劳动模范，也是江苏最美青年人物、省十大杰出青年。在我的印象中，其人如其名：朴素、敦厚。但留下更深的认识是他自己所强调的："人生没有捷径，追求梦想需要有一股子敢拼敢想的牛劲和永不言弃的精神。"一毕业就创业，始终如一，不断创新。我想靠的就是这股牛劲和精神，紧紧扣住时代脉搏，线上线下融合，坚持"差异化"发展道路，推动途牛成为中国旅游界的旗舰企业。

"咬定青山不放松，立根原在破岩中。"深谙其中真意的途牛，无论是从最初简单的观光游服务到如今的深度游配置，再到休闲度假的全方位开发；从单纯的旅游业务到机酒及订票服务，再到文旅结合的深度体验，始终牢牢把握立业初心，以"让游客更简单"为目的，以"成为世界级公司、旅游入口"为目标要求自身，不断深化产业链、优化价值链。途牛以服务为企业成长的生命"能源"，不断进行开发、完善，形成了一系列优势：业内首创的"九大出游保障"服务承诺、95%电话可在5秒内接听、99%电话在30分钟内回呼、98%的售后诉求可在2日内解决……目前，途牛完善的客服体系可以为全球用户提供最优质的服务。服务内容覆盖旅游全链条，在咨询、预订、出游中、出游后到点评、回访、维系等客户触点提供全周期、全环节服务，保证客户需求能够得到及时响应和有效帮助，保证其全程无忧的出游体验。

服务是服务型企业立足于市场的基本功。为谁服务，如何服务，是始终横亘在企业发展面前的一道绕不过去的门槛。途牛不仅强化自身内功，也强化对"人"的服务研发——通过对旅友的细致调研，实行对旅友的分级精细管理，牢牢地抓住了旅游的牛鼻子："牛人专线""瓜果亲子游""乐开花爸妈游""朋派定制游""首付出发""牛无线""牛到家""牛签证"，无不让消费者体验到途牛服务的苦心、诚心和愿心。近几年来，途牛还将客服从各个事业部拆分出来，单独成立为旅游顾问中心，赋予客服更专业的身份"旅游顾问"，让每一位用户在途牛可以得到专业的线路推荐和管家式的贴心服务。

技术与人才，是途牛发展过程中另一大战略创新和实施要点。早在2014年，途牛就参与制定了国家旅游行业标准——"旅行社产品第三方网络交易平台经营与服务要求"（LBT 030-2014）。通过制定"开放、透明、共赢、标准化"的供应链生态标准，途牛掌握了市场发展的主动权，占据了企业发展的战略高地。除了制定国家标准，途牛也重视打造自己的战略平台——自主研发N-booking供应链管理系统，对开拓市场、加强企业自身管理发挥了重要作用。每年途牛在科研上的投入超过2亿元，为他们的市场营销战略打下了坚实的基础。

时代的日新月异，使互联网公司更加注重创新和效率。年轻人思维活跃，学习能力强，更加受到重视。随着互联网企业竞争的加剧，消费升级的到来也刺激了企业的人才需求升级，尤其是对专业技能的要求在逐步提高。途牛的人才建设体系里，拥有超过2 000人的专业人才团队，进行项目的专项开发与维护，占全体员工数的28.57%。更难得的是，整个途牛公司的员工平均年龄才27岁。以"奋斗者"之姿态，勤勤恳恳、砥砺前行，创新发展途牛的自我模式，成为行业里的领先者。"得士者昌，失士者亡。"这些英雄少年，为途牛的不断发展贡献了自己的青春智慧，使途牛能够超速运转，一路攀升。

"俯首甘为孺子牛"，在祖国的大地上辛勤耕耘，为途牛带来了新气象，带来了众多忠心耿耿的"牛粉"和"牛莼"。如今，途牛国内市场线上线下一体化运作持续推进，海外市场不断开拓，内外协同发展。旅途无限，牛力充足，相信途牛将会给人们带来更多的惊喜。

王　波　中国商业经济学会副秘书长、《江苏商论》主编

第五章
实现金融与科技的共融共生
——江苏润和软件股份有限公司

- **不倦的动力**
- **企业描述：** 卓越的科技服务公司
- **样本解读：**

    第一　尚变者，天道也

    第二　弄潮儿在潮头立

    第三　科技赋能，提升企业核心竞争力

    第四　善仁者康，顺势者成

- **董事长访谈：** 创于行，智深远，融天下
- **专家点评：** 价值重建引领新商业

不倦的动力

一家优秀企业的成长之路，总带有鲜明的时代烙印。

从软件外包服务商到卓越的科技服务商，润和软件以云计算、大数据、人工智能、移动物联技术的发展浪潮为契机，凭借创新的技术和商业模式，实现从传统软件服务向科技服务战略升级的完美蜕变。12年来，润和软件一直践行着"专注行业、创新科技、服务客户、合作共赢；尊重员工、公平公正、鼓励创新、共享发展"的价值观，为客户提供行业领先的科技服务解决方案，为员工提供公平公正、充满创新活力的工作环境，实现了从一家优秀企业向卓越企业的跨越。"为国家软件产业的高质量发展贡献力量，让科技成为中国常立世界民族之林的有力筹码"，被润和奉为企业的使命。甚至希冀一切与它相关联或者不期而遇的人都被它震撼、影响而绽放光辉。

当企业拥有了家国情怀，他就找到了不倦前行的动力。

润和金融大零售营销管理平台2018年度荣获金融科技及服务优秀产品创新奖

润和软件荣获2014-2018年度南京市光彩事业突出贡献奖

> 企业描述

卓越的科技服务公司

江苏润和软件股份有限公司（简称润和软件）成立于2006年，2012年7月在深交所创业板上市，是一家卓越的科技服务公司。公司业务聚焦在"金融科技服务""人工智能科技服务"等专业领域，业务覆盖中国、日本、东南亚、北美等区域。公司总部位于南京，在北京、上海、深圳、广州、重庆、成都、武汉、西安、合肥、福州、香港等国内主要城市设有分子公司，并在新加坡、日本东京、美国波士顿等设立了海外子公司。公司拥有全球软件服务能力，能够为客户提供全面、即时、高效的科技服务。

润和软件是全国信息技术标准化技术委员会信息技术服务分技术委员会理事单位，是信息技术服务国家标准制定单位，公司拥有ISO9001、ISO27001、ISO14001、OHSAS18001、CMMI5、系统集成二级等多项资质认证，公司还获得了"江苏省高新技术企业""江苏省首批技术先进型服务企业""江苏省信息产业优秀企业联合研发创新中心"等多项荣誉。

一、BANK 3.0时代"移动化、智慧化、数字化金融科技服务商"

BANK 1.0时代，商业银行机构以自己为中心，满足核算，满足合规。

BANK 2.0时代，以客户为中心，商业银行通过业务流程和IT系统再造，实现面向金融产品及协同流程经营能力的升级。

BANK 3.0时代，以用户体验为中心，商业银行融入商业生态，基于用户生活、消费、生产、经营等活动提供定制化金融服务，与客户融为一体。

金融科技的飞速更新迭代，促使我国银行业IT解决方案市场一直保持高速增长。2016年7月15日，银监会印发《中国银行业信息科技"十三五"发展规划监管指导意见》，明确了我国"十三五"期间银行业信息化的发展规划，预计到2020年银行业IT投资规模将超过1 300亿元。据IDC报告数据显示，2017年，中国银行业IT解决方案市场的整体规模达到339.60亿元，比2016年增长22.5%。IDC预测该市场2018年到2022年的年均复合增长率为20.8%，到2022年中国银行业IT解决方案市场规模将达到882.95亿元。

据IDC中国银行业IT解决方案市场报告显示：作为行业领先的金融科技服务提供商，

润和软件在2017年金融信息化整体解决方案中，实现主营业务收入5.92亿元，市占率为1.74%，在所有厂商中排名第八；其中，银行最关键的核心业务解决方案细分市场，润和软件以3.75亿元的收入和5.7%的市占率排名第二；业务类解决方案：在银行业信息化占据重要地位的业务类解决方案市场中，润和软件实现主营业务收入4.39亿元，市占率为3%，在所有厂商中排名第四。同时，润和软件在金融第三方专业化测试领域占据举足轻重的地位，2017年实现主营业务收入4.6亿元，市场份额连续多年保持领先。

除了传统优势领域的核心业务解决方案和第三方测试两块业务，更令人欣喜的是，润和软件在银行科技服务其他领域也纷纷开始崭露头角：比如在中间业务、支付与结算、信贷管理系统等业务类解决方案市场，网络银行等渠道类解决方案市场，商业智能BI、风险管理、企业资源管理等管理类解决方案市场中，润和软件都已经进入IDC排名，主营业务收入快速增加，行业排名大幅进位。

创新提升核心竞争力，成就行业地位：润和软件在金融科技服务业务中取得的成就，源自公司将多年累积的金融信息化服务的行业经验和技术经验，对金融科技服务解决方案持续创新升级。并秉承以"客户经营"为核心的业务设计理念（BANK 3.0），在业内率先成功研发了"快前台、强中台、稳后台"的金融科技创新解决方案；润和金融信息化第三方测试业务，主要为向银行、保险、其他持牌金融客户提供金融信息系统的测试项目管理、测试方案咨询、功能测试、性能测试、安全测试、仿真测试等专业测试服务，润和软件结合在金融第三方测试服务的经验和技术积累，持续对该业务的专业能力进行产品化、自动化的创新升级，成功研发出拥有自主知识产权的具有金融行业特征的自动化测试工具，通过自动化交付的方式提高了企业金融三方测试业务的效率。

二、AI时代"物联、智能的边缘计算平台科技服务商"

提到云计算，大家一定不会陌生，提到边缘计算，知晓的人还并不多。边缘计算是一种新的数据处理方式——在本地计算，不依赖网络。AI、物联网等发展推动边缘计算应运而生，同时人工智能、机器学习、物联网的快速发展，对智能终端产品的性能和处理速度要求越来越高。一方面，更多智能产品的应用，与生活和工作更加息息相关，这些产品采集到的个人信息越来越多，人们对信息安全的需求也更加强烈。另一方面，云计算存在的不足开始显现，一是对网络带宽的要求较高：随着数据量的不断增大，要想保证计算速度，需要不断地提升带宽，而网络带宽的建设和提速并不像开发一个智能终端产品那样容易；二是这种大数据的计算力需要很大的功耗：对于低功耗的物联网智能终端而言力有不逮；三是随着云端存储的数据量越来越大，云计算涉及的数据安全性问题则显得更为严重。

润和软件董事长周红卫（右）与地平线创始人兼CEO余凯签署战略合作协议

在这些产业需求下，边缘计算应运而生。边缘计算是将数据运算和处理工作放在智能终端的本地端，与云计算形成优势互补。

润和软件是国内较早进入智能终端嵌入式软件开发的公司之一，公司在嵌入式芯片业务中一直与华为海思保持着深度合作，是华为海思芯片参与设计的核心嵌入式软件服务商，特别是国际首款内置NPU的AI芯片麒麟970芯片中，润和软件为该产品的研发提供了大量的软件技术支持。

面对物联网、人工智能、大数据等新兴技术革命，润和软件凭借多年的行业洞察，率先布局物联智能科技服务战略，2016年，公司加盟Linaro国际开源代码组织，并成为旗下96Boards的核心成员，抢占了国际开放标准的核心地位。并在96Boards的支持下运营面向国际的HiHope-AI开源社区，向全球开发者、行业客户提供软硬件一体化高性能开发平台，全面降低当前AI开发的技术门槛，极大加速产品化进程。

HiHope-AI开源社区目前在全球已经拥有300多名资深工程师，在人工智能、ADAS、物联传感、图像处理、音视频、Linux内核、Android系统、Ubuntu/Debian等Linux发行版、驱动开发、自动化测试、硬件设计、硬件认证等核心领域已经积累了丰富的想法与模板。更值得关注的是，包括华为海思、德州仪器、英飞凌、MICROCHIP、日本瑞萨、高通、索喜、全智等主流芯片公司都已经入驻，而地平线、比特大陆等芯片平台也确认即将入驻，HiHope-AI开源社区正在成为主流AI芯片公司的一站式开放平台。

当前，润和软件拥有端侧AI边缘计算平台完整的软硬件技术堆栈，该平台分为软件系统、硬件计算、芯片支撑3大部分，能够全面实现与当前主流ARM芯片平台、Android/Linux/Rtos/LiteOS等操作系统、各种AI计算引擎和深度学习框架、各类云平台等的无缝对接，并向产业链各环节的开发者提供一整套简捷的软件开发工具包，加速行业客户从Internet+向AI+发展。

公司依托核心技术平台，联合华为海思、Intel、地平线等领先的AI芯片厂商，联合行业应用厂商向智能电网、智能汽车等行业提供物联、智能的科技服务。

润和软件总裁陈斌发布《润和AI+战略》

> 样本解读

第一　尚变者，天道也

一、突围，成为传统软件业的痛

润和软件最早从对日本软件服务外包起步，通过技术创新、产业变革，逐步实现多渠道跨界发展。从低端的国际软件外包型企业，迅速发展成为国内领先的科技服务企业。

软件外包，是企业为了专注核心竞争力业务和降低软件项目成本，将软件项目中的全部或部分工作发包给提供外包服务的企业完成的软件需求活动。自2000年国务院正式颁布《鼓励软件产业和集成电路产业发展的若干政策》以来，软件和信息技术服务行业作为国家鼓励发展的战略性、基础性和先导性支柱产业的地位得以确立，软件企业长期以来受惠于各级政府的一系列优惠政策。这些政策从税收优惠、软件出口、人才吸引与培养等方面为软件产业发展提供了政策保障和扶持，曾为中国新兴的软件企业带来丰厚的利润。

从软件外包的内容看，一般分为两种：总包和分包。凡是被分包出去的，都是软件系统非核心的内容。核心内容和技术仍然被总承包的大型软件开发商牢牢控制着。做软件分包，为国外大型软件企业提供软件外包服务，就像民工为包工头做工一样，只是在做软件外包最底层部分的编码工作。如果一直做软件外包中的分包，对产品不能拥有任何知识产权，就意味着始终没有任何技术竞争力，只能处于价值链的低端，不可能掌握高端技术，更不可能参与世界竞争。而随着人民币升值、人力成本不断上升等因素，我国劳动力成本优势逐步减弱，导致低端软件外包市场面临洗牌。我国外包企业在向产业链上游转型升级过程中，面临业务架构重新定位、技术升级、人才招聘及培养、企业自主创新能力提升等诸多挑战。

软件企业面临三条转型升级之路：一是从低端劳动和知识密集型编码业务提炼企业核心技术竞争力，根据服务外包经验整合行业方案，从单一人力外包输出的企业提升为可提供解决方案的企业；二是把握市场行情，根据自身技术实力，加强自研产品的开发；三是将企业已有知识产权产业化，把出售知识产权作为一个重要的业务形式。只有拥有较高的研发能力，能为客户提供从咨询、基本设计、开发、测试、上线、维护等软件全生命周期作业服务，才能得到较快发展，而仅提供代码编写服务的企业将逐渐被淘汰。这三条升级之路，每一条都有无数难关。

润和作为江苏最大软件外包业务起家的民营外包企业，同样面临着严峻的转型难题。在日子还过得很火红的2010年，高层管理团队就深刻地感受到了危机即将来临，决心勇敢直面挑战，未雨绸缪，苦苦探寻，走出一条迅速转型升级的企业发展之路。

二、大融合时代，搭乘"金融科技"新引擎

近几年来，中国金融业的经营环境发生了巨大变化，金融体制、经营理念、经营方式和管理模式发生了深刻变革，信息技术已经成为金融变革的主要推动力和支撑力。金融业已经成为信息技术和网络技术发展的最大受益者之一。金融行业网络系统的建设，提高了金融业务处理的水平，改善了金融行业的经营环境，增强了金融信息的可靠性，促进了各项新业务的开展。

中国银行保险监督管理委员会2017年第四季度主要监管指标数据显示，截至2017年年底，我国银行业金融机构本外币资产为252万亿元，同比增长8.7%。在数量上，银行从无到有，从少到多，银行法人机构数不断攀升，2017年全国共有银行法人机构4 549家，银行从业人数突破400万人。从机构类型看，资产规模较大的依次为：大型商业银行、股份制商业银行、城市商业银行和农村金融机构，其中城市商业银行与农村金融机构发展迅速。2017年，央行印发《中国金融业信息技术"十三五"发展规划》，其中明确指出"十三五"时期金融业要全面支持深化改革。央行成立的金融科技（FinTech）委员会，将积极利用大数据、人工智能、云计算等技术丰富金融监管手段，提升跨行业、跨市场交叉性金融风险的甄别、防范和化解能力。金融脱媒、利率市场化和互联网金融的发展，使得银行的传统业务受到冲击。互联网战略、大数据战略、客户体验战略等成为银行发展的新方向。

在国家政策指导下，润和软件管理层敏锐地意识到，中国金融业正在面临着强监管、利率市场化变革和互联网金融这三大挑战。中国金融业的经营环境正发生深刻变革，数字化转型是中国金融业的必由之路。随着新技术时代的不断发展与演进，金融行业尤其是银行业的发展越来越依赖于技术的支持。虽然现在中国金融机构正在迅速推进"以客户为中心"的服务转型，并且取得了很大的成绩，但是较之发达国家的客户服务的运营与管理仍有不足。客户关系的管理和业务需求的提炼是银行信息化服务的重点，信息技术结合客户管理、信息服务管理能力都将成为金融行业服务发展与进步的重要因素。

随着中国宏观经济步入新常态，监管科技日趋完善，传统金融机构开始积极推动模式创新，优化存量业务，抢占增量市场，并以智能金融、普惠金融、移动金融等作为战略业

务方向，前台场景创新，版本快速迭代，系统架构走向开放式与分布式成为必然。以云计算、大数据、人工智能、区块链等为内核的金融科技日益成熟，推动金融业在对外服务、对内管理均发生深刻模式变革，当前的金融科技已经能全面覆盖客服、风控、营销、投顾、授信等业务流程，并开始加速重构传统金融行业的产业链与价值链。

金融与科技的融合趋势越来越明显，金融需要依靠信息和科技驱动成为共识。金融科技是未来互联网金融发展的重要基石，金融科技本身的不断创新，必将深刻影响未来互联网金融的发展方向。

在这些发展趋势中，润和软件看到了一个巨大的企业发展机遇和日益清晰的转型发展方向。同时，他们也有了一种前所未有的使命感，就是要用润和积累整合的国内外技术储备力量助力我国金融业务的附加值与现代金融综合能力提升。为此他们用了数年的时间来认真分析研究、筹划准备进入金融IT，为润和软件搭载"金融科技"引擎的整套落地构想。

上海银行与润和软件区块链合作协议签约仪式

第二　弄潮儿在潮头立

从一家以软件外包为主的传统IT服务企业，蜕变为以科技服务业务为主的软件服务业翘楚，从行业的跟随者成长为行业的领军者，润和软件的发展脉络同"全球互联网+""AI+"时代的发展、与国家数字强国建设脉络相吻合。润和软件不断审视自身的运营模式与盈利能力，在行业内保持较高水平的规模增长，在全球化时代背景下谋篇布局，持续走出了一条属于自己的路。

一、"破"与"立"的智慧

2012年，早在公司上市之前，润和软件就确立了"国际化、专业化、高端化"的发展战略，立足计算机软件开发与咨询业，不断增加核心竞争力，持续提升行业地位。上市后，公司又以"两个调整"为核心的"去外包化"的战略转型思路，积极调整企业结构，应对产业环境发生的变革。一方面，从原有的传统软件外包业逐步调整为以金融信息化业务为主，通过资本运作收购国内成熟的金融IT企业，快速形成自己的金融服务业综合实力，向商业银行提供全面的、创新的银行应用产品及解决方案服务以及专业的第三方系统测试服务。另一方面，明确了沿产业价值链持续向上移动的基本策略，加快软件服务整个产业链一揽子解决方案的研发、设计、运维等体系化人才和技术储备，将原有的智能终端嵌入式软件、智能电网、智能流通升级，占领软件产业链服务高端，提升全产业链价值。

公司转型时期，很多人建议去做一些现金流见效快、利润回报高的产品，然而董事长周红卫思来想去，认为还是老老实实干好软件服务，因为这是一个能够使人类社会的生活发生颠覆式变化、使人类的文明进化更加符合人的本质属性、使大自然更加有序共生的行业。企业开始调结构促增长，清理战线过长、过于分散、不见成效的业务板块。

2014-2015年，润和软件沿着这一战略思路，陆续对北京捷科智诚科技有限公司、北京联创智融信息技术有限公司、上海菲耐得信息科技有限公司等优秀金融信息化服务公司的整合，初步完成了金融信息化业务在全国的战略布局，在金融业务细分市场中拥有了银行信息化、保险信息化的整体解决方案及产品提供能力。

顺应时代发展，不断聚焦、细化、调整经营业务。2016年，公司启动了"新一代银行核心系统""供应链金融服务平台""互联网金融平台"3个战略性线上金融业务软件产品的研发，未来将实现金融信息化产品及解决方案的线上交付。成立研发中心，对公司战略业务领域中具有市场化潜力的、成熟的解决方案进行产品化，提升实施效率和品质。从基础外包公司转变成互联网方案解决公司，再到服务型平台级公司，从技术层面来说，就是从基础交互、专业交互到专业方案解决平台。2017年，最终确定了"一体两翼"的发展战略定位。而在此时，市场上几乎已看不到跟润和软件同时期一起建立起来的传统软件外包公司了。

为了优化企业管理制度，为商业模式转型扫清障碍，2017年公司采取中心化管理原则，启动了财务中心、运管中心、共享服务中心3大平台支撑体系的建设。集中运作的模式，不仅发挥了规模效应，减少了沟通成本，提高了专业性、效率和服务品质，还实现了业务—运管—财务的经营数据全覆盖与一体化。2017年整个宏观经济环境处于经济增长放缓，各产业结构进入深度调整时期。在并不算温暖的外部环境下，润和软件破除窠臼，立足新业务，在原有积淀的基础上，完成了从软件外包为主的传统IT服务企业，向科技服务领军者的低调转型。

二、"一体两翼"爆发腾飞活力

在移动互联技术的发展时代，谁获取了众多的场景资源，谁就拥有未来的资源。借助行业龙头优势及资本助力，2017年润和软件最终确立了基于金融业务群和芯片业务群的"一体两翼"的经营模式，开启了以大数据、云计算、区块链为技术背景的行业变革窗口。

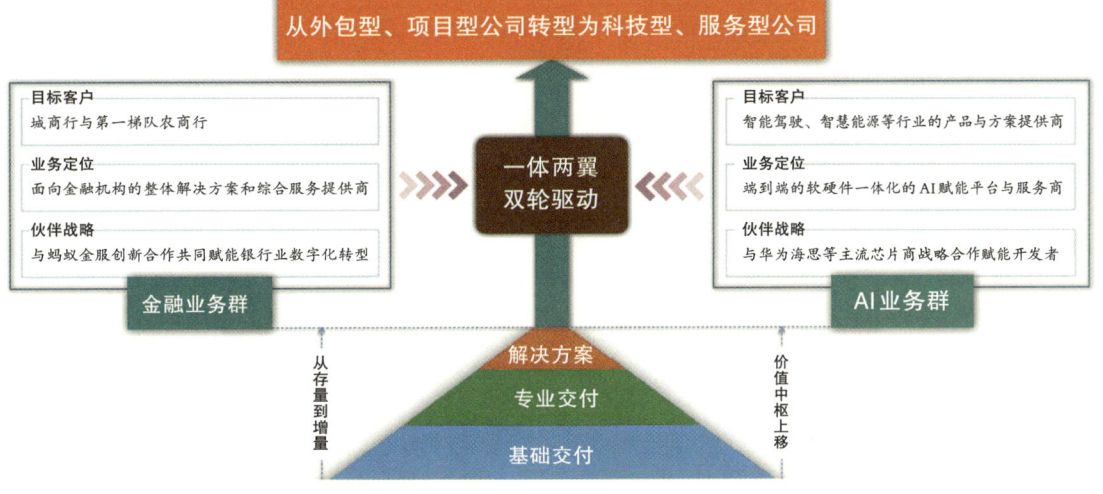

1. 占据金融科技细分行业龙头

金融科技深度赋能传统金融业、抢占市场变革先机的思路和动作，使得2017年润和软件的金融科技服务业务实现营收10.55亿元，同比增长31.70%，金融科技服务业务占公司的营收比重达到65.44%。

存贷业务是商业银行的传统业务，利息收入在商业银行收入中占据着主要地位。随着利率市场化进程的逐步推进以及我国经济步入"新常态"，银行间市场竞争加剧，银行利差空间被压缩，存贷款利差收入减少。2016年，我国商业银行税后利润增长率为5.04%，银行利润增速逐年放缓。与此同时，我国银行业IT解决方案市场一直保持高速增长。2016年7月15日，银监会印发《中国银行业信息科技"十三五"发展规划监管指导意见》，明确了我国"十三五"期间银行业信息化的发展规划，预计到2020年银行业IT投资规模将超过1 300亿元。

分　　类	东北	华北	华东	华南	华中	西北	西南	统计
国有银行/政策银行		5	1	1				7
股份制银行		6	4	2				12
城商行/农商行	11	43	32	11	3	9	10	119
民营/互联网银舰载		3	2		2		2	9
非银金融		5	3	1				9

城商行、农商行的客户数量占比超过75%

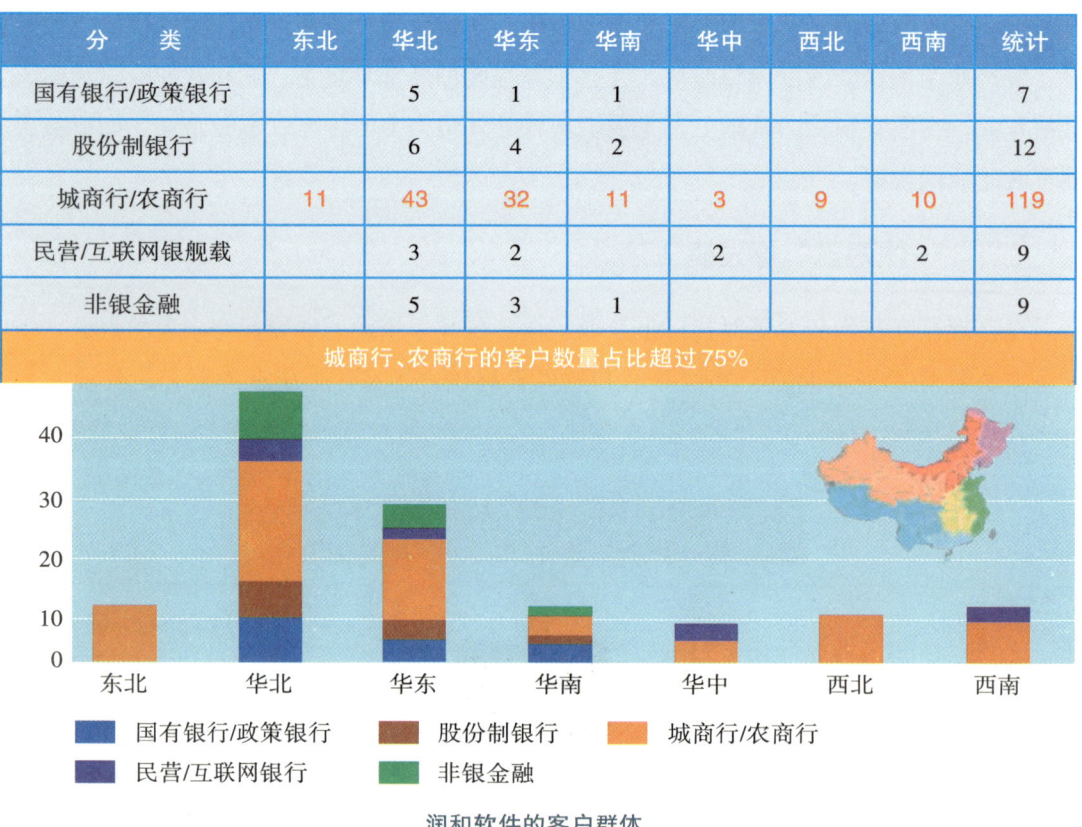

润和软件的客户群体

在上述市场背景下，润和软件再次将目光投向了客户数量巨大的以中国城市商业银行和农村商业银行为代表的中小型银行。以中小商业银行迫切面向客户经营的管理转型，联合行业头部伙伴，针对互联网金融业务开拓的需求、移动化优先发展的需求、全行级中台大数据平台的需求、人工智能降低交易成本的需求、分布式计算平台的需求等进行了新一轮的创新研发，提出系列高效的解决方案，共同打造满足未来数字银行发展的金融科技新生态。

2018年，润和软件引入了战略投资者及合作伙伴蚂蚁金服，双方共享技术资源、客户资源、团队资源，共同打造金融科技服务新模式，共同建设金融科技新生态，共同赋能金融行业新变革。双方将在金融科技服务市场，特别在城市商业银行和农村商业银行的金融科技服务市场开展多个层面合作。

第一个层面，基于公司覆盖全国的专业交付能力，将蚂蚁金服多年积累的技术堆栈产品，包括分布式技术架构、移动运营技术架构、大数据技术平台、人工智能技术平台、金融风控平台、生物识别技术等金融级技术产品，面向金融科技市场提供上述产品及产品实施服务。

第二个层面，基于公司在国内商业银行解决方案领域多年累积的经验，及对金融IT应用的深刻洞察，结合蚂蚁金服领先的技术架构、互联网金融科技及运营能力，共同研发"新一代分布式金融核心系统"，共同打造以移动银行、智慧银行、数字银行为一体的金融科技运营平台，推动公司在该业务领域从项目服务向科技运营服务的转型升级。

第三个层面，基于公司开发的"互联网金融平台"，结合蚂蚁金服的互联网运营能力，面向中小商业银行提供互联网金融业务运营平台，帮助中小商业银行面向小微企业及个人开展基于互联网的普惠金融服务业务，推动公司金融科技运营服务业务的突破。

2. 驶入人工智能产业快车道

对于润和软件来说，金融IT只占了公司业务的半壁江山。"一体两翼"，意味着这艘巨轮还将插上芯片业务的翅膀，实现"加快国际布局和业务拓展"的构想。

2016年，润和软件与享誉全球的开源联盟Linaro的合作正式起步，加入Linaro，成为其旗下基于ARM SoC的低成本、小尺寸的开源硬件平台——96Boards的一员，组织旨在通过标准化开发、资源整合，助力成员企业有效地缩减人力投入，缩短研发周期，降低技术门槛，使得行业客户可以快速实现物联智能的行业解决方案能力。

润和软件利用加入Linaro的契机，进一步提升公司在业内的知名度；通过组织成员间频繁接触，获得了更多的合作与业务接洽机会；接入国际化快车道，润和软件开始更加及时快速地获取业内最新资讯，紧跟技术发展脉搏，明晰业务未来发展的重点。

当前国内AI产业发展的四大瓶颈：一是高价值的商业化落地难度大；二是产业链碎片化趋势明显，缺少统一高效率的通用赋能平台，从业者的开发与运营成本都比较高；三是产品化门槛高；四是当前国内AI初创企业规模普遍较小。如何破解这四大发展瓶颈？

润和软件认为，在AI时代，场景应用决定软件算法，软件算法决定芯片与硬件。润和软件经过十多年的专业软件服务，在芯片、嵌入式设备、能源、汽车、零售等领域积累了很多优质的头部客户资源，更是形成了自己对多个行业场景应用的深度洞察与技术积累，润和软件AI业务的开展，是在公司已有技术及客户资源的基础上，顺势而为，必将是厚积薄发，前景可期。

目前，公司已联合华为海思、Intel、地平线等领先的AI芯片厂商，结合全栈式的端侧AI边缘计算平台软硬件技术能力，重点向智能电网、智能汽车等行业，提供物联、智能的科技服务，通过科技服务，赋能行业，推动行业从Internet+向AI+的战略升级。

第三 科技赋能，提升企业核心竞争力

润和软件的商业模式，总体来说是通过核心资源、价值网络、盈利模式、价值主张和关键价值链活动5要素的新颖性、锁定性、互补性和效率性，实现企业价值、客户价值、伙伴价值的共创。对于客户和市场来说，润和软件致力于"客户主导需求""产品为王、服务制胜"的能力提升；同时在企业内部建立一种新的生产函数，把"生产要素与生产条件的组合"引进润和软件经营与管理的所有环节，以新技术、新产品、新生产方式、新资源、新组织形式推动企业发展。

一、携手中小金融机构，精准客户定位

润和软件将目标客户群定位为城市商业银行、第一梯队农村商业银行以及中小型保险机构，确保可以很好地覆盖并服务于长尾客户。

2016年年底，我国农村商业银行数量达1 114家，村镇银行数量达1 519家，城市商业银行达到134家。中小银行的基础设施非常薄弱，缺乏人才和财政支持，难以大力推进金融科技创新。在中国银行系统中占比规模最大的中小城市商业银行、农业商业银行面临着资金规模小、业务能力亟待提升的短板。而与大型银行相比，中小银行在系统建设方面对标准化软件平台产品的接受度非常高，是金融云平台的最主要目标客户。与此同时，传统银行IT细分领域的集中度很低，市场分散外包服务领域并没有形成有较高话语权且拥有标准化产品的头部厂商。为它们寻找更合适的产品，提升银行存贷业务能力，让中小城商行更好地服务于本地客户和本地中小企业，成为润和软件当仁不让的使命。

截至2017年，润和软件所服务的城市商业银行及农村商业银行共计119家，国有银行及政策性银行7家，股份制银行12家，民营及互联网银行9家，非银金融机构9家。其中城商行、农商行客户数量占比超过了75%。找准客户定位，实现定制化精细服务。

2018年，润和软件与蚂蚁金服开启合作，将凭借在国内金融IT市场大量的客户基础优势，进一步拓宽客户市场。一方面，润和软件借助现有的市场覆盖情况，向客户引入蚂蚁金服的架构技术帮助银行客户进行数字化转型；另一方面，在拓展市场的过程中，蚂蚁

金服也需要润和软件给予支持，加深对业务流程的理解，这也是形成金融科技生态的重要内容，双方合作交叉互补、深入融合。

二、借力BANK 3.0系统，实现场景应用升级

2017年，中国银行业与金融科技深度融合的时代正在到来，金融科技在银行业的应用正逐步呈现出金融服务场景化、平台化、智能化的发展趋势。随着大数据、云计算、人工智能和区块链等新技术的发展与应用，银行和金融科技的深度融合将促进银行转型，加快传统业务优势渗透到新的金融服务领域，最终将实现新一代智能银行的转型。

2017年，中国银行业IT解决方案市场继续保持健康平稳发展的良好局面，虽然一些厂商利润率有所下降，但是整体增长态势旺盛。IDC认为，城商行与农商行正在成为银行IT解决方案市场的主战场，专业化服务依然是中国银行业IT解决方案市场未来的重要发展趋势，IT解决方案市场的交付模式已经从过去的软件加服务模式转为以服务为主的交付模式，2017年，这种趋势继续从大型商业银行向城商行和农商行领域进一步延伸。云化的解决方案交付模式正在成为重要的发展方向，这将有利于提高解决方案整体质量水平。

银行传统的集中式架构具有3项亟待解决的问题。

1. 成本高。单台5000MIPS的大机每年耗费1亿元以上，单台100W万tpmc小机平均每年耗费100万元以上。

2. 扩展能力有限。横向扩展能力成为制约新业务开展的短板，资源从申请到上线需要50多个步骤，80%工作需要人工完成。

3. 运维效率低下。IT系统繁多，仅以城商行为例，系统多达60-100个，服务器几百台，传统的运维方式难以应对数以百计的应用系统部署和数以万计的节点规模。

传统银行业务操作效率低，一个客户经理往往需要解决不同领域的业务。大数据时代，对于零售银行而言，如何管理客户，如何把经营产品和客户放到同一个界面是他们迫切需要解决的问题。

BANK 3.0系统能够有效地支撑传统银行从流程银行全面转向以客户为中心的升级转型，以先进的"客户经营"为核心的业务设计理念，可以帮助金融机构实现真正的企业化、商业化运营。

金融科技在移动优先战略、AI增强客户体验、AI驱动风控、全行级大数据中台、分布式核心、区块链场景创新6个维度深度重构传统金融业。

润和软件致力于打造集生物识别、智能风控、精准营销、交互体验设计等一体化的移

动型超级金融服务平台。人工智能技术以人面支付、无感支付、语音识别、智能交互等将极大提升服务效率与满意度。AI算法驱动风控日益成为主流，图算法、深度学习、无监督异常检测等技术持续创风控场景。大数据中台驱动数字化转型，实现大数据对精准营销和精细管理支撑，更好地发掘数据资产价值。随着线上线下核心融合自主可控分布式架构将进入银行核心系统，总成本将显著降低50%-80%。区块链技术将在客户信息、数字票据、征信管理、跨行跨境支付结算等领域打造可信任服务。

2018年，润和软件同蚂蚁金服合作，双方共同研发面向银行业的新一代分布式金融核心系统。一方面，双方进行产品和技术的融合，蚂蚁金服开放一部分技术架构与润和软件现有的应用进行融合，双方将在合作中贡献出自己的软件技术。另一方面，双方将在合作中共同创造一个新的版本，蚂蚁金服也会进行软件资产、研发团队的投入，目前双方已在研发团队投入合作中制定了详细计划时间表，确定了各个时间节点、双方需要投入的人员、每一个项目里程碑和目标以及拓展的方向等。

三、聚焦行业更新，科研引领先进生产力

经过12年的发展，润和软件已经在金融、电力、供应链、智能终端等诸多领域实现了深度行业知识积累，能够并且擅长以行业现状为基础，以跨界的视角与知识，确保项目成果的质量与创新性，最终超越客户满意。

为保持润和软件的技术及业务先进性，公司一直高度重视研发（见下表）。每年都投入资金进行自主知识产权软件产品研发，将润和软件多年积累的专业知识与技术优势进行产品化、解决方案化，以适应和满足产业升级背景下信息化、智能化、移动化发展对软件服务的广阔市场需求，集中力量提升核心竞争力。2017年，公司研发投入为19 379.55万元，占营业收入的比重为12.02%，主要用于专业领域的自主知识产权软件产品的研发。

2017年，润和软件"新一代银行核心系统"等4个战略研发项目顺利结项，并立项启动了"分布式核心平台""基于4C营销客户服务平台"2个战略研发项目，这些战略研发项目结项和立项开发对公司相关业务领域专业化发展起着重要支撑作用。截至2017年末，润和软件共拥有9项专利，其中6项为发明专利；拥有247项软件著作权，其中2017年内新增43项软件著作权。

近3年公司研发投入金额及占营业收入的比例表

	2017年	2016年	2015年
研发人员数量(人)	970	903	552
研发人员数量占比	14.08%	13.97%	10.54%
研发投入金额(元)	193 795 465.01	170 548 265.73	107 028 572.52
研发投入占营业收入比例	12.02%	12.97%	9.48%
研发支出资本化的金额(元)	17 401 591.25	40 416 612.03	5 109 205.40
资本化研发支出占研发投入的比例	8.98%	23.70%	4.77%
资本化研发支出占当期净利润的比例	6.98%	13.31%	2.65%

通过专业化能力升级，采用新技术"快前台、强中台、稳后台"创新金融解决方案实现市场突破，有助于提升公司金融解决方案业务的核心竞争力。公司自主知识产权的自动化测试工具的成功应用，大大提高了公司金融信息化第三方测试业务的效率，提升了金融信息化第三方测试业务的核心竞争力。同时，润和软件智慧能源物联网应用解决方案的成功开发，完善了公司在数据能源服务平台的整体架构，对公司数据能源服务的业务发展战略有着重要支撑作用。目前，润和已拥有端到端物联网智能科技服务解决方案提供能力，并通过行业应用的市场突破，实现了智能终端信息化从技术解决方案服务向物联智能科技服务解决方案服务的跨越。

四、从解决方案向科技运营服务模式转变

金融企业要想在未来数字化转型、金融移动端差异化竞争中占据先机，首先要关注的仍然是核心系统的更新换代，保持领先并支持金融科技的不断创新。因为不论大数据，还是AI、人脸识别、智能客服等创新科技在金融行业中的运用，都是实现业务需求的手段。要想让这些手段发挥作用，最根本是要有一个支持移动金融科技创新的核心系统。

2018年1月26日，为应对互联网金融和金融科技产业迅猛发展带来的机遇和挑战，润和软件进一步深化金融科技业务的布局，共同发掘、培育金融科技及互联网金融市场，整体提升中国金融行业的金融科技水平。为目标客户提供更先进的金融科技产品和服务、更丰富的互联网金融增值服务，公司与北京蚂蚁云金融信息服务有限公司就双方的全面战略合作达成一致，签署了《战略合作协议》。

通过数字银行平台、互联网金融业务平台，新增金融科技运营服务业务，润和软件大大优化金融服务业务结构，扩大了公司营收规模。另外，润和软件同蚂蚁金服战略合作，

大幅度提升市场影响力，有助于润和软件获得更多溢价空间。在未来，润和软件致力于在科技运营、功能增值、业务收益分成等方面提升财务收益预期。具体表现为包含但不限于按使用量、按用户数、按业务流量、按月/季/年等方式收费；未来基础软件与应用部分按使用时间收费，在此基础上的功能增值收费成为主流模式；与蚂蚁金服联合开拓市场，通过流量对接推进金融机构金融业务创新，双方共同分享创新业务所带来的收益。

2018年9月19日，以"驱动数字中国"为主题的云栖大会在杭州如期召开，此次大会集结了全球200多家企业的顶尖科技，全球64个国家约12万人云集云栖小镇共享数字科技创新成果。润和软件与蚂蚁金服联手亮相云栖，共同推进建设传统银行向数字银行转型之路。润和软件在金融科技的业务领域有深耕多年的积累和完备的业务解决方案，而蚂蚁金服依托阿里集团建立起先进的技术架构，双方的合作有利于实现优势互补、资源共享、科技能力整合。未来，润和软件将同蚂蚁金服一道，共同致力于满足客户数字化发展的需求。

以"驱动数字中国"为主题的云栖大会上，润和软件重点带来了"银行新一代核心架构""全生命周期IT管理""大零售""区块链""金融大数据"等解决方案，吸引了不少感兴趣的与会嘉宾驻足观看和前来咨询。

对于润和软件而言，将传统的技术优势同大数据及人工智能时代下催生出的新事物相结合，才是企业在商战中长青不败的法宝。润和软件正是凭借对过去传统软件业务经验的积累与延伸，才能够不断沉淀以往实战中的竞争力，进而胜任今天中国金融信息化产业龙头的位置。曾经的润和软件致力于成为中国领先、国际一流的高端软件服务商，今天，润和软件的目标升级为卓越的科技服务提供商，两者的本质都是以不断完善的产品和解决方案，为国际、国内客户提供全面、即时、高效的信息技术服务，通过专业的科技服务、创造客户价值。

第四　善仁者康，顺势者成

作为一家软件公司，润和始终坚持着爱国情怀。既不摒弃传统业务优势，同时敢于在软件产业中求变革、求创新。不拘泥于已有成功案例，不迷信权威，不墨守成规，以最新的技术为基础，结合企业的实践和对未来的设想，独立思考，大胆创新，坚持以创新的科技服务客户，为客户的可持续发展创造价值。坚持尊重员工，提供公平公正、充满创新氛围的工作环境。通过员工创新，推动科技创新；通过员工满意，推动客户满意。以"科技服务，赋能行业，创造客户价值"的使命感，引领着润和软件的创新发展之路。

润和是英文 hoperun 的中译英音，英文的原意是向着希望奔跑。润和，最初来自董事长周红卫的一个念头和梦想。"那时，中国的软件业尚在萌芽，整个社会对这个产业根本不认识、不理解，我们在艰难困苦的创业中，一方面鼓励自己，要始终满怀希望奔跑，奋斗不息；另一方面也特别盼望有一片润泽的阳光雨露、和煦春风般生存的外部条件，让我们的事业顺畅一点。这个希望随着时代的脚步，国家帮助我们实现了，并且外部条件越来越好。后来润和长大了，有了一定的财富实力，该回馈社会母亲了。因此我们心中有了一种从未有过的使命感，我们赋予了企业新的含义，新意为'润泽天下，和谐社会'——就是要'以科技服务，赋能行业，创造客户价值'——通过我们的努力，为国家软件产业的发展、为国家科技兴国的战略做出我们应有的贡献。"

一、"尚变、趋实、贵中"的精神生产力

尚变，崇尚变革、与时俱进。

趋实，跟踪世界最新发展趋势，结合润和软件实际，找到最佳新起点，努力将新知识、新方法、新途径转变成新的生产力成果。

贵中，去除"工程师思维"，以联系的观点、辩证的观点看待万事万物，不偏执、不极端。不是仅仅站在企业自身的立场来客观反映事物的本质，而是以共赢的思想和大家都满意的方法来解决客户、员工、股东和社会的问题。

通过并购等资本运作，润和软件的规模实现了高速扩张，子公司的数量正逐渐增加，这对润和软件的管理架构及管理能力也形成了一定的挑战。在企业并购过程中，润和软件

遵循两条线方针：经营线和文化线。对于经营线来说，收购可使企业更快地适应市场变化，有效规避进入新产业和新市场的风险，是基于产业或产品生命周期的变化所进行的战略性重组，利用自己的资金、技术和管理优势，向新兴产业拓展，寻求新的利润增长点。对于文化线，润和软件遵循德鲁克并购成功五项原则，设计正确的融合方针与方法，培养一个有更强大生命力的，得到共同认可，能为企业凝聚具有核心竞争力的企业新文化。

润和软件的并购是从尊重开始的，尊重被并购企业的产品、市场、客户、人员以及它们的文化，并认真了解、学习、推广它们成功的经验。润和软件通过不断完善细化各项管理制度，用科学和务实的精神建立一个内生的高效决策与运行机制；建立能够有序调整内部股东构造的机制；建立一套选拔并培养年青一代管理者的机制；理性评估并合理调整影响创新与发展的分配体系；构建能够生根落地、传承并弘扬润和文化的机制；以明确的聚焦战略、技术战略和先进的技术管理，有效的专业化、低成本与低异化的策略，实现机构调整、转型升级、技术、市场与效率的赶超。推行科学的管理办法，降低管理风险。在润和软件"内增""外借""并购"的混合成长方式中，成功的文化融合与嫁接将形成具有竞争力的企业文化，文化的实效性体现为与发展相结合、与管理相协调、与人本相呼应、与品牌相促进的全新文化体系；系统性体现在重在提升个人负荷能力与团队执行能力，提升创新能力，提升以中国化哲学思维和西方科学管理制度相结合的、由制度驱动向文化驱动的能力，提升以品牌为最终目的营销能力与满足客户需求的能力。

尚变、趋实、贵中，是润和软件12年来一直坚守的企业哲学。润和人崇尚变革，宁愿成为因变革而死在沙滩上的烈士，而不愿做温水中的青蛙；润和人关注国际大势，尽情借势、造势、乘势而为来突破IT技术思维而走向客户、为客户创造真正的附加价值，但永远不会忘记化势为实，该着陆时就着陆，不做天上的浮云；明确企业在"科技强国、质量强国、网络强国、数字中国、智慧社会"国家战略目标任务中的使命与责任；润和人坚持体系平衡的分配制度，用"福不可享尽、势不可用尽"来思考管理和经营之大道，来改变每一个技术出身的人非0即1的工程师思维。

二、一体化管理平台，实现高效决策

从成立那天起，润和软件就有着自己鲜明的信念，通过多年的实践与积累，逐渐形成了"一体化平台运营"的管理方针，坚持"去流程化、去层级化"的扁平化管理原则。润和将公司扁平化管理架构提炼为"总部（决策机构）+平台（经营管理平台、共享服务平台）+业务单元"，通过"集中决策-分散运营"的授权经营体系，保持自身在市场竞争中的高效决策。

润和软件尝试运用扁平化管理模式，旨在构筑新模式、组建新机构、再造新流程。变矩阵式管理为扁平化管理，突破次序、等级结构的界限；突破部门和职能职责的界限，变分散管理为集成管理，对企业进行整合。

首先，是构建扁平化的组织。扁平化管理包括3个方面的内容：信息的扁平化、组织机构的扁平化和业务流程的扁平化。组织结构的扁平化只是为扁平化管理提供了一个平台，在这个平台上要不断地进行业务流程的优化，从而为信息的扁平化提供物质载体。

其次，是构建企业内部的信息网络。企业内部信息的畅通是保证一个组织高效运转的必要条件之一。目前，企业的组织一般都是基于职能设立的，因此不可避免地会出现各部门为了自身的利益而各自为战，失去了协同作战的能力。润和软件在进行组织结构调整的同时，建立了相应的制度来保证信息网络的畅通。

最后，是构建企业外部的信息网络。外部信息的获得多数是通过网络来完成的，信息的获得越来越具有同质性的特点，关键在于谁能及时获得信息，谁就能领先进入市场。

润和软件所处行业属于人才密集型行业，企业发展高度依赖人力资源，近年来人力资源成本快速上涨，而行业竞争的日趋激烈，对人才的争夺亦趋于白热化，企业间的高薪招聘等因素都为核心员工的流动提供了客观条件。为了避免核心人员流失，稳定员工团队，公司一直重点关注人力资源体系的建设，通过多年的建设和实践已建成一个高效的人力资源体系，包括建立以人为本的企业文化、员工职业生涯发展规划、渐进式的培训体系、技术人员任职资格鉴定、科学合理的薪酬及绩效体系、优秀人才特别奖励办法等。同时公司也通过股权激励、员工持股计划等激励方式，与优秀员工共享公司发展成果。

扁平化管理为高素质、高能力的员工在变化着的团队中高效工作提供了有利条件，形成了人才资源的有效聚合。让对企业忠诚、有工作责任心、有执行力和管理能力以及团队协作精神的人进入有限的决策和管理岗位并对他们充分分权。这时，面对越来越高的岗位工作能力的要求，每一个员工都不会认为"学习、学习，再学习"的要求过时和老套，而"终身学习""在工作中学习和在学习中工作"会成为员工和企业的共同要求。此外，在制度和流程框架下对员工充分信任，当员工在平等、信任、互助的企业文化氛围中组建跨部门团队、特殊任务团队时，员工之间就会缩短磨合时间，迅速整合并具有很强的应变力和聚合力。

英国作家查尔斯·狄更斯在《双城记》里说过："这是一个最好的时代，也是一个最坏的时代。"不论哪个时代，能抓住浪潮一跃而升的人，永远是少数。每一家创新型金融科技企业，都像是一辆不断向前的马车。在山明水净夜来霜的日子里，翻越山岭轧出深深浅浅的车辙。秋日红火，有人看到晚霞绚烂，有人看到树影寂寥。在荆棘与鲜花共生的路上，每一辆马车都需要强大的承压能力，接受时代洪流的洗礼，接受公司财务上的反复波动，甚至接受个人情绪的起起落落。创业并不是一条直线，在遭遇逆境和失败时，不能停下，而要不断前进。每一家企业都希望自己所经历的一切，在遥远的山谷中得到共鸣。远处山峦叠嶂，行进的马车永远在追逐地平线的路上——这是对这个时代最崇高的敬意。

董事长专访

创于行，智深远，融天下

《样本》：如同软件版本一样，时代变更，商业模式也需要不断迭代更新，如何解读润和软件现有的商业模式？

周红卫：在大数据与人工智能时代，企业不是固守在某一行业中的固定玩家，而是一个连接器——连接许多不同行业的资源与数据。这种连接不再是过去简单流量的转换，而是基于数据智能基础上产品与服务的组合，从而更加精准地满足用户的需求。对润和软件而言，我们不仅仅是研发新的智能产品，还要重新审视整个商业生态系统以及企业自身的价值创造与获取方式，适时地调整商业模式。润和软件的新模式，总体来说是通过核心资源、价值网络、盈利模式、价值主张和关键价值链活动5个要素的新颖性、锁定性、互补性和效率性，实现企业价值、客户价值、伙伴价值的共创。对客户与市场而言，致力于"客户主导需求""产品为王，服务制胜"的能力提升；另外在企业内部建立一种新的生产函数，把润和软件从未有过的生产要素与生产条件的组合引进润和软件经营与管理的所有环节，以新技术、新产品、新生产方式、新资源、新组织形式来推进企业的发展。

《样本》：润和软件的价值观是什么？

周红卫：润和软件的目标是成为卓越的科技服务提供商，在全球数字化革命中，成为时代变革的重要参与者。在企业发展的过程中，冒险也好，做大做强也好，但是如果一家企业没有以让客户感到幸福为出发点、没有以为社会创造价值为出发点，那么这家企业终究会消失。不论哪个行业创业，都需要强大的承压能力，承受公司财务上的反复波动以及个人情绪的起起落落。创业并不是一条直线，在遭遇逆境和失败时，你不能停下来，而要不断前进。追求"高质量发展"，是中国经济新的目标，是保持经济社会持续健康发展的必然要求，也是润和软件生存与发展的必要条件。没有企业经济发展的高质量，就没有国家经济的高质量，这是新一代年轻创业者需要重视并用实际行动去践行的。

润和人始终怀有一种使命感，赋予企业新的含义，就是要以"科技服务，赋能行业，创造客户价值"为使命——通过努力，为国家软件产业的发展，为中国科技兴国的战略做出应有的贡献。为了这个承诺，润和人满怀希望一路奔跑不停。

《样本》：大数据与人工智能时代，润和软件如何运用既有商业模式迎接新的环境和市场挑战？

周红卫：润和软件处于一个技术和商业模式快速变化的互联网金融信息化时代，芯片的生命周期越来越短，软件版本升级越来越快，"互联网+"思维对当今社会的挑战使得传统商业模式几乎完全被颠覆，软件企业正是各种新商业模式的创造者和参与者。对润和软件而言，机遇和挑战并存。商业模式的不断创新，才是企业竞争优势或者说是绩效异质性的重要源泉。

大数据时代的商业模式创新，来自市场、企业、客户以及盈利模式等构成要素的多种变化，以企业发展为根本，在纵向和横向两个维度上进行商业模式的更新变革，为企业的持久发展提供充足动力。大数据对传统商业模式的影响就在于能够从大规模、多样化的数据中发现价值，从而改进原有运营模式，最终实现盈利。在大数据背景下，企业通过大数据技术，瞄准目标客户，挖掘客户的需求，并依此进行企业决策。然后根据这些需求以及企业的决算，从产品、技术或者服务上进行创新，必要时也会重新设计供应链，优化流程，达到降低成本的效果。通过提升企业的运作效率、拓宽收入渠道的方法来实现盈利。

《样本》：企业未来的愿景及目标是什么？

周红卫：一般的商业逻辑是希望通过市场的细分，针对同质化人群的需求，提供标准化的产品和服务，最终需求的满足往往是"千人一面"的。而今天智能商业时代的算法能够有效地实现产品标准化和体验个性化的完美组合，从而实现"千人千面"。原来的大众市场也得以优化成为人人市场。在"千人一面"标准化、规模化的逻辑下，我们特别关注客户的个体价值。"千人千面"并不意味着客户关系就是离散的。恰恰相反，智能商业提供了很多将客户的个体价值转变为群体价值的可能性。在未来，润和软件致力于打造集生物识别、智能风控、精准营销、交互体验设计等一体化的移动型超级金融服务平台。

《样本》：智能商业时代，对企业的产品和服务提出了哪些新的要求？

周红卫：传统的产品大多追求的是交易价值。对于企业而言，最重要的是把产品卖出去，之后的维护、修理都被视为成本，而智能产品改变了这一状况，所有的产品都变成了服务。在智能商业时代，产品的使用是价值创造和获取的开始。客户的持续使用意味着数据的持续输出，也意味着针对每个客户需求算法的迭代，这种参与使价值成为企业与客户共同创造的过程。

大数据和人工智能时代与工业化时代最大的不同在于，大规模生产、大规模销售和大规模传播的标准思维模式被解构了。生产者和消费者的权利发生了转变，消费者的主权形成。企业现在采用的是一种用户至上的思维，是基于大数据和人工智能的特征，对市场、用户、产品、企业价值链乃至对整个商业生态进行重新审视的思考方式，并由此扩展到对整个社会生产生活方式的重新思考。润和软件已经从传统企业的思维方式中不断解放出来，建立全面与系统的思考能力，用这样的思维去考量润和企业内外的世界与万事万物。

> 专家点评

价值重建引领新商业

岁月时空下，总有一种力量，跨越千山万水，澎湃浩荡向前。

金融科技的大航海时代，一度被传统金融机构视为最危险的颠覆者。如今，这些拓荒者在数字化浪潮中早已拓宽自己的边界，与传统金融机构创建良好的共生关系，并可以通过开放自己的数据能力与风控能力为金融机构反向赋能。这种融合不仅推动了金融行业对外服务模式和对内管理模式的深刻变革，也积极推动了大量传统产业的创新变革，让金融更加普惠和高效，让消费者更加便捷和顺畅。正如润和软件董事长兼总裁周红卫所着重阐述的观点：大数据与人工智能时代，企业是一个连接器。在新商业时代，都要关注数据资产的积累，构建生产者与消费者互动的平台，多元主体参与互动形成共识是价值创造的主体。

思则变，变则通。面对新环境的挑战和市场的考验，润和软件将主要客户群体锁定为城市农商银行以及中小型保险机构，完美覆盖长尾客户。同时致力于"客户主导需求""产品为王、服务制胜"的能力提升，力求实现金融与科技的深度融合，亦即找到金融的科技呈现形式和科技的金融落脚点。将金融环节科技化、科技元素金融化，从而实现金融行业的根本性升级。

将传统的技术优势同大数据及人工智能时代下催生出的新事物相结合，是润和软件长青不败的法宝。润和软件正是凭借过去传统软件业务经验的积累、延伸，才能够不断沉淀以往实战中的竞争力，进而胜任今天中国金融信息化产业龙头的位置。润和软件在金融科技服务业务中取得的成就，源自公司将多年累积的金融信息化服务的行业经验和技术经验，以及对金融科技服务解决方案持续创新升级。

制度日臻完善、技术不断创新，金融在科技的推动下将会走向更便利、安全、智能的发展道路。金融科技的最终归宿在哪里呢？答案无疑是，为了更美好的生活。每个人的内心都有着对新时代美好生活的向往，无论是当下的创新发展，还是供给侧结构性改革，都对金融科技有着强烈的需求。在引领经济新常态和实现"中国梦"的过程中，金融与科技的融合创新依然需要与实体经济的需要相匹配。我们都认同，只有创新才可以带来动力，但在实体经济中，要对冲下行压力，要打造升级版的全要素生产率，就要以制度创新打开科技创新的空间，借助信息时代新技术革命而形成可持续的超常规发展。金融与金融科技的出发点和归宿，最后都要落到如何服务于实体经济的升级发展。这也是以润和软件为代表的互联网金融企业所追求的时代使命，"科技服务，赋能行业，创造客户价值"，为中国科技兴国的战略做出应有的贡献。

不拒众流，方为江海。新时代，技术正在呈指数速度发展，无论是坚持新发展理念还是坚持人与自然和谐共生，无论是保证国家金融安全还是推动构建人类命运共同体，都需要强大的科技实力和创新能力。新的历史时期，积极拥抱持续性创新的商业模式，预见更美好的未来。

薛茂云　江苏省商业经济学会会长、江苏经贸职业技术学院院长

第六章
构建从诊断到诊疗的服务生态
——迪安诊断技术集团股份有限公司

- 让国人平等分享健康
- **企业描述**：体外诊断行业领先者
- **样本解读**：

  第一　时代的召唤

  第二　从产业链到一体化商业模式的纵横之道

  第三　持久创新构建产业竞争力

  第四　创新中传承，传承中普惠

- **董事长访谈**：共享健康，"安"之所在
- **专家点评**：得产业链者得天下

让国人平等分享健康

2017年3月15日，是全国"两会"收官日。在总理答中外记者问环节，李克强总理说："中国有1.7亿受过高等教育和拥有高技能的人才，与8亿左右的劳动力结合起来，能创造的财富，激发的能量是难以估算的，也会给市场，包括世界市场带来巨大的机遇。"

对市场价值的挖掘，对美好未来的期待，以及在困境中的思考，点燃了人们无限的想象力和创造力，推开了一扇又一扇崭新世界的大门。迪安诊断，一家以提供医学诊断服务外包为核心业务的独立医学诊断服务机构。随着国家新医改政策的启动及进程，开启了"合作共建整体解决方案""服务+产品"一体化等一系列新商业模式。2011年，迪安诊断的上市实现了中国独立医学实验室行业上市"零的突破"。

迪安的发展历程正印证了一句话：这个世上本没有路，你一刻不停地前行，就成了路。如今的迪安，拥有强大的第三方医学检验服务平台，并持续将触角伸向"大健康"产业的更多领域：借助技术创新，编织中国医疗服务行业的"诊断+"生态圈，让"服务+产品"的模式普惠众生。日复一日把自己擅长的事情做到极致，服务于人的生命安全与健康，是迪安的恒心，也映射出迪安的初心：通过让中国城镇、社区、县、乡村等不同层次的医院均能享受同等的高端医技水平，诊断结果在全国甚至全球范围内得到互认，让普惠诊断成为可能，进而让老百姓享受到更多、更方便的医疗资源，"让国人平等地分享健康"。

致医者，致匠心，致中流击水的弄潮儿。

企业描述

体外诊断行业领先者

2016年，全国卫生与健康大会上提出了"优先发展健康中国战略"；2017年，党的十九大报告中提出"完善国民健康政策，为人民群众提供全方位全周期健康服务"，而党的十九大报告中又提出"人民健康是民族昌盛和国家富强的重要标志"。一句话可谓是报告中关于医疗健康领域最大的亮点。从一个部门到多个部门，从政府重视到总书记亲自过问统筹，从单纯关注"治病"到关注未来健康……中国医疗改革的覆盖面和执行力度正以空前的规模和强度推进。

人民拥有健康的体魄，是民族昌盛和国家富强的重要标志，也是广大人民群众的共同追求。在三甲医院人满为患，全社会对优质医疗资源又极度关注的今天，政府及大众将目光投向了第三方独立医学诊断机构。提升基层医疗机构服务能力，解决老百姓看病难、看病贵的问题，成为迪安诊断创办第三方医学检验中心的初心。

一、医学诊断服务外包第一股

初创于1996年的迪安，是国内医学诊断服务外包行业第一股，也是以"创新模式、诊断专家"为特色的行业领先者。主要面向各类综合医院与专科医院、社区卫生服务中心（站）、乡（镇）卫生院、体检中心、疾病预防控制中心等各级医疗卫生机构，提供医学诊断服务外包为核心业务的"医学诊断服务整体解决方案"。

迪安致力于先进的医学诊断技术的临床应用及技术创新和商业模式创新，业务涉及医学诊断服务、诊断产品销售、技术研发生产、冷链物流、司法鉴定、健康管理、CRO、生物样本库、融资租赁等领域，以不断完善的整体化解决方案服务体系，通过纵向与横向的有效资源整合，形成整合营销竞争优势，实现医学诊断平台的多服务领域拓展与上下游产业链的整合式发展战略。

二、合作共建缔造发展引擎

目前为止，迪安诊断的商业模式进化可以归为三个阶段：1.0版的传统代理业务、2.0版的诊断外包服务、3.0版的合作共建模式。所谓合作共建模式，是指在医院实验室人、财、物所有权不变的前提下，公司和医院达成合作协议，为医院实验室提供技术与管理方面的咨询建议和管理输出，对医院实验室的人员、场地、设备、试剂、项目、质量、服务、形象等提供全方位管理建议并协助实施，包括提供检验外包服务、管理咨询服务、试剂及设备销售或集中采购等各类服务，有效提升医院实验室诊断技术水平、质量管理水平，降低运营成本，提高实验室运营效率。现阶段，迪安完成了全国范围内的布局，三种商业模式互为补充，形成整体解决方案，有效满足了各级医疗机构客户的服务需求，也成为与同行间差异化的竞争优势。

通过有效的资源整合，重点推进合作共建/区域中心分级化布局，迪安实现了医学诊断服务市场的精耕细作。凭借"医学诊断整体化服务"加快渠道业务升级，促使产品与服务有效融合。充分发挥覆盖医疗体外诊断行业上下游产业链的"诊断+"生态圈的优势，加强相互之间的协作和赋能，强化整体化竞争策略，为客户提供具有竞争力的整体化解决方案。

三、站在浪尖看未来

迪安诊断致力于打造"医学诊断整体化服务提供商"，聚焦在技术领先、效率驱动、诊疗一体化，依托营销力和技术力，打造集企业产品渠道和临床诊断的优势和生态，围绕多种疾病学科建立具有专业壁垒的诊疗一体化服务平台，力争成为诊断行业受人尊敬的领导者。

2017年，迪安诊断实现营业收入50亿元，较上年同期增长30.86%，实现净利润4.6亿元，较上年同期增长37.33%。在医疗产业加速变革、催生行业生态重构的背景下，迪安完成全国省级实验室的网点布局，并凭借模式创新、技术创新以及整合式营销竞争优势，打造IVD[①]行业的生态圈，诊断服务与产品代理业务呈现良好的增长态势。近年来，迪安进一步延伸至"大健康"产业，包括全生命周期健康管理、司法鉴定服务、冷链物流、智慧医疗等领域，向建设"诊断+"生态圈逐步进发。随着健康管理、司法鉴定等细分板块培育业务的逐步成长，迪安朝着"医学诊断整体化服务提供商"的平台型企业战略目标稳步迈进。

将迪安诊断作为商业模式创新样本，也是借助迪安梳理中国第三方诊断行业发展脉络，将"合作共建"模式推广给更多的医疗机构，为政府分忧，为医院减负，让人民共享医疗资源，让"服务+产品"一体化模式普惠众生。

① 体外诊断

> 样本解读

第一　时代的召唤

2018年，全国卫生计生系统深入落实新时代卫生与健康工作方针，全面实施健康中国战略，完善国民健康政策，进一步增强人民群众获得感，促进经济社会健康发展和民生改善。不驰于空想、不骛于虚声。随着新医改进程的深入、社会老龄化加剧以及个性化诊疗的兴起，广大老百姓对美好生活的向往也成为迪安奋斗的新目标。

一、医疗行业生态重构

新医改自2009年启动以来，鼓励社会办医的政策红利不断涌现，社会办医在内需和政策的双重驱动下以多种模式得以迅速发展。

2017年，鼓励社会办医政策红利持续加码，深化医改一系列政策出台。2017年4月23日，国务院办公厅印发《关于推进医疗联合体建设和发展的指导意见》，要求三级公立医院、二级公立医院和政府办基层医疗卫生机构全部参与医联体，使区域内医疗资源有效共享，基层服务能力进一步提升，有力推动形成基层首诊、双向转诊、急慢分治、上下联动的分级诊疗模式。

2017年5月5日，国务院办公厅印发《深化医药卫生体制改革2017年重点工作任务》（以下简称《工作任务》），按照"保基本、强基层、建机制"的改革要求，深化医疗、医保、医药联动改革，着力推进分级诊疗、现代医院管理、全民医保、药品供应保障、综合监管5项制度建设，《工作任务》强调，今年进一步扩大试点范围，分级诊疗试点扩大到85%以上的地市。

2017年，浙江省深化医药卫生体制改革领导小组办公室印发《浙江省医改办关于开展县域医疗服务共同体建设试点工作的指导意见》，以县级医院为龙头，整合县乡医疗卫生资源，实施集团化运营管理，促进县域内医疗卫生资源合理配置、基层医疗服务能力明显提升，逐步实现"制度强、服务强""人民健康水平高、对医改满意度高"的"两强、两高"目标。2018年9月26日，省医共体改革试点现场会，德清县域医共体改革成为全国样板，有关部门也出台了全省首个医共体地方标准。

2018年，国务院办公厅又印发《关于改革完善医疗卫生行业综合监管制度的指导意见》(以下简称《意见》)。《意见》指出,要从重点监管公立医疗卫生机构转向全行业监管,从注重事前审批转向注重事中事后全流程监管,从单项监管转向综合协同监管,从主要运用行政手段转向统筹运用行政、法律、经济和信息等多种手段,提高监管能力和水平,为实施健康中国战略、全方位全周期保障人民健康提供有力支撑。

新医改政策逐步落地,第三方医疗诊断行业的市场规模和容量不断扩大,为医疗行业可持续发展提供了优渥的政策环境,同时也对整个行业市场参与者提出了更高的要求。推进健康医疗领域高质量发展,不仅仅是保证医药质量,更是让百姓看得起病、看得好病,增强人民群众的获得感和幸福感。这是中国新时代下医疗行业生态重构要求使然,也是包括迪安在内的千万个医疗企业义不容辞的责任。

二、医疗需求扩容市场空间

随着人口老龄化进程加快、城镇化水平逐步提高以及居民健康意识不断增强,我国医疗健康市场,尤其是精准医疗需求保持强大内生动力。

开展精准医疗是国际医学发展的趋势。中国医学科学院的信息显示,当前,国内临床医疗多局限于依靠病人主诉、临床症状、生理生化指标和影像学的异常来确定疾病情况。但在组织器官改变的下面,是大量的深层次分子生物学改变,包括遗传背景、变异、免疫和内分泌改变。以癌症早期诊断为例,发达国家的早期诊断率为50%以上,北欧甚至高达70%至80%,而中国不足20%。在美国,精准医疗技术已经取得了长足的进步,并显示出良好的临床疗效。相比之下,中国的精准医学起步较晚,在基础领域仍就依赖国外技术,但由于拥有巨大的肿瘤疾病和样本资源,在应用领域中有可能实现"弯道超车"。

时代的变革和人民的需求敦促行业加速转型升级,大医院人满为患,基层医院门可罗雀——基层医疗机构检测服务的数量和质量仍有较大上升空间,分级诊疗政策体系亟待逐步完善推进。基层百姓对优质医疗资源的渴望为迪安诊断的第三方医学诊断机构落地、发展乃至壮大提供了良好的契机。

三、新技术注入源动力

新的医学诊断技术层出不穷,广泛应用于临床诊断领域,进一步提高了检验方法的灵敏度、特异性以及诊断结果的准确性,为临床疾病的早期诊断与治疗提供更加丰富、直接的信息,拓展了医学诊断的深度和广度,从而产生新的医学诊断市场需求。

现代医学已经进入了"预测性、预防性、个体化、参与性"的4P医学模式。其中体外诊断的快速发展已经成为4P医学发展的核心推动力。体外诊断行业新技术趋势为第三方诊断服务行业提供了更强劲的发展动力。

四、优质赛道筛选优质标的

独立医学实验室在中国兴起并得到发展，源于两个原因：医疗服务供不应求；医疗成本越来越高，即"看病难"和"看病贵"。随着分级诊疗政策体系的逐步完善与推进，基层医疗市场诊疗量进一步提升，而作为推动分级诊疗真正落地的第三方医学诊断机构，可大大提高基层医疗机构检测服务的数量和质量，快速弥补诊断能力差距，以解决分级诊疗难以推行的主要瓶颈。

在国内，独立医学实验室的核心竞争优势是规模经济带来的降本增效。医疗机构之所以愿意将医学诊断业务外包给第三方医学诊断企业，是因为后者具有更为明显的规模经济效应，具体表现为成本下降、诊断质量提升、时效性提高、新项目引进风险降低。

迪安诊断立足于国情，借鉴国外模式的管理理念和技术基础，探索出自己的模式和方法。为小医院检验科提供外包服务，使医院留住了检验利润，也留住了病人。在降本增效的同时构建了第三方医学诊断企业与医疗机构互利互补关系。即通过规模经济降低单位成本，获取成本优势、质量优势、技术优势，从而达到多方的共赢，减少医疗费用支出。第三方诊断的实质是专业化分工时代对低成本的追求催生规模经济的繁荣。

第二 从产业链到一体化商业模式的纵横之道

自2015年以来，中国医疗行业变革与资源重组的速度在不断加快。医疗健康产业发展的内在动力，不仅是人类社会生产力水平提高后，民众对生活质量的要求，而是对更高健康价值的需求。医疗健康产业不仅限于医院里医生和病人之间救治关系，也包括公众对健康资源分配的需求、差异性健康需求所带来的健康咨询、卫生保健以及其他健康服务。

迪安通过"服务+产品"的融合和两者协同效应的发挥，实现了整体化服务的综合实力、增强抵御风险能力的大幅提升，企业得到可持续发展。

一、以独立医学实验室为核心的连锁化布局

随着青海迪安、石家庄迪安、广西迪安、海南迪安等最后一批省级实验室顺利开业，迪安完成了诊断服务在全国的连锁化布局。与此同时，公司有效推进区域中心与二级中心适时下沉，积极配合当地分级诊疗、医联体等政策落地，推动实现优质医疗资源有序下沉。

截至2017年年底，迪安已在全国建成连锁化独立医学实验室38家，进一步提升规模化、标准化及成本领先竞争优势。2017年3月下旬，总部中心实验室杭州迪安医学检验中心正式入驻自建的迪安产业园区，中心实验室持续打造生化免疫、分子诊断、生物质谱和病理诊断等七大平台，并配备亚洲规模最大的、技术最前沿的罗氏全自动生化免疫流水线，运用高效灵活的样本自动传输系统，可保障超大样本量的检测需求。迪安总部中心实验室的整体业务规模、技术配备、检测项目在国内乃至亚洲都保持了领先水平。随着实验室业务规模化和精细化水平进一步提高，成熟盘面的实验室逐步增多且业务发展进入新阶段，业绩贡献显著加强。

2017年，迪安合作共建业务新增市场收获江西、河南等10多个省份，全国合作共建客户数量已超过350家，业务覆盖达中国大陆各省、市、自治区，顺利开启驱动未来业务强劲发展的新引擎。公司持续建立多层次的网络布局，凭借创新商业模式有效实施，客户覆盖广度和深度进一步加强，为公司的业绩增长提供了坚实的基础。

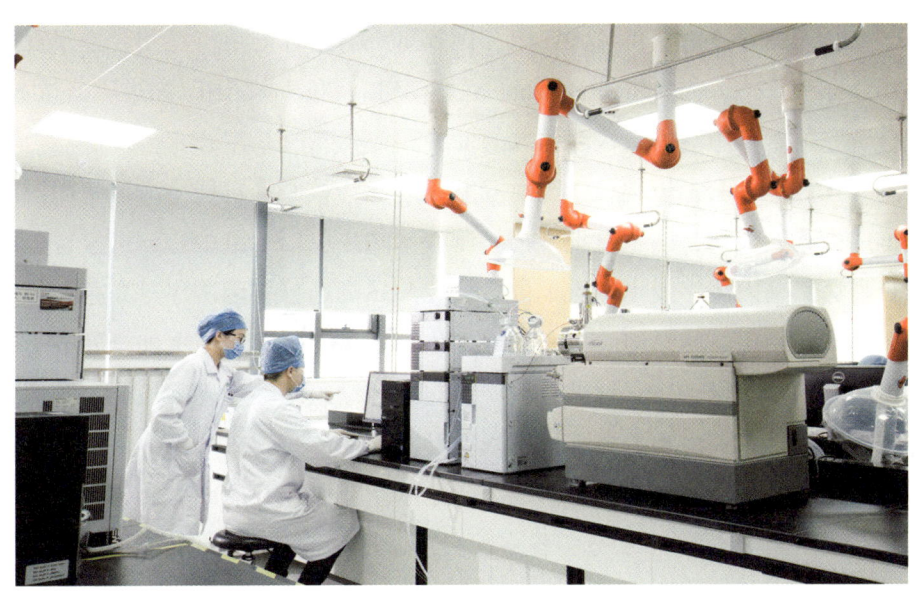

迪安诊断质谱实验室内景

二、技术驱动增量蓝海市场

科学技术是第一生产力。这句话对于以第三方诊断为主业的迪安诊断来说，是无可替代的真理。自2013年以来，迪安坚持"以技术为驱动"战略的实施与落地，聚焦"精准医疗、远程医疗、智慧医疗"的发展方向，引进高素质专业技术人才团队，并持续增加研发投入。

迪安积极布局精准诊断产业链，在上游产品产业化、质谱技术和NGS等高端平台上都有了长足进步，加快海外技术引进渠道和国内注册报证能力，进一步向产业中上游延伸，贯彻公司技术创新驱动战略的落实针对肿瘤、感染、病理等临床有急迫需求的领域，围绕基因组学、转录组学、表观基因组学、蛋白组学、代谢组学等方向，开展了一系列科学研究与转化医学研究；针对整体解决方案产业链各业务单元，以建设"医疗诊断产业数字化平台经济"为核心，开发高效的运营和业务信息化支撑系统，以及搭建融合互通与敏捷高效的供应链平台。

近两年，迪安围绕国内外行业发展的核心，将"精准医疗"布局作为重要战略目标，同时紧密结合医学领域的最新发展趋势，加强内外合作，以精准诊断为中心，技术创新为驱动，开发及转化应用新基因检测技术、质谱技术，以提升医学检验的服务品质和临床诊治指导性能。2018年，迪安诊断与浙江大学曾苏教授、陈枢青教授团队，浙江省肿瘤医院，复旦大学，海正药业联合申报的"肿瘤药物耐药的遗传学与表观遗传学标志物的发现与临床解决方案研究"项目获得"十三五"国家重点研发计划重点专项。并于近几年，积极以国际化合作的方式，先后引进Metabolon、SCIEX、Agena等国际先进质谱技术、设备，推动中国科研和临床应用等质谱检测领域的发展。

在NGS技术领域，公司以遗传学与肿瘤基因组学为核心，打造全方位基因测序平台与有效临床推广模式。公司是国家首批基因检测技术临床应用示范中心、国家首批肿瘤诊断与治疗项目高通量基因测序技术试点单位，拥有NGS高通量基因测序等高精尖分子诊断技术平台，并建有基因组、转录组、宏基因组等生物信息分析流程与本地全外显子频率数据库，检测报告均遵循美国ACMG标准，可开展包括肿瘤组织突变基因检测、肿瘤ctDNA液态活检和遗传性基因相关检测的几百种检测项目。

迪安研发中心是浙江省分子诊断省级高新技术企业研究开发中心、省企业技术中心和凯杰（大中华区）高通量测序示范实验室。目前，已申报国家发明专利50余项，发表学术论文20余篇，承担国家级科研项目6项，省部级科研项目4项，市级科研项目9项。

在信息化领域，迪安还通过自主创新研发，已获得多项国际领先的专利知识产权，取得了"省级智慧医疗研究院""医疗大数据省级重点企业研究院"资质，是浙江省大数据板块唯一一家医疗大数据重点企业研究院，所积累的大量样本资源与数据资源，使智能辅助诊断系统的实现成为可能。2018年，迪安获得国际标准——CMMI 3级认证，标志着企业研发能力达到行业先进水平。

近三年迪安研发投入金额及占营业收入的比例

	2017年	2016年	2015年
研发人员数量(人)	691	571	439
研发投入金额(元)	134 350 092.69	102 700 887.78	78 182 399.17
研发支出资本化的金额(元)	2 385 533.65	1 539 099.15	0.00
资本化研发支出占研发投入的比例	2.78%	1.50%	0.00%

三、从"拼速度"到"拼深度"——渠道整合助力一体化

迪安深刻洞察行业政策以及行业竞争格局的变化，率先在全国范围内启动了优质渠道资源的整合步伐，完成全国主要区域优质渠道资源的整合和布局。这是公司加速"服务+产品"一体化商业模式的推进，落实"医学诊断整体化服务提供商"的平台型企业战略的目标要求。通过对优质渠道商的整合，依托其多年来在当地积累的完善的服务网络、广泛

的医疗资源与专业的技术服务能力，积极推动公司在当地的检验服务业务协同加速发展，尤其在诊断服务进入新的市场，快速实现市场开拓，有效缩短了市场培育期，进一步巩固了企业"服务+产品"的独特优势。

三级医院是未来推动精准医疗发展的主力军，为迪安高端精准诊断等特检业务的布局打下了坚实的临床基础，通过整合可进一步完善公司原有客户结构，提高三级医院客户的占比。此外，IVD行业将呈现集中度不断提升的发展态势，马太效应凸显，优质渠道有利于形成规模和体量优势，加速提升市场份额，有效构筑竞争壁垒。

截至目前，迪安的渠道网络平台已基本搭建完成，企业从拼"速度和体力"、做"宽度"的阶段转入拼"耐力和能力"、做"深度"的阶段。

四、布局健康产业生态

1. 健康管理

健康服务业一头连着民生福祉，另一头连着经济社会发展。中国作为一个达到中等经济发展水平的国家，一个处在特殊发展阶段的国家，老百姓对健康服务业的刚性需求日益凸显，中国也面临着更多的挑战和机遇。

作为以与公立医院合作共建为主导，依托迪安诊断一体化平台，以深度体检为入口、持续创新为动力、信息化集成为手段、会员制服务为目标、打造集健康体检、健康管理、医疗服务和健康保险于一体的区域性连锁健康服务机构，目前，迪安健检已有杭师大附院国际健康中心、杭师大附院韩诺健康中心、桐庐体检中心、温州美生体检中心、苍南体检中心、武义县健康管理中心6家特色健康中心正式运营。

2. 司法鉴定

迪安鉴定一直秉承"科学匠心，润法泽物"的宗旨，致力成为司法鉴定整体方案提供者。早在2008年，迪安诊断就拿到了司法鉴定牌照，成立了国内第一个基于独立医学实验室平台的第三方司法鉴定中心。2016年10月，迪安诊断为了适应国家对司法鉴定发展的需求，也为了能够充分发挥迪安诊断的技术优势，承担社会责任，决定成立鉴定事业部。在充分考虑鉴定行业发展和迪安诊断自身优势下，迪安鉴定围绕"鉴定服务""平台服务""产品服务"协同发展的"三驾马车"战略，全力推动迪安鉴定事业向标准化、连锁化和规模化发展。

2017年，迪安鉴定确立了"夯实传统业务，拓展创新专业"的鉴定服务发展战略，重点发展传统三大类内鉴定项目，即法医临床、法医物证、法医病理、法医毒物、法医精神病、文书鉴定、痕迹鉴定、微量鉴定、声像资料鉴定等，同时积极拓展三大类外鉴定项目，如机动车评估、环境损害鉴定等，保持持续发展的驱动力。

同时，搭建"司法鉴定+互联网"的平台服务，服务于司法鉴定从业群体和司法鉴定使用者群体，如以迪安鉴定科学研究院为基础创建心理评估基地，建立品性评估专业标准、技术标准、评估服务和人才培养平台。与国家人社部合作品性评估师培训项目，成为国内第一家也是目前唯一一家品性评估师专业能力培训证书授予机构。为了解决司法鉴定行业对专业继续教育的需求，搭建鉴识教育（宋慈网校）的在线教育平台，专注于司法鉴定线上教育。搭建国内专家辅助人服务平台，为法官、检察官、律师、当事人提供鉴定专家，成为法律工作者的科技助手。

2018年，迪安更是将产品服务作为一项战略工作发展。目前，已开发毛发毒品快速现场检测设备、基因身份证等产品，为司法鉴定行业提供更便捷、更快速、更低成本的产品。

3. 基因小镇

"基因小镇"位于浙江杭州，规划占地500亩，是一个总投资约50亿元的基因健康项目。从规模体量和定位可以看出，这是一个专注于基因诊断技术和服务的创新创业平台，也是一座与国内、外顶尖基因诊断机构和专家沟通交流、合作发展的桥梁。

"小镇"不是镇，而是集聚资源打造产业链的"生态圈"。迪安将20多年的诊断技术与服务领域经验转化为"基因小镇"发展的雄厚基础，依靠政府和行业企业的支持，致力于打造以基因检测技术为核心，融诊断咨询、研发制造、产业孵化、健康管理、大数据共享为一体的基因健康产业生态圈。小镇将与全球研究基因的尖端机构建立合作，共同打造众创空间和孵化器，计划每年孵化5-10家技术创新企业。

2016年小镇成立之初，就与美国约翰·霍普金斯大学和华盛顿大学建立了人才培训、科研成果转化的合作，还与全球基因测序、分子诊断机构建立了全面战略合作伙伴关系。现在已有40多个项目入住小镇，包括基因健康科技馆、国家级遗传工程中心试验室、国家级基因测序应用示范中心、国家级国产医疗设备应用示范中心、省级大数据重点企业研究院、医疗电商云平台、浙江健康产业联合会、浙江大健康产业基金、博圣生物公司等。

4. 健康产业再延伸

2015年，国家提出"健康中国"战略，打造8万亿元健康产业。浙江省提出"十三五"打造1万亿元的健康产业目标。同年，在各级政府的支持下，迪安诊断成为浙江省健康产业联合会理事长单位。

浙江大健康产业基金是在中国人口老龄化、疾病谱变化、居民保健意识增强以及新医改不断深化的背景下，国内第一支产业团体发起的专注于大健康领域投资的私募股权产业基金，由医疗健康行业三家上市公司——迪安诊断（股票代码：300244）、通策医疗（股票代码：600763）、创业软件（股票代码：300451）于2017年联合发起成立，采用"投研驱动、全球视野、产业赋能"的投资模式，致力于通过资本与优势产业的深度结合，推动医疗技术的革新，加速创新企业的发展，助力健康中国。

五、一体化平台实现医疗信息化

迪安"六大平台"架构

迪安利用自身优势逐步实现了"平台协同"信息化支撑：以"医学诊断产业数字化平台经济"为信息化战略目标，建立了近250人的专业信息化队伍，正致力于推动六大平台+3朵云的建设。迪安作为浙江省唯一的医疗数据信息化重点企业研究院，积极探索医疗大数据对于全民健康的深层次利用以及人工智能辅助诊断系统建设，以信息科技与智慧化工程，促进商业模式创新和产业升级。

一方面，迪安持续研发推广已有的六大平台：中央采购平台，并与罗氏、希森美康、西门子等自有云平台实现深度融合；第三代独立实验室IrisLIMS专业检验平台；"自营+第三方"医疗器械冷链物流平台，启动深海冷链代储代配业务；业务财务一体化ERP经营平台；"产品、服务融合"大数据基础主数据MDM平台，实现合作医院成本测算管理与业务输出；IDC基础架构平台已实现区域之间高速互联。另一方面，推动创新开发与技术对接：与科大讯飞合作开发病理语音录入系统；完成迪安凯莱谱-METABOLON联合实验室系统环境的搭建；建设IVD行业产品与样本标准化编码体系，以及基于HL7/IHE的医疗信息化异构连接中间件。

集中力量打造智能化、数字化、集约化和高效率的供应链管理服务平台，不仅能够凸显规模经济的优势，降低运营成本，提高运营效率，还有利于加速公司和IVD代理商之间的协同融合。

六、从塔尖到塔尖

美国作家吉姆·柯林斯说过，无论最终结局多么激动人心，从优秀到卓越的转变从来都不是一蹴而就的。在这一过程中，根本没有单一明确的行动、宏伟的计划、一劳永逸的创新，也绝对不存在侥幸的突破和从天而降的奇迹。

从最初的罗氏医疗器械代理商，到第三方独立实验室的诊断专家，再到大健康领域的整体化方案解决商，迪安始终在探索业务模式的创新。每走一步都是基于谨慎的实验结果进行的慎重选择，深思熟虑，找准方向，谋定而后动。从优秀走向卓越，从第三方诊断行业的领军人物走向渠道融合的王者，是一个积累的过程，一个循序渐进的过程。在机会面前，迪安从来都经得起诱惑，耐得住寂寞，专心、专注做自己擅长的事情。迪安成长到今天，一方面靠的是适应外部的变化，另一方面就是激发内部的力量。

未来3-5年，迪安将以为客户提供"医学诊断整体化解决方案"为目标，通过整合式营销及以特检和综合服务为重点的竞争模式，重构、深化渠道价值，实现从诊断到诊疗一体化的进化。一个行动接着一个行动，一个决策接着一个决策，就像一个不断转动的飞轮，最后才产生持续而壮观的效果。这是一个量变到质变的转化，需要不断地推进，不断地进行优化。只有坚定地推动飞轮进行正向转动，它才能产生能量，促使企业实现从优秀到卓越。

第三　持久创新构建产业竞争力

一、基因中的基因

2017年，迪安强势推进"合作共建"创新业务模式，开拓单科室、区域中心、区域整体、精准诊断平台合作共建以及集采服务多种子模式，立足于全面赋能医院检验科/病理科等诊断平台。

医院是一个特殊的场所，它需要对生命负责。如何能让医院相信自己可以做到"医院的医院，医生的医生"，是摆在迪安面前最大的难题。普通的公立医院都有自己的诊断科室，对民营的医疗外包服务并不放心，对检验结果也不信任。迪安先从浙江本地医院入手，一家接着一家医院游说，功夫不负有心人，逐渐有大医院将一些检测项目外包给迪安诊断。而迪安的利润则来自集约化检测节约下来的相对成本。有了蹒跚的起步，迪安诊断也便开始了由小到大、由弱到强的成长历程。

对于迪安同社区医院合作，浙江一社区卫生服务中心主任汤红玫解释得很到位："将检验服务外包给迪安，对于我们来说，不用再像以往那样每年打报告申请购置大量的医疗设备，或者想尽办法维修设备。检验室人员从7个减少到4个，服务范围扩大，检验时间也大大缩短。外包服务相当于给中心增添了有力的臂膀，节约了资源，提高了服务质量和效率。"

"公立医院做检验往往要凑量，否则耗材、人员等成本下不来，但样本放久了，会影响检验的结果。迪安的分工更加专业，管理更严格，比医院更规范，大大提高了检测的质量，保障了病人的安全。"曾经在公立三甲医院做了22年检验科主任的汪子伟说。

迪安诊断同各类综合医院与专科医院、社区卫生服务中心、乡镇卫生院等各级医疗卫生机构合作，依托的是其全国连锁的独立医学实验室平台，通过纵向与横向的有效资源整合，迪安的服务体系愈加完善，形成整合营销竞争优势，实现医学诊断平台的多服务领域拓展与上下游产业链的整合式发展战略。

迪安合作共建服务能力不断提升，与原有传统业务模式互为补充，有效地满足了各级医疗机构客户的服务需求，进一步增强了医学诊断整体服务能力。

对迪安来说，新老业务的服务对象主要为各级医疗卫生机构，且都与医学诊断有关，使迪安可以通过经销体外诊断产品取得最优的采购价格，利用这一资源使医学诊断服务业务的开展获得了较强的成本领先优势；同时，通过专注于医学诊断服务的专业化发展，提高对体外诊断产品性能的熟悉程度与临床运用的能力水平，使迪安在经销体外诊断产品时能有足够的资源提供技术支持，充分体现技术优势；而体外诊断产品代理业务所积累的市场需求和行业发展趋势信息，可以引导迪安诊断服务更好地开展和指引诊断技术的研发方向；因为医学诊断服务外包业务与体外诊断产品代理业务之间共享营销渠道资源，所以大大降低了营销费用。

对于客户来说，客户可根据自身需求，自主选择迪安所提供的综合服务，使客户对企业的黏度增加。当医院新开展的检验项目标本量不足时，可通过选择专业化的医学诊断外包服务，在扩大自身可诊断项目范围的同时，享受低成本的优质服务；当项目标本量达到一定规模，医院希望自行开展的时候，则可利用迪安作为体外诊断产品代理经销商的优势，迪安提供低成本的检验仪器，并获得试剂供应及技术支持服务；同时，医院也可通过选择迪安的集中供应采购平台共享统一采供价格，通过迪安的增值服务形成更为紧密的长期合作关系。

二、引领"精准+智慧"技术创新

迪安诊断不断加大研发投入，积极布局精准诊断产业链，在上游产品产业化、质谱技术和NGS等高端平台有了长足进步。

1. 生物质谱——提升源头创新力

迪安在质谱领域不断加大投入力度，以专业质谱平台为基础，围绕临床检验、代谢组学、Pharma CRO与法医毒理等多个应用方向，已组建一支由多名具有丰富质谱经验且在北美及欧洲临床诊断、医药开发等领域工作多年的高级专家领衔的专业团队，并建立了国内技术水平一流的连锁化质谱应用实验室。

2017年，迪安诊断成立凯莱谱精准医疗，并与全球知名代谢组学科研机构Metabolon®合作建立的Discovery HD4™代谢组学平台，已通过Metabolon严格的能力测试、质量管理和认证程序，成为其在亚洲首个通过完全认证，并唯一授权的实验室。该平台现已正式对外向国内外多家科研院所和医疗机构，开展全面非靶向代谢组学服务，收到客户一致好评。同年，迪安诊断与全球仪器巨头丹纳赫集团旗下SCIEX中国子公司签订协议，设立的合资公司——迪赛思诊断已落成投产，专注研发生产与其质谱仪器配套使用的相关体外诊断试剂盒，进一步推动高端质谱技术在国内的产业化与国产化，提升国内质谱技术的源头创新能力。

2018年，迪安诊断又与美国Agena Bioscience公司共同打造"大中华区核酸质谱示范实验室"，开发与建立在遗传病、药物基因组学、传染病等领域的客户资源与专家资源，协力推动核酸质谱技术平台与多重DNA基因检测的诊断方案在中国市场的推广。

2018年4月，迪安诊断与美国Agena公司签约现场

2. NGS[①]的领头羊

在NGS技术领域，迪安以遗传学与肿瘤基因组学为核心，打造全方位基因测序平台与有效临床推广模式。拥有Illumina和Life两大国际一流高通量测序平台，检测产品覆盖肿瘤、遗传、生殖、微生物等领域，实验室严格按照ISO15189认可和美国CAP认证标准进行规范管理，定期参与国家卫计委室间质评活动在内的多项国内外权威认证公司。NGS平台先后通过国家卫计委临检中心组织的全国外周血胎儿染色体非整倍体高通量测序检测室间质评、全国肿瘤体细胞突变检测室间质评和全国肿瘤体细胞基因突变高通量测序检测生物信息学分析室间质评，进一步彰显迪安高通量测序技术的实力。

---

① 二代基因测序技术

肿瘤领域	生殖领域	遗传领域	微生物领域
肿瘤早筛、肿瘤靶向用药伴随诊断、肿瘤复发监控及肿瘤遗传检测等	地创产前筛查（NIPT）、单基因遗传性疾病的复查和新生儿遗传病复查等	覆盖数千种单基因病以及数十种复杂性疾病的辅助诊断和遗传咨询	病原微生物快速检测、肠道微生物检测等

2018年4月，迪安诊断与罗氏及Foundation Medicine, Inc.（FMI）分别签订了独家战略合作协议，将携手助推中国肿瘤个体化诊断进程。根据相关协议，迪安诊断将成为FMI肿瘤全面基因组测序分析服务，在中国临床市场的独家合作伙伴，推出先进的全面基因组测序服务产品，建立迪安肿瘤精准诊断实验室，构建标准化的全流程质量管理体系，在中国（除澳门、香港和台湾）实现FMI旗下FoundationOne®CDx、FoundationOne®Heme和FoundationOne®LiquidFoundationOne®、FoundationOne®Heme和FoundationACT®产品的应用，为患者寻找适合的治疗方案。罗氏将与迪安共同推动上述产品在中国临床市场的商业化进程。2018年9月，FoundationOne CDx在中国大陆的首份报告签发。

3. 遗传咨询师培养计划

迪安拥有以海外优秀科学家领衔的技术与遗传咨询师队伍，持续推动临床遗传咨询师培养计划。迪安与国家卫生计生委人才交流服务中心、浙江省卫计委联合举办多期全国、省级遗传师培训班，并指导协助支持学员在其所在的数家医院建立遗传咨询门诊，加大配合监管部门制定符合中国国情的遗传咨询培训相关标准的参与力度。

三、"零缺陷"夯实品质之路

迪安诊断专注于诊断技术平台创新，也紧抓质量：以"客户为导向，全员参与，全程管理"，提出"卓越品质"质量战略，构筑具有国际先进水平的质量管控模式，创建质量竞争核心优势，并将质量战略涵盖诊断服务、鉴定服务、产品经营供应链、健康管理、产品生产、冷链物流等多个版块，以"零缺陷"为质量管理理念和原则，秉承匠心、精益求精、忠于客户期望，铸就行业标杆。

2009年，迪安在行业内率先导入"卓越绩效管理模式"，借鉴国内外各类先进的质量管理理念、方法和工具，并结合自身发展的优秀传统，建立了完整、严密的大质量管理体系。通过不断实践、探索、创新和自我改进，公司于2012年获得了西湖区政府质量奖、2013年获得了杭州市政府质量奖，2015年第1次申报省政府质量奖，虽未成功，但以此为契机，发起了"红钻行动"项目，从战略到领导作用再到过程管理，通过连续推动，使企业管理成熟度得到了有效提升。2017年迪安再次申报省政府质量奖，获得省政府质量奖提名奖，也是国内医疗健康行业第一家获得此项殊荣的企业。随着卓越绩效管理模式的不断推进，为迪安的快速稳健发展起到了无可替代的力量和动力。如今，迪安的大质量建设已经成为公司诊断品牌建设的核心内容之一。

针对医疗行业特性与公司产业链发展战略的特色，迪安提出了"全生命周期质量观"的理念：一方面，通过对每份检测样本从接收到检测出结果的全过程，都实现实时监控与追溯记录，确保样本检测的质量水准，体现了诊断服务这一主营业务的全生命周期质量观念；另一方面，还凭借"服务+产品"的商业模式、不断完善的生态产业链和全球化的技术创新平台，实现产业业态的全生命周期之质量管理，提升大健康产业链中每一类型的业务、每一个业务实行环节的质量水平。

对温度敏感的药品、试剂、生物制品的质量不仅和生产环节有关，全程不断链的冷链运输和储存也至关重要。2012年"哈药胰岛素事件"、2016年"山东疫苗事件"都让人们更加意识到医疗冷链物流的重要性。迪安诊断通过自身多年内部冷链物流管理经营的累积，延伸建立服务第三方客户的冷链物流公司"深海冷链"，拥有符合GSP要求的冷链系统、硬件设备、大型仓库、相关验证资质、专业物流团队，为从事生命科学、生物工程学领域的客户定制一站式冷链运输解决方案及个性化增值服务。

迪安坚持冷链物流的精益体系建设与团队培养，精心打造"深海冷链"的专业化品牌，不断积蓄为医疗行业提供优质高效的专业冷链物流服务的能力。通过流程梳理与合规化完善，迪安深海冷链不断提升服务质量，顺利通过中物联医药冷链分会审核，正式从药品冷链物流运作规范国家"试点企业"晋级为"达标企业"；建立并推行60余项药品质量体系制度流程、冷链运营管理体系制度流程。

迪安配送服务部拥有完善的物流配送体系以及规范、标准、专业的配送团队，不仅负责样本收取、报告单发送等物品传递工作，还承担着标本质量审核与服务输出的职责。经过近几年的发展，成为全国首屈一指的配送服务机构。

迪安配送服务部以全国各级中心为据点，搭建了完善的省际、城际物流干线和地区支线，能针对客户需求灵活提供最优的服务，同时通过冷链物流车的全程运输与信息监控，实现服务品质、样本质量安全、低成本三赢。

在2016年9月4日杭州召开的G20峰会上，迪安配送服务部为确保G20期间样本运输安全、生物安全等各项工作有序进行，保证样本送检质量控制、时效达标，特制订预案，成立应急小组，对所有路线及对接点进行全面梳理调整，确定合理的运输路线，并通过和客户协调，在保证标本量不下降的前提下，各地区标本接收时间均提前，确保全部物流对接时间能够提前，使得样本及时到达中心。

在为给客户提供优质服务的道路上迪安配送服务部从未停止过向前的脚步，通过不断创新的举措，提高效率为客户提供更高品质的服务。

四、双mall助力共享医疗

在国人的概念里，好像没有一家医疗综合体，链接国内外各种优质医疗资源，并将专业医疗诊所与商业服务相结合，最终为客人提供更生活化的"一站式"医疗服务，但这恰恰是专业的医疗服务商应该做的，也是迪安诊断打造全国首家共享健康医疗中心"Medical Mall"的初衷。

"Medical Mall"由浙江新解百集团和迪安诊断、百大集团联袂打造，是国内首创将健康医疗和零售商业融合的样板店。地下1层至地面5层为杭州大厦501城市生活广场，9-22层均为全程医疗"Medical Mall"，总建筑面积约2万平方米，其中9-16层精选了行业内知名的齿科、儿科、中医、眼科、医美等12家业界知名的专科诊所，全程医疗对这些诊所进行统一规划、招租和运营。而在17-22层，则是全程健康管理中心和邵逸夫医院联合打造的"邵逸夫国际医疗中心"。

全程医疗沿用国际上的"家庭医生"理念，为所有VIP客人配备了"私人健康管家"。体检完成后，如果有客人因疾病需要转诊治疗，全程医疗连同邵逸夫医院会链接国内外丰富的医疗资源，为其提供一站式医疗服务。

全程医疗这种模式，实现医疗健康板块和服务业的融合，将零售商业与医疗健康业的优质资源做了"1+1>2"的融合：用零售商业的思维方式，重新整合传统医疗的优质资源，为人们带来更加生活化的专业医疗服务。

近年来，"支持社会办医，发展健康产业"的精神不断被提出，即要通过鼓励社会力量增加服务供给、优化结构，缓解医疗卫生事业发展不平衡不充分与人民健康需求之间的矛盾。迪安诊断与杭州师范大学签约成立的杭州师范大学"治未病与健康管理"研究院（i-Health Mall），实现了公立医院和社会资本合作模式的又一次创新探索。医疗要围绕老百姓的核心需求，迪安健检以共享和预防两个理念作为支撑。共享，即利用大数据技术，关联社区和医院，做到数据共享、责任共享、理念共享。预防则是在大健康背景下，治慢病、防未病。"i-Health Mall"是在2017年"Medical Mall"的基础上，所升级的医疗创新模式，以普通群众为服务对象，为其打造医疗资源共享的健康管理服务平台。日后，它将以杭州市为起点，以杭州师范大学国际健康中心、韩诺健康中心为平台，结合迪安诊断丰富的医疗资源，向慢病人群提供全面、深度的慢病精准管控方案。

五、原来的认真才是未来的价值所在

2013年,国务院《关于促进健康服务业发展的若干意见》出台,首次明确提出健康服务业的概念,放宽民营资本进入健康服务业领域的门槛,并给出了很多突破性的政策措施。这让敏锐的迪安感觉到健康产业将成为中国经济转型升级,关系到国计民生的重要领域,是未来很有希望会出现第二个乔布斯的领域,未来十年是健康产业发展的黄金十年。

回首今天的医学诊断服务行业,迪安一路走来,始终将匠心聚焦在第三方医学诊断业务。精准把握检验科和医院的痛点,用真诚与关爱去感动客户,让客户真心认可迪安文化;用专业去打动客户,让客户以迪安为良师益友;用质量服务快速响应客户,让客户体会迪安的匠心精神。

"匠心"是董事长陈海斌一直推崇的一种企业家精神。企业家精神绝不仅仅是开拓、创新,更需要具备独立的人格,秉持匠心的精神,蕴含信仰,坚定前行,才是企业家精神的真正内涵。在陈海斌看来,"匠心"就是用心、固执、专心做一件事情,自己跟自己较劲,坚持把不可能变成可能,把可能做到极致。迪安今天的布局,离不开过去持之以恒、一以贯之的企业价值观,先于客户所想,先于竞争者所想,甚至在自己都还没来得及将之总结为"前瞻性规划"时就开始了市场的精耕细作,而这些都将在日后成为企业最具竞争力的"创新战略"。

不论是2016年的"基因小镇",还是2017年的"Medical Mall",都是迪安20多年初心不改、继续前行的新里程碑和起点,迪安的脚步变得更加铿锵有力。

第四 创新中传承,传承中普惠

一、"持志、虚心、立根、抱节"的竹文化

企业的战略分为两个层面。一个是水面上的发展战略,另一个则是水面下的文化战略,也就是文化价值观。而企业文化可谓支撑整个企业战略发展的根基。企业文化就像空气,看不见摸不着,却绝对离不开;企业文化是一种无形的力量,润物无声地将企业价值观"内化于心,外化于形,固化于制"。

2002年,以销售代理业务为主的迪安诊断提出了"诚信、勤俭、求实、创新"八个字的1.0版本迪安价值观。2006年,迪安的独立实验室业务逐步走上发展轨道,准备开始连锁化发展,对质量体系、标准化体系等运营管理建设也提出了更高的要求,迪安从独立医学实验室的行业要求出发,重新审视并完善了价值观,升级成为"诚信、责任、精准、协作、创新"十个字的迪安价值观2.0版本。2009年,匹配公司上市的进程,选择契合迪安人挺拔刚毅、经风霜而不凋的韧性的竹文化为价值观来源,彰显其"未出土时便有节,及凌云处尚虚心"的精神。于是,"持志、虚心、立根、抱节"的迪安价值观3.0版本应运而生。

如果说,价值观是皮,那么制度体系就是毛,皮之不存毛将焉附?如果说价值观是纲,那制度体系就是目,则只有刚举才能目张;或者说价值观是心,那只有精于心,才能践于行。在迪安团队不断扩张的今天,要把一个项目做好,会涉及越来越多的团队、部门之间的相互配合、相互协调,只有相互撑台才能好戏连台。结合迪安商业模式、发展路径而衍生出的"竹文化"已成为企业的一种生长方式、一种核心精神、一种企业灵魂。

二、用专业的力量承担更多责任

迪安持续践行以"善"为核心的责任观,结合医学诊断的行业特色和公司服务于"大健康"的业务特色,形成了以关爱民生健康为主线,支持专业人才培养、帮扶弱势群体和助力慈善事业等为辅助的多元化公益支持系统,设立"善"基金,树立"善"形象,有部署、有计划、有支撑地履行企业社会责任。通过企业科协、工会、公益组织等各种平台,

帮助弱势群体、关爱女性健康、科普知识宣传、就业支持、慈善捐助：迪安诊断志愿同行服务团，以"互助传递爱心、专业关爱健康、奉献推动发展"为宗旨，先后开展了"3·5学雷锋送健康"志愿服务活动、"计量惠民服务进社区"活动、义诊服务、无偿献血等活动，累计服务上万人次；成立全球首个多功能一体化关爱DMD患儿公益组织，开展了针对DMD患儿及新生儿的公益筛查活动，覆盖浙江省15个区县的3 000名儿童及12 000名孕龄妇女；持续开展关爱女性健康活动，为各地弱势女同胞（城市下岗和进城务工）免费提供HPV检测与液基细胞学诊断，截止2017年年底已累计承接了近2 400多万人次宫颈癌细胞学筛查，HPV病毒DNA检测量达到540多万人次，宫颈癌筛查项目共覆盖全国32个省（直辖市）、267个地方及920个县区，连续9年获得由中国癌症基金会颁发的"社会公益奖"。公司内部"善基金"援助283例，援助金额达到468万；司法鉴定利用DNA技术和博爱寻亲站平台，帮助近百个寻亲者找到亲人……

秉承传统东方文化，又善于利用国际先进的管理工具，兼容并济，迪安希望通过对社会的贡献，实现市场和公众的认可。迪安倡导择善固执、止于至善、上善若水的感恩文化。想成为一家百年老店，就要用自己的力量去做力所能及的事，承担相应的社会责任。通过司法鉴定业务，用科技为正义说话；用医学诊断的力量，让天下没有难诊断的疾病。

"物有甘苦，尝之者识；道有夷险，履之者知。"从1996年成立开始到2004年涉足第三方独立医学实验室行业，再到如今，迪安诊断与梦想同行，体会过在生存线上挣扎时的博弈心理，也尝到了拥抱资本后的喜悦。如果想要把迪安做个恰当的比喻，现在的迪安如同初升的太阳，一路前行不断进击。理想需要坚持不懈，而专业也必须用心守护。迪安诊断重视每一份样本、每一个生命。上至省级三甲医院，下到基层社区卫生服务站，迪安一直在推动优质医疗资源下沉的道路上前进。迪安的成长之路，既在努力实现个体价值和尊严，也让大众的健康保障越发坚实。

迪安人——砥砺医者情怀，期待并为创造一个生机勃勃的中国大健康产业而长足耕耘。

董事长专访

共享健康，"安"之所在

《样本》：如何看待我国未来的 IVD 行业的发展趋势？

陈海斌：在医改控费压力下，行业变革加剧。检验机构对成本控制更加在意，与更具成本优势的第三方检验机构合作更趋紧密，检验外包市场扩容加大，对中下游市场参与者提出更高要求，要求参与者不仅应更有成本优势、规模效应和技术领先性，且能够对政策以及市场环境变化迅速做出反应。具备与上端供应商更加紧密的合作力度，以及为下端医疗机构提供整体化解决方案的综合服务能力，有效实现对市场空间深度与广度的挖掘。

新医改对社会办医政策红利持续加码，促使市场竞争格局进入新阶段。未来会有更多的社会资本进入第三方医学诊断行业。第三方医学诊断市场规模逐渐扩大，第三方医疗机构之间的竞争也将趋于激烈——技术创新、模式创新、管理创新等竞争维度无处不在。

《样本》：想要保持行业领跑者的地位，迪安最重要的是什么？

陈海斌：通过对国外同行的对标研究，我们总结出独立实验室的商业模式是：标准化、成本领先、技术创新。要想走上行业的领导者地位，不仅是实现规模领先，更重要的是要在技术创新方面也能够引领。在未来"拼耐力、拼能力、做深度"的时代，独立医学实验室行业的发展一定是靠技术创新驱动。

精准医疗的前提是精准诊断，精准诊断主要的两大技术平台是基因测序和生物质谱，所以迪安这几年一直聚焦发展精准诊断领域，搭建了以分子诊断、生物质谱、病理诊断为重点聚焦的技术平台。未来，迪安诊断将继续顺应个体化诊疗及大健康服务蓬勃发展之势，坚持发展独具特色的创新服务模式、不断完善质量管理体系，实现精准检测服务全民化，实现"让国人平等地分享健康"的使命。

《样本》："合作共建"模式是迪安所坚持的特色之路，未来是否会继续延续这一模式？

陈海斌：充分发挥产品与服务的协同效应，迪安诊断将加速推进"合作共建"模式逐步走向成熟。尤其是区域中心的建设，关注区域医疗布局，积极参与推动分级诊疗、医联体、医共体等相关政策落地，通过业务网络下沉助推基层医疗机构的转型发展，带动区域检验外包量的释放，进一步提升市场渗透率和行业领导力，以实施新一轮的"跑马圈地"。同时，迪安将继续完善基于服务与产品业态融合叠加形成的整体化解决方案，强化在同一战略目标指引下的产品与服务内部协同力的整合,提升渠道业务实现融合变革与转型的综合实力,实现以业务促管理,推动产品与服务充分发挥协同效应。

《样本》:一个追求成功的企业,可以从管理体系的建立、运行中取得绩效,并通过持续改进业绩取得成功,但它在不断扩张的过程中如何保持这种成功?

陈海斌:迪安的战略可以称为"竹鞭战略",这就像迪安的业务发展轨迹:新业务、老业务、即将开始拓展的业务,都是立于迪安的文化之根,专注于健康行业的发展之根,延伸于行业政策的走向之根。我们以战略为纲,让公司更加具有定力;以健康产业链为局,让业务发展更加具有凝聚力。竹文化之于迪安,已经不仅是文化,而是一种生长方式、一种核心精神、一种企业灵魂。

《样本》:未来企业的战略布局重点将在哪里?

陈海斌:未来,迪安诊断将围绕"医学诊断整体化服务提供商"总体战略目标,重点依托一条供应链、一张信息网、一套管理系统,深化合作共建模式,重点打造质谱+NGS两大技术平台。聚焦重点学科领域建设,培育健检、司法等协同业务板块,尝试探索S2B2C模式,将迪安打造成为医学诊断行业内创新商业模式的标杆,也为公司未来发展奠定深厚的基础。借助大健康服务业蓬勃发展的势头,充分发挥独具特色的商业模式、创新的技术研发、完善的管理体系等优势,以"让国人平等地分享健康"为使命,打造大健康产业生态圈,实现医疗机构、政府、百姓多方共赢。

> 专家点评

得产业链者得天下

改革开放四十年，中国发生了翻天覆地的变化，中国医疗行业也历经几轮变革。从1985年首轮医改启动，到2009年新一轮医改大刀阔斧地进行，医疗行业、大健康行业欣欣向荣。

今天的中国，已初步建成了全民医疗保险制度，然而医保、医疗、医药三者间远未形成良性互动。医疗卫生服务体系、医疗保障体系等医疗供给仍然无法满足公众日益增长的医疗和健康需求。公立医院改革滞后、基层医疗资源缺乏服务意识等，造成医疗资源和患者均向上级医疗机构集聚、医德医风失范及激励机制失当导致资源配置的经济效率及社会效益低下。

纵观迪安的发展路径，"服务+产品"及合作共建两种商业模式在企业成长过程中发挥了重要作用。迪安特有的专业化、市场化运作的集中诊断模式补充了医院诊断项目的不足，提高基层医疗机构诊断水平及开展高新诊断技术项目，以专业技术造福百姓，推动着"健康中国"的实现。让每一位患者在家门口就能享受到快速、安全、高效、准确的医学诊断服务，成为解决群众"看病难、看病贵"问题的有效途径。与此同时，通过经销体外诊断产品取得最优的采购价格，获取较强的检验外包服务成本领先的优势，两项业务之间共享渠道资源，降低营销费用，形成良性协同。

第三方医学实验室，成为一抹亮丽的风景。迪安同各类综合医院、社区卫生服务中心、乡镇卫生院等各级医疗卫生机构合作，在医院实验室人、财、物所有权不变的前提下，为医院实验室提供技术与管理方面的咨询建议和管理输出，有效提升医院实验室诊断技术水平、质量管理水平，降低运营成本，提高实验室运营效率。通过有效的资源整合，实现诊断服务市场的精耕细作。凭借"医学诊断整体化服务"，迪安加快了渠道业务升级，促使产品与服务有效融合。与原有传统业务模式互为补充，有效地满足了各级医疗机构客户的服务需求，进一步增强了医学诊断整体服务能力。

技术创新，成为驱动迪安增长的引擎。在中国体外诊断走入快速成长期阶段，迪安充分发挥覆盖医疗体外诊断行业上下游产业链的"诊断+"生态圈的优势，加强相互之间的协作和赋能，强化整体化竞争策略，让普惠诊断成为可能。

守住初心，并持续创新，这似乎是取得事业成就的公式，人如此，一个企业也是如此。只有当梦想的光芒照耀大地，并且同广大人民的福祉相连，企业才会获得更强大的发展动力。

全球范围的各类医疗系统都拥有一个共同的目标，那就是使更多的病人通过医疗恢复健康且拥有强健的体魄，使众多治病的人可以花费更少的钱减轻痛苦，并得到尽可能高质量的医疗服务。正是因为这样的共同目标，越来越多跨越国界、民族和文化的解决方案开始涌现。医疗服务的变革以及个性化的医药服务等主要驱动力都在改变着医疗市场。医疗领域的产业链也已从过去各自独立的流水线转变为企业、行业乃至国家的核心竞争力，成为新的业态及独立商业模式，优秀的医疗企业也从过去的局部经济效益放眼到全社会、全产业乃至全生态。

商业思想与模式创新决定企业命运，运筹帷幄之中，决胜千里之外。

周鸣阳 浙江省商业经济学会秘书长

第七章
生态康养的价值引领者
——金陵饭店集团有限公司

- 重拾乡村
- **企业描述：** 时代的灯塔
- **样本解读：**

    第一　生态康养的战略选择

    第二　探索"天泉湖"经济共同体

    第三　城镇养老，构建区域经济闭环

    第四　人文中国梦

- **董事长访谈：** 老吾老，以及人之老
- **专家点评：** 布产业之局，得发展之道

重拾乡村

熊培云在《一个村庄里的中国》中提到，他曾以为故乡的村庄会很快消失，但是慢慢地，这种观点被改变。法国人在大规模城市化过程中重拾乡村主义，甚至越来越多的人从城市回到乡下去。作者眼中的乡村，阳光明媚，空气清新，万物生长。

熊培云的这种理想主义，与当今中国磐石般的巨大现实相碰撞，或许是稍显浪漫，但他对乡村的关怀和敬意，却引起无数出身农家，在城里站稳了脚跟和尚未站稳脚跟的人的共鸣。

10年前，金陵集团将视野跳出城市展望乡镇，开始拓展全新的发展道路。十年一觉天泉梦，金陵集团布局康养事业的战略设想，已然呈现出惊喜而令人震撼的气象。政企联手、山水联姻，在保持原生态环境完整的同时，盱眙城镇面貌焕然一新，集团战略价值极大提升。一直根植于这家企业血液中的笃定、坚持、担当的品质，在天泉湖的角落与点滴中发光。聚焦城镇，10年深耕，区域产业化创新模式的背后，是金陵35年沉淀下来的从容不迫，也是企业打造百年民族品牌的使命担当。

> 企业描述

时代的灯塔

一、"神州第一楼"

1983年5月,春末夏初的南京天朗气清。自中山东路方向远眺新街口以西,一座37层的高楼拔地而起,格外抢眼。金陵饭店建成,并以110米的设计高度刷新了中国内地第一高楼的纪录。

南京并不缺高楼,但能被记住的却寥寥无几。当年的金陵饭店算是其中之一。30年过去了,金陵饭店早已不再是"第一"。但是南京市民一直将他奉为经典地标,"金陵"的招牌也早已走出南京、走出中国,因为它秉承传统而又敢为人先,因为它浓缩了一个时代的光华。

中国酒店旅游业由封闭走向开放、由落后走向繁荣的历史进程,金陵饭店是一个标志。

金陵饭店是1979年我国改革开放初期经国务院批准立项建设的全国首批旅游涉外企业之一、江苏省首家五星级酒店。首任金陵饭店总经理周鸿猷,选择了当时堪称世界一流的香港文华东方酒店集团作为"师傅",派出了一支13人的"业务骨干团"去学习,决定自己管理饭店。前往学习人员每天只睡6小时,仅用一个半月,就学完了本应半年完成的课程。把国际最先进的酒店管理经验带到南京,实现了金陵饭店与国际一流酒店的刚性管理对接。金陵饭店自此以"第一家由中国人自己经营管理的大

1983年的金陵饭店

型国际酒店"蜚声海内外，国际媒体视之为"中国改革开放的窗口"。

质量是企业的生命，质量兴则企业兴。成立初期，金陵便将经营目标定位为"建设中国人自己管理的、具有国际影响力的百年老店"。这种老店情怀可以在任何一个"金陵人"身上得到共鸣：

"20世纪80年代，我父母一个月的工资加起来100多块钱，那个时候金陵饭店顶层的璇宫太火了，参观券就要3块钱一张，也就是光进场看看，不吃饭，就要3块钱，但还是一票难求。"

"当时女服务员都穿丝绒旗袍迎宾，旗袍是开衩的。有的老同志看不惯，觉得"不端庄"，提出批评。这在当时，确是金陵饭店不得不面对的质疑和阻力。如果没有解放思想，打破一些固有的观念，金陵饭店在一开始就会裹足不前。"

听着员工津津乐道地谈起这些金陵往事，语气中充满怀念和爱恋，仿佛谈论自己的孩子。那种对自家公司情不自禁流露出的热爱让人羡慕，也让人佩服金陵饭店这块金字招牌的感召力。

二、开启中国服务金钥匙

金陵饭店"细意浓情"的质量经营模式融合国际标准。传承中国文化，深耕本土特色，充分体现了"金陵是民族的，是世界的"，开启了世界级"中国服务"的金钥匙。

细在精准——标准化、精细化、数字化。金陵饭店将130多项管控制度、560多项业务流程"写在纸上"，更落在实处。大至公司理念，小至门童迎客规范，都能找到严格的操作规范。实现了管理科学性、规范性、系统性提升，以长效机制奠定质量管理根基。

意在卓越——标杆化、品牌化、国际化。自成立以来，金陵饭店先后建立了品牌管理、质量管理、市场营销、食品研发及餐饮管理、中央采供、财务管理、专业培训、信息技术八大连锁支撑系统，进行连锁化拓展。提升饭店国际化运营水平，在国际比照中对接一流质量标准。

浓在超值——魅力质量超预期。金陵饭店用心、用情精心雕琢服务的每一个细节，着力开发创新元素，致力于打造"金陵生活风尚"，营造源自品质、超越期望的独特服务，创造融国际水准、中国特色、地域特色于一身的魅力质量体系。

情在人文——人文关爱赢忠诚。在今天这个全球化的时代，以人为本，给人幸福和尊严，才是超越有形硬件的质量标准，也唯有此才能真正创造国际一流的品牌。"个性化服务""情感化服务""家庭式服务"是金陵饭店服务的精髓。金陵饭店力求将硬性服务标准加以延伸，以人性化服务延伸质量体验。

三、从单体酒店到跨区域开发

近年来,金陵饭店坚持"品牌运营和资本扩张双轮驱动",构建了"酒店投资管理、旅游资源开发、酒店物资贸易"三大板块的发展格局,从最初的"第一家由中国人自己经营管理的大型国际酒店"到今天,金陵连锁酒店已达136家,遍布全国74个城市,在管五星级酒店总数位居全国前列,实现了从单体酒店向品牌连锁经营、跨区域旅游开发的飞跃,始终保持着中国酒店业的领先地位。金陵饭店的金字招牌能常新35年,靠的不仅仅是管理者敢为人先的战略眼光,更要靠经营者对市场精准的把控定位,以及无数"金陵人"对酒店专业服务优势的坚守和传承。

有形与无形的高度都会为金陵饭店带来显著的效益。2007年4月,金陵饭店在上海证券交易所上市,成为全流通后国内酒店业首发上市第一股。资本的力量为后来企业运作天泉湖项目、实施新战略、实现区域健康可持续发展以及建设金陵饭店二期工程储备了充足的资金。"只要是金陵出品的,老百姓自然放心,根本无须过多宣传。"而品牌的输出,则让金陵饭店走出江苏,布局全国,领先行业,成就了一个一流国际酒店管理集团的中国品牌。

2017年,金陵饭店再次荣获中央文明委授予的"全国文明单位"称号;荣膺国家质检总局"质量之光"年度魅力品牌大奖,中国质量检验协会授予的"全国质量诚信标杆典型企业""全国服务行业质量领先品牌";六度蝉联"中国TOP100最佳雇主"并首次进入榜单20强;被中国上市公司发展研究院评定为"中国上市公司最具核心竞争力100强""中国上市公司最受尊敬知名品牌";被江苏省旅游局、工商局、质监局、物价局联合评选为"江苏省诚信旅游示范单位"。金陵饭店荣膺"中国最佳商务酒店""中国会议酒店100强""中国百强MICE酒店""中国年度最佳地标酒店""AGODA金环奖杰出酒店"等十多项荣誉。世界品牌实验室指出,金陵饭店股份有限公司已成为中国酒店业持续创新发展的品牌典范,在品牌塑造、经营管理、卓越服务、创新发展、社会贡献等方面均有突出表现。

今天的金陵饭店,秉承"做优做强酒店业务;精耕细作养老服务业务;融合创新休闲度假业务"的发展理念,明确产业布局,努力由单一酒店零售业务向行业区域化建设奋进,谱写"神州第一高楼"新的商业转型传奇。

> 样本解读

第一　生态康养的战略选择

10年前，酒店市场外部竞争环境日益严峻。一方面，随着人力、建材等原料成本持续走高，酒店零售业的利润增长率不断走低，行业发展的天花板已然显现；另一方面，在代表酒店行业水准的高端奢华酒店市场份额，仍然是国际品牌酒店占据主流。此外，众多国际、国内酒店集团加剧布局中档品牌、开启特许经营模式、酒店公寓、养生酒店等新兴业态，也在大量资本的介入下风生水起。中国酒店业步入多元化竞争的发展格局。

自2008年以来，中国社会加速步入老龄化，中老年康养事业长久集中在养老产业。而就现阶段该群体实际需求来看，中老年康养不仅包含养老产业，还包含医疗旅游、健康检测、营养膳食、老年文化等相关产业。2014年12月，国家发改委等11个部委联合下发了《关于印发国家新型城镇化综合试点方案的通知》，将江苏等62个城市（镇）列为国家新型城镇化综合试点地区。

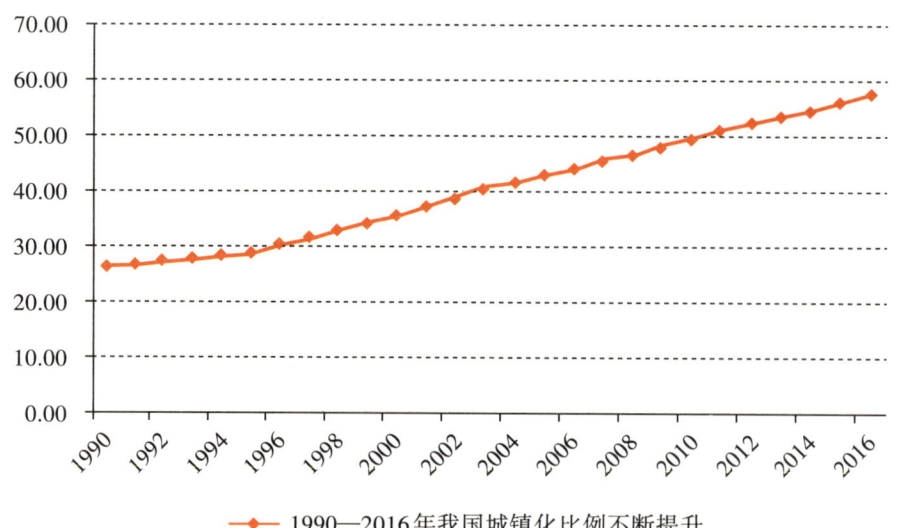

数据来源：中国产业信息网《2017—2022年中国人口老龄化市场研究及发展趋势研究报告》

在寻找新的产业增长空间与增长动力过程中，金陵集团高层达成了几项共识。即新的产业要能够同集团现有的酒店业务、公司品牌和资源能力形成协同效应，可以有效发挥整合优势；要能够成为未来中国社会拥有广阔空间的发展产业，经济价值空间和社会效益空间要大；同时要经得起市场推敲，能够持续稳定地经营，这也有利于"金陵人"脚踏实地的专业化服务精神得到进一步传承和延续。几经论证，金陵集团定下了天泉湖区域发展框架。如同30多年前建成全国第一高楼，成为中国改革开放的窗口一样，金陵集团打造金陵天泉湖项目，积极整合各方资源，在推动景区和度假区建设的同时为中国老龄事业贡献自己的一份力量，实现"文化+旅游+康养"的特色小镇式构想，把盱眙县天泉湖区域建成以休闲旅游和养生养老为产业支撑的特色化城镇，放大天泉湖的知名度和美誉度，延展金陵饭店的品牌价值。

一、新型城镇化和新农村建设的有效载体

中央一号文件连续14年关注"三农"问题，从新农村建设到美丽农村、科技农业和现代化农业，引导农业综合开发来造就产业新动能。至今，涌现出田园综合体、共享农庄等农旅融合新业态。2017年党的十九大报告提出的乡村振兴战略，从农村产业融合发展、土地制度改革、农业农村现代化等方面为乡村旅游业态升级提供了政策保障。2018年，休闲农业、乡村旅游继续成为农业综合改革热点。

康养产业作为带动系数大、就业容量大、综合效益高的综合产业，已成为优化区域布局、统筹城乡发展、促进新型城镇化的新增长点。通过发展城镇养老，可以加快城镇化建设，有效改善城镇和农村基础设施，如道路、给排水、电力、通信、垃圾和污染物处理等，这些基础设施的完善将显著提升区域经济水平，反过来进一步吸引大城市人口有序地向星罗棋布的特色旅游小城镇转移；可以聚集人气商机，带动生态现代农业、农副产业加工、商贸物流、交通运输、餐饮酒店等其他行业联动发展，扩大乡镇对房地产、现代物流、设计规划、咨询服务等第三产业的需求，为城镇化提供有力的产业支撑；通过发展城镇养老，带动周边乡村旅游、观光农业、休闲农业，使农民实现就地、就近就业，就地市民化，增加农民的非农收入，推动服务产业的发展，进而带动产业转型升级；改善农村生态环境，真正建设美丽乡村；实现城市文明和农村文明的直接相融。新型城镇化与城镇养老服务相辅相成。一方面，新城镇化是以人为本的城镇化，维护好城乡居民利益，完善城乡养老服务体系；另一方面，增加农村人口就业岗位，与新农村建设协调推进，也有利于养老服务体系的构建。

金陵饭店深入推进经营转型、流程再造和资源整合，提高产品研发和服务设计能力，

不仅前瞻性地预判到了中国老龄化社会的趋势和需求，更以大型国有企业应有的担当意识，积极调整产业布局。经过多番沟通谈判和筹划，落子江苏淮安市盱眙县，与盱眙县政府共同规划、联手打造占地48平方公里的"金陵·天泉湖商务中心区"，将目光投向当时尚未兴起的休闲度假、养生养老、创意产业和现代观光农业领域。金陵构想出了一幅四大产业融合的天泉湖社区蓝图，融合的过程即技术创新、产品创新、管理创新、思维创新的过程。根据产业发展需要，创新设计和开发新型产品，创新管理，促进城镇化新型旅游业态的形成。

二、高品质供给引领美好生活

2018年是中华人民共和国改革开放四十周年，也是贯彻党的十九大精神开局之年、实施国家"十三五"规划承上启下的关键一年。中国经济向高质量发展转型，高品质服务成为消费增长和升级的重点。我国居民消费需求已经超越排浪式消费阶段，个性化、多样化消费逐渐成为主流。伴随这一趋势，人民群众的物质生活需求、精神文化生活需求也趋于多层次、多样化、个性化。具体表现为由生存型需求向享受型需求的全面升级，由一般物质保障需求向物质精神文化综合保障需求的升级。生活质量、生活品质，体现在人民群众的物质生活、政治生活、精神文化生活和社会生活等方面，也体现在人们生活的环境之中。随着社会的进步和整体生活水平的提高，广大城镇人口期盼过上高品质生活，期望享有更加公正平等的待遇，期待经营丰富多彩的人生。

我国养老产业市场规模日益壮大。进入21世纪后，我国60岁及以上老年人口以10年为一个阶段呈现加速增长态势：2000—2010年，我国老年人口年均增加600多万；2010—2020年，年均增加800多万；2020—2030年，年均增加1 100多万。老年人口数量的激增为养老产业的发展提供了丰厚的客户群体。伴随我国经济的持续快速发展，老年人口收入来源渠道多样化，进入老年期的"50后""60后"和"70后"，收入水平稳步提高，相应地其购买力水平也有较大程度地提升。这一老年群体中有相当一部分人受教育程度较高，追求高品质生活的意愿也相对强烈。

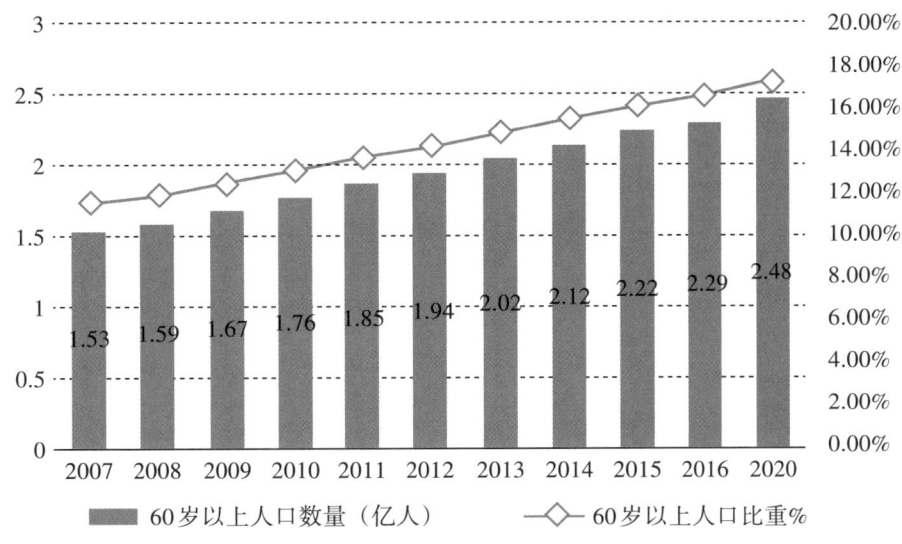

2007-2020年中国60岁以上人口数量及比重

数据来源：中国产业信息网《2017-2022年中国人口老龄化市场研究及发展趋势研究报告》

三、"共建共享"康养新模式

我国居民正进入避暑、躲霾、驱寒的大众养生休闲时代，民众对健康和精神享受的需求达到前所未有的高度。包括乡村休闲、养生养老以及全域旅游在内的新型融合式康养模式逐渐成为新时期人们追求的旅居生活方式。

虽然中国已进入老龄化社会，但是社会福利保障体系和养老基础设施建设都相对滞后，习近平总书记指出，"要按照适应需要、质量优先、价格合理、多元供给的思路，尽快在养老院服务质量上有个明显改善，加快建立全国统一的服务质量标准和评价体系，加强养老机构服务质量监管"。当前我国的养老模式仍然相对单一，在城市，养老机构一般不外乎福利院、养老院、敬老院、老年公寓等几种，社区的养老服务大多是老年服务中心、老年大学、老年俱乐部等几类，目前的养老服务模式只能说是处于一种初级发展阶段，还远未达到西方发达国家的养老产业发展水平。

国务院在2016年发布的《"健康中国2030"规划纲要》中指出，应积极促进健康与养老、旅游、互联网、健身休闲、视频融合，催生健康新产业、新业态、新模式。在供给侧结构性改革背景下，城镇康养产业成为发展经济的新增长点。以"健康"为小镇开发的出发点和归宿点，以健康产业为核心，将健康、养生、养老、休闲、旅游等多元化功能融为一体，形成生态特色小镇，成为应对加速到来的老龄化社会，挖潜经济新动能，助推养老服务市场快速发展的新趋势。此外，政府还将完善财政支持政策，拓宽投融资渠道，将养老服务相关规划与城乡规划、土地利用总体规划等相协调，着力解决养老服务业面临的融资难、用地难、发展难问题。以共享引领共建，让共建助推共享，充分释放城镇养老模式综合功能、共享养老产业红利的有效方式，有利于共建共享美好生活、提高老年群体的生活质量。

康养业与酒店业同属服务行业，这有利于金陵集团充分发挥五星级服务优势，实现资源的平移利用。建立以居家为基础、以社区为依托、功能完善、规模适度、覆盖城镇的养老服务体系，为政府解决一部分养老难题，也是金陵集团作为国有企业不可推卸的社会责任。

四、文旅产业，大有可为

低碳经济时代，文化和旅游两大产业逐渐成为世界主要国家优先发展的"绿色朝阳产业"。党中央提出"要推动文化产业与旅游、体育、信息、物流、建筑等产业融合发展"。作为我国大力扶持发展的第三产业新模式，文化与旅游两大产业的融合发展对促进整个国民经济的发展升级和结构转型有着重要意义，也成为实现区域协调发展的一种新的理念和模式。

作为跨行业的朝阳产业，文化旅游产业不仅对经济结构调整、区域经济协调发展、扩大对外开放具有重要作用，同时也是满足人民群众日益增长的文化需要、提高人民生活水平、构建和谐社会、实现全面协调可持续发展的重要途径。

2015年，我国文化及相关产业增加值27 235亿元，同比增长11%，较同期GDP名义增速高4.6个百分点。中国文化产业占经济总量的比重约6.2%，在前十大经济体中领先。世界旅游组织预测，到2020年，我国将成为世界第一旅游目的地和第四大客源市场。

第二 探索"天泉湖"经济共同体

"金陵"品牌与健康养老、休闲度假产业有机嫁接,是金陵集团创新发展的战略抉择,也是产业转型升级的必由之路。金陵天泉湖生态社区项目的成立有利于共建共享美好生活、基础设施、公共服务、美丽生态环境。

生态园的建设把生态和旅游结合起来,把资源和产品对接起来,把保护和发展统一起来,将生态环境优势转化为旅游发展优势,将绿水青山变成金山银山,得以创造更多的绿色财富和生态福利,成功避免了"破坏环境换取产值——花费巨大投入医治环境创伤"的恶性循环。

一、进军城镇生态经济开发

1. 立破并举,探索"地产+"生态共同体

为何锁定盱眙县天泉湖?

盱眙县位于江苏省西部、淮安市东端,已融入南京"1小时经济圈",旅游、物产资源极为丰富,为全国生态建设示范区,被誉为"龙虾之都""帝王故里""苏北旅游第一县"。县西南角为国家AAAA级风景区铁山寺国家森林公园,是天然的动植物基因库。该森林公园有"苏北九寨沟"之称,是江苏省保存最好、面积最大的野生动植物王国。这里地处北亚热带与暖温带过渡区域,属季风性湿润气候,年平均气温14.7℃,清澈见底的天泉湖就坐落在铁山寺风景区旁。湖水含有益于人体健康的微量元素,湖中心水质达国家一级饮用水标准,湖边水质达国家二级饮用水标准,优越的自然环境是长寿的首要条件,常年呼吸这里的空气,饮这里的湖水,吃自产蔬菜,成为老年人口最理想的生活。绿色发展是实现生产发展、生活富裕、生态良好的文明发展道路的历史选择,是通往人与自然和谐境界的必由之路。

天泉湖实景

  选址天泉湖作为"文旅+康养"产业融合发展基地，金陵饭店可谓用心良苦。江苏省委、省政府对苏南苏北的共同发展一直十分重视，早在20世纪80年代中期就提出了"积极提高苏南，加快发展苏北"的方针，进入90年代以后，采取了苏南与苏北对口挂钩协作的措施，更好地发挥了苏南对苏北的示范、带动和扶持作用。基于得天独厚的自然地理条件以及政府政策的大力支持推动下，2008年年初，金陵饭店集团与盱眙县政府签订了打造全国一流的生态旅游度假区和养生养老示范区，开启全新形态的产业发展的合作协议。也对推动盱眙县城镇化进程、改善当地居民生活水平创造重大带动力。

  项目核心产业板块——休闲康养产业，主要目标群体是有一定经济实力的老年人。生态园将医疗、气候、生态、康复、休闲等多种元素融入养老产业，发展康复疗养、旅居养老、休闲度假型"候鸟"养老、老年体育、老年文化活动等业态，为老年人打造集养老居住、医疗护理、休闲度假于一体的养老小镇，同时带动餐饮、医药、老年用品、旅游等多产业的共同发展。

2. 张弛制度，打造城镇生态共赢链

  为从根本上杜绝急功近利、涸泽而渔、过度开发、碎片开发，而使生态环境遭到破坏的灾难性后果，金陵饭店和盱眙县政府摒弃了政府出地、企业出钱的开发老套路，走出了一条"双方参股、两位一体、封闭运作、独立管理"开发组织新路。金陵天泉湖商务中心区设立党工委和管委会，双方出资注册成立天泉湖开发建设公司，管委会和开发公司"两块牌子，一套班子"，前期建设资金由银行贷款，滚动开发，使国有资产在市场运作中保值增值。机制上的创新，社会力量和市场力量的组合，使地方政府和大型国企形成一个优势互补、利益攸关的共同体，确保天泉湖保护性开发自始至终沿着健康的轨道良性运转。

将服务理念贯穿于项目全过程，是企业对自己负责，而将其以白纸黑字的形式记录下来，是企业对客户负责。项目开工前，政府同开发商签订合同，确保天泉湖区周边50公里内不安排规模性工业项目；开发商与服务商签订的合同规定项目产品、配套、服务设施、服务项目质量标准和风险的应对措施；服务商与客户的服务合同将一系列细致入微的养老服务承诺写进合同，为实现养生养老价值提供了法制保障。仔细阅读天泉湖养生社区服务承诺条款会发现，大多条款站在客户立场说话，最大限度地保证服务质量的稳定性和持续性，最大程度地维护消费者权益。这种叠加保障的方式，从环境保护、产品质量、服务项目等方面向客户做出法律承诺，并郑重地通过合同把依法维权的权利交到客户手中，体现了金陵集团作为大型国有企业的公信精神和地方政府的社会责任感，为金陵品牌增添新内涵。

二、创新打造原住民生态安置模式

1. 强基固本，振兴美丽乡村

在人类文明史上，乡村的"兴"和"衰"是一对矛盾，有兴则有衰，"衰"与"兴"有时又互为转化。如何吸取和借鉴历史上的经验教训，使城乡发展能够优势互补、互为促进，是天泉湖项目首要考虑的问题。

"天育物有时，地生财有限，而人之欲无极。"建设资源节约型社会是一场关系到人与自然和谐相处的社会革命。人类追求发展的需求和地球资源的有限供给是一对永恒的矛盾。党的十九大报告提出，加快生态文明体制改革，建设美丽中国，并部署了推进绿色发展、着力解决突出环境问题、加大生态系统保护力度和改革生态环境监管体制四项改革措施。天泉湖项目在实施过程中，科学合理利用自然山水资源，有效保护生态环境，祛除乡村生活陋习，治理美化乡村生活环境，使盱眙县山清水秀、天高云淡、风景如画的森林公园变成了生态宜居的美丽乡村。

乡村振兴战略的本质是回归并超越乡土中国。中国本质上是一个乡土性的农业国，农业国其文化的根基就在于乡土，而村落则是乡土文化的重要载体。振兴乡村的本质，便是回归乡土中国，同时在现代化和全球化背景下超越乡土中国。在天泉湖项目上，金陵集团并没有急功近利地开发土地，而是把自然资源与建筑视为一个有机的生命体，设计按照地形走势，保护原有地形风貌，这样建房子，如同在山林之间"种"房子。五星级的金陵度假酒店，要求没有一滴污水流入天泉湖中，确保"零排放"。而周边50公里内全面禁止高耗能、高污染的产业进驻，又为天泉湖区域架设了一道抵御任何可能的外来污染的

"城墙"。

2. 新旧共生，和谐共融

项目动工之前，对48平方公里内21个村民小组800多户原住民进行拆迁，包括3 900多亩水面、耕地、林地等承包权的重新流转。原住民对于盱眙县来说是"心头肉"，对于金陵饭店来说是"眼中宝"，因为原住民文化也是天泉湖生态环境的重要组成部分。

拆除农民住宅、撤并村庄，这一做法目前在很多地方大行其道，固然部分地解决了经济发展缺地的问题，却把诸多矛盾留给了乡村和农民。拆村并居后的农民，由于没能改变生产方式，但却必须改变生活方式，往往陷入收入没有增加而生活费用却明显高涨、从而入不敷出的窘境。"保护农民利益优先、保护生态环境优先"，成为金陵集团与农民的共识，金陵集团摒弃了一次性补偿安置了事的做法，本着"眼前利益有提高，长久生活更富裕"的原则，创造性地提出"三置换"。即用农民宅基地、承包地、种植的地被物，置换统一新建的天泉小镇联排别墅、置换公司的工作岗位、置换新型农村社保。小镇老人除了享受国家的补贴外，每月再发280元补贴。农民的生产方式、生活方式由此彻底改变，身份也从农民向市民转化，生活由温饱迈向小康。

千百年来，中国农民都在做着一个美丽的城镇梦。随着金陵集团对天泉湖的科学开发和建设，一个天泉小镇的奇迹悄然诞生。"拆了破房建别墅，新增门面做商铺，选了房子挑工作，乔迁小镇喜事多，搬进新家有保障，又当工人又经商。"伴随着这首欢乐的新民谣，天泉湖畔的农民搬进了依山而建的天泉小镇，家家都住进了2-3层的"联排别墅"。天泉湖新形成的休闲度假、养生养老、创意产业和现代农业"四大产业"，为原住居提供了大量的就业岗位，每个人都可以依据自己的能力、兴趣、特长，选择自己喜欢的岗位。此外，小镇新市民还享受到了种种意想不到的免费服务福利。比如，解决农副产品的销路，房屋的免费修理，小区物业费的永久免收，等等。

提高人民生活水平，实现人民对美好生活的向往，让每位村民有尊严地生活在属于自己的家园中，是天泉湖项目的出发点和归宿。从拆迁到置换，虽只是两字之差，却有天壤之别。

三、产业联动，探索城镇经济动能引擎激发

天泉湖项目自开工以来，金陵集团"只做一件事"，那就是通过多渠道筹集资金近20亿元，全面打造优质的基础设施。既最大化保护生态环境，又为居民生活提供高端便捷的公共服务——污水处理厂、自来水厂、道路系统、地下排水管道等设施应运而生。

污水处理厂基本实现了"零污染、零浪费"——污泥脱水机房中留下的污泥经过净化

处理，变成今后项目中自留地的肥料；经过处理的水排到大坝下游用于农田灌溉。自来水厂实现区域自来水供给，取水管道铺设到湖中心300多米处，保证水质。变电所完成了区域内的农网改造，实现了风雨天不断电；完善的道路交通系统，既有双向机动车道，沿湖部分路段又有慢行步道，既方便了交通也满足了人们散步看景的需求；科学的地下排水管道系统，实现了雨天路面无积水。

以天泉湖项目为载体，金陵饭店从酒店零售业无缝切入康养服务产业，在加速产业融合上做足了功课。将康养产业与当地旅游业相融合，实现设施与资源共享，改变了未开发养老产业之前天泉湖景区游客量不均衡状况，实现了固定人口、流动人口的相互补充；与现代农业相融合，实现互融发展，充分利用零散的土地，集约发展现代观光农业，并提供生态农场租给未来入住的老人，在实现土地资源高效利用的同时，也丰富养老产业的实质内容；与文化创意产业相融合，吸引各类人群，创新创业，形成新的产业集群。创意产业的群体主要是年轻人，他们的到来也实现了天泉湖区人群的多样性，让养老产业更具活力。

金诺医院养老院

2018年7月27日-28日，北京协和医学院的10多位师生来到金陵天泉湖养生养老社区开展暑期社会实践活动，并在社区俱乐部与业主代表进行了文化活动交流，还举办了养生养老专业护理讲座。

另外,"金陵天泉湖旅游生态园"也成为促进经济发展新常态下稳增长、调结构、增就业、惠民生的新引擎。由主导产业延伸拓展而来的生态园,依托天泉湖优质空气条件和丰富的中草药资源,可以发展森林养生、湖滨养生产业;与此同时,专业医疗看护、康复养老等项目也形成了具有鲜明特色的养老产业链。在酒店业与旅游业的双轮驱动下,不仅一系列娱乐休闲度假项目初具雏形;现代农业与旅游业也得到了完美融合,农业产业链得到延伸;旅游度假同养老产业互为配套,相辅相成,这让旅游业成为养老老人同外界相联系的纽带,为老人源源不断地输送生机与活力。

2018年8月,金陵天泉湖翡翠园养生养老社区在上海举行公开推介,立刻轰动申城。2 400万的人口聚集压迫着城市空间不断向上,黄浦江边不断有楼宇超过东方明珠塔,但日趋严峻的老龄化却持续拷问着这座城市,上海近500万老人何去何从?而今,就在上海西北400公里处,上海老人有了优质养老生活的新选择。半个多世纪前,上海用整整一代人的青春为偏远地区送去了知识、智慧、建设力量,其中不乏大量在天泉湖区域下乡的知青;而今,当城市发展留给老人的舒适区域越来越紧缺时,金陵天泉湖正为那些追求高品质养老生活、为今后人生做出合理安排的人,提供了一种全新的选择。

第三　城镇养老，构建区域经济闭环

一、打造五星级养老新标杆

打造一流的养生养老胜地，绝不是简单地建一座高级养老院，开发休闲度假产品，也不能复制传统意义上的旅游度假区。国内没有现成的模板，对产品的设计也没有完善的设计指导规范，怎么办？

金陵天泉湖养生养老社区·翡翠园入口

金陵饭店除了派驻集团的副总工程师魏强担任天泉湖开发建设的负责人，也像当年创店一样——"借助外脑"，邀请世界知名专业机构——英国阿特金斯公司担纲项目总体规划设计。专业的对接，中外理念与实际开发实现有机融合。2015-2017年3年时间，一个以"富生态、复合型"为特点的规划蓝图绘制而成，融于中国山水之间的医院、教堂等建筑与滨湖公园，别有异国风情。休闲旅游度假、养生养老、创意产业、观光农业四大朝阳产业，既各具特色，又融合互补。为此，金陵集团特地成立江苏天泉湖实业有限公司，由魏强担任董事长，要求实现项目整体运作市场化的同时，坚持保有"打造五星级养老标杆"的开发初心。

购买养老公寓的客户人群以45-65岁为主，这些业主中以机关事业单位、高校、医疗、金融系统、企业中高管为主，这奠定了社区小区和谐的文化氛围。随着品牌影响和口碑传播逐步扩大，金陵天泉湖所倡导的新型养老模式得到越来越多有养老需求人士的青睐。2017年，养老社区一期30万平方米的养老公寓、康体娱乐等部分配套设施已经建成交付，医院与护理院等设施也按计划在建设当中。

2017年7月25日，养老社区翡翠园餐厅试营业。当天，人气火爆，提前一天预定的客人就已经多达近百位，还不到12:00的时候，整个餐厅就已经爆满。一位80岁的业主称，"我一直盼望着餐厅开业，在知道消息之后，提前2天我们就兴高采烈地去了，住到了天泉湖"。对于开业当天的饭菜，她表示很满意，连续2天的早、中、晚饭都在食堂预定了，什么蒸排骨、广东菜心、西蓝花、红烧肉、素什锦包子，花样繁多，她都吃过了，并表示"每样都很好吃！"

二、精神服务成就金陵新境界

10年前，金陵饭店早早地将目光投向康养产业，10年过去了，"金陵人"稳步打造适应高质量的康养需求，在中国健康养老产业树立新的品牌标杆。这一切得益于金陵饭店的服务经营理念和价值观。

2012年11月，企业与美国知名养老机构诺滨逊国际管理公司携手，成立江苏金陵诺滨逊老年养怡股份有限公司，打造金陵饭店水准的养老社区。

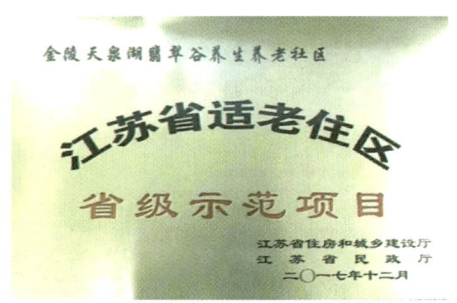

江苏省适老助区省级示范项目授牌

其中美方持股56%，中方44%。双方决定，今后持股比例将逐步减少，股份下放给公司高管人员，发挥股权激励效应。这种由外企、中企、政府三方合作的混合所有制模式，打破了国内养老产业目前局限于国家扶持创办，民企投资兴办的两种基本格局，开启了中外合资、高管持股在养老领域合作的先河，而金陵饭店30年积淀的"细意浓情"服务品牌与诺滨逊公司誉满全球的护养模式"强强联手"，成为提升天泉湖养生养老社区品质，与国际先进水平接轨的强大动力。引进包括私人医疗顾问、体检治疗、老年护理、24小时全方位护理在内的美国先进养老管理护理体系，为健康老人、半自理老人、全护理老人提供一体化全程服务。

"盈缩之期，不但在天。养怡之福，可得永年。"为丰富社区文化和活动，传递快乐养老理念，让老年人享受有尊严而又快乐的晚年生活，社区还将陆续推出度假酒店、水岸俱乐部、湿地生态圈、生态农业体验园、青少年科普基地、创意产业园、艺术家村落等，多产业集聚、多功能配套的复合，将进一步满足老年人日益增长的多样社会需求。

"养老项目不是一次性买卖，后期的服务才是最重要的。" 为长辈以及全社会的长者创造更多福祉，这种理念贯穿于金陵集团每一位高层领导的心中。在房屋设计上，金陵天泉湖项目做出了适用于老年人的细节化处理。例如，户型设计全部为大开间，即使放下了2米大床，房间内仍然留出很宽的过道，让老人们行动自如。厨房、卫生间内均设有牢靠的扶手，让老人们随时有个安全的依靠。房屋内几个关键处，都设有红色的紧急呼叫按钮。一旦老人们在家中出现身体不适或者需要求助时，只要按下红色按钮，社区内的工作人员将立即出现在老人家中，第一时间解决老人的生活难题。

这种以人为本、主动服务的态度，正是老年人"银发生涯"最为需要的。将天泉湖打造成颐养场所，老人的精神需求不可忽视。一方面，金陵饭店组建专业性养老服务组织，按照养老服务需求加以细分，建立专业性医疗、保健、养生、康复、咨询、护理等技术中心。另一方面，加强对养老专业人员的知识与技术培训，强化专业性、技术性，使其掌握一定的老年心理学知识和经验，注重培养工作人员同孤寡老人进行情感交流的能力，把握老人心理，理解老人，避免老人因心理问题出现生活危机。

三、融入街区的商业服务生态圈

对于国内五星级酒店的领跑者而言，酒店不应仅仅为住宿的客户服务，更是一个提供文化交流活动的条件与场所，为更多的客户，包括酒店所在社区的居民创造一个消费体验与共融的社交场所，打造一个消费者的商业生态圈，从而形成服务场所的体验营销与口碑营销。

很多房地产商最初投资酒店业，是为了给经营回报更快的房地产带来配套，或者是应当地政府要求下的配套产业。而对金陵集团而言，酒店业的发展，成为带动区域产业经济的引擎。企业的经营思维方式，不是把酒店与所在的社区隔离，而是打造"文化+""智酒店"。"订制服务"已遍及金陵饭店每个角落。为契合大众消费市场，企业不仅加大婚宴、喜宴、家庭聚会促销，推出"把金陵美食带回家"活动，还整合饭店1公里商圈内的影院、书店、购物中心等资源，推出涵盖南京、扬州、苏州、无锡连锁酒店的周末套票，策划散客专属漫步、踏车、公交等都市主题游览线。

凭借多年的高端酒店零售业运营经验，金陵集团将这种商业生态圈模式完美地运用到了天泉湖项目之中。作为集医疗、娱乐、旅游等资源于一体的高品质养老社区，保证了高龄、独居空巢、失能半失能等弱势老年人获得适宜的照料。让老年人老有所养、老有所依、老有所乐、老有所安，实现共享发展的应有之义。

金陵天泉湖养生养老社区·翡翠园一期部分鸟瞰图

在法国，很多新区的建设和城市片区改造的项目中，都会充分地考虑养老设施融入的问题。多世代混合模式有助于建立与城市的联系和对抗老人的孤独。一些养老机构积极促进建筑物内部的互动，如实现幼儿园和养老设施的共存。使这些需要被关怀的老年群体始终作为城市的一份子继续参与到社会活动中。在天泉湖项目功能设计方面，金陵饭店坚持共享理念，把维护老年人利益、增进老人福祉作为设计的出发点和落脚点。在社区设立教堂、音乐中心、老年俱乐部、康体娱乐中心、老年大学等满足老人多种精神文化生活所需，老人们可根据自己的兴趣和专业特长，组成各类兴趣小组，如读书会、老人乐团、唱诗班等。社区同时配备专业心理师，设立"长者活动中心"。专注老人心理健康持续关怀，让老人"像在自己家变老"一样。

四、智慧养老为五星级服务保驾护航

2015年，国务院印发《关于积极推进"互联网+"行动的指导意见》，提出了"促进智慧健康养老产业发展"的目标任务。随着老龄化程度加深，传统的养老模式无法全面适应当前的养老需求，寻求新型的多元复合治理手段解决老年人的多层次需求成为趋势。智慧社区是社区治理的一种新理念，是基层社会治理创新的一种新模式。

社区充分利用物联网、云计算、移动互联网等新一代信息技术，涉及智能楼宇、智能家居、路网监控、智慧医疗等多个领域，构建社区发展的智慧环境，力求为社区居民提供

一个安全便利的智能化生活环境，形成基于信息化、社能化社会治理与服务的一种新的管理形态社区。

天泉湖养老项目在投放市场前期并没有做过多的宣传工作。对于江苏省内的老人来说，"有金陵这块牌子在，就无需过度包装。"事实也的确如此，金陵饭店将五星级酒店的服务无差异移接到了养老公寓——从健康老人以养生养老切入，建居家式颐养公寓；逐步发展高龄老人和半健康老人养护服务；再发展失能和临终关怀老人的全程养老服务。综合江苏省政府在"智慧江苏"提出的"智慧城市、城区和社区"试点，以点带面，扩大智慧养老覆盖面，将数据采集设备和智能终端，应用到金陵天泉湖智慧养老示范工程和项目中，探索智慧养老运作模式。

金陵天泉湖养生养老社区·翡翠园公寓实景

对于很多独居老人而言，一部电话、一套感应设备、一个信息整合平台就能将他们的情况详细掌握。信息化手段极大地延伸养老服务供给的广度与深度，改善了养老服务供需矛盾。以日常起居为例，每60位老人配有一名管家，根据老人需求定期到户进行身体检查、房屋清洁等工作，社区建立了完备的手机APP软件以及信息化管理平台，将软件安装至手机当中，老人及其家属即可对家政服务和健康管理进行远程有效跟踪。在智慧养老社区，老人的生活起居、紧急救援、文化娱乐等方面的需求将通过信息化管理平台实现。天泉湖智慧养老社区将运用云技术，结合智慧化服务体系建设中的社区公共服务平台建设，确定平台运营商，设立呼叫中心，以社区为单位，实现老年人生活需求和五星级酒店专业化服务的有机结合。

第四　人文中国梦

《诗经》有言："民亦劳止，汔可小康。"大意是，老百姓终日劳作不止，最大的希望就是过上小康的生活。这是文书中关于"小康"一词最早的记载。2 000多年前，孔子用"大同""小康"来表达心目中的社会理想。党的十六大提出了"全面建设小康社会"，加快推进现代化进程的新阶段，成为我国21世纪前20年要实现的一项重要目标。习近平在党的十九大报告中提出，从现在到2020年，是全面建设小康社会决胜期。小康社会承载着中华民族千年梦想，全面建成小康社会，重点和难点都在乡村。加快推进城乡一体化，以工促农，以城带乡，才能促进农村的发展，实现全面小康。

"不患寡而患不均，不患贫而患不安。"共享是党的十八届五中全会提出的五大发展理念之一，是国家经济社会发展的本质要求，也是中国这个古老东方民族的价值追求。几千年以来，共享都是世代中国人的美好愿望和不懈追求，人们渴望回归乡土，回归家园；渴望黄发垂髫，怡然自乐的生活愿景。寻找心灵的寄托，是金陵的家国担当，也是亘古不变的人世夙愿。

董事长专访

老吾老，以及人之老

《样本》：从酒店零售业跨越至城镇康养产业，是基于什么样的考虑？

汤文俭：中国经济向高质量发展转型，经济韧性显著增强，供给侧结构性改革向纵深推进，将进一步带动消费增长和消费升级。产业链延伸，进军旅游度假区，形成酒店业和旅游业相辅相成、相互支撑的"双轮驱动"格局，是我们自身转型升级的理性选择，这是集团加快发展的又一个重要发力点。

当前，服务产业的不断升温、工业化的不断升级、电子商务的不断趋势化、创新科技产业的不断叠加换代，都在推动中国酒店业在转型中获得更强劲的发展动力。我们跨足康养服务业，是因为金陵集团一以贯之的服务理念同"康养"这一命题相吻合。我们探索的是一种全新的"生态+文旅+养老"社区模式，把居住空间生态化和服务设施智能化有机融合，把特色养生、医疗保健和文化交流有机融合，集家庭养老、社区居家服务、文化旅游产业等多领域服务优势于一身，真正以品质生活提升人的幸福感。而提升人民，特别是老年人的幸福感和获得感，也是我们国有企业不可推卸的责任和使命。

《样本》：天泉湖项目发展模式中最大的亮点在哪里？

汤文俭：党的十七大提出解决农业、农村问题，当时政府提出采取以农民宅基地置换新农村建设用地的形式，这与金陵集团与盱眙县合作时的设想不谋而合。我们提出以农民传统权益置换新型权益，即"三个置换"。迁移农户可以其二轮承包土地自愿流转给天泉湖开发建设公司，获得补偿金、工作岗位以及优先参加新型农村养老保险的福利；以农民的旧宅置换天泉小镇的新房。

传统的拆除农民住宅、撤并村庄的做法在某种程度上说解决了经济发展缺地的问题，却给乡村和农民带来很多问题。拆村并居后的农民并没有改变生产方式，但却必须改变生活方式，往往让其陷入收入没有增加而生活费用却显著攀升的窘境。天泉湖拆迁项目用宅基地、承包地使用权等农民的传统权益来置换工作岗位、社会保障等新型权益，农民的生产方式、生活方式由此彻底改变，身份也从农民向市民转化，这无疑更符合经济社会发展规律，农民的权益也更容易保值增值。

除此之外，对区域内的每个农户家庭，由天泉湖开发建设公司给予一个工作岗位，且规定工资不低于本地区同等工人的工资。同时，大力发展天泉湖现代农业示范区项目，组建农民专业合作社，吸纳农民入社成为社员和股民。让农民在合作社内从事农业生产，在获得一份劳动收入的同时获得一份股金收入。通过安排工作岗位、组织农民专业合作社等手段，让迁移农民的经营理念和土地一样得到增值，逐步转型为适应市场经济发展要求的新型农民，真正实现人的发展与经济发展的同步。这一创意设想消除了拆迁农民对于未来生计的不安全、不确定感。

《样本》：同当前社会上的养老项目相比，天泉湖项目养老板块最大的创新之处在于哪里？

汤文俭：和传统意义的旅游度假区不同，天泉湖是全能型养老社区。作为"全能"的养老社区，融在充满活力的旅游度假区内，不会显得"孤立无援"。我们对养老社区的住户有规划：先是健康老人以养生养老切入，建居家式颐养公寓；逐步发展高龄老人和半健康老人养护服务；再发展失能和临终关怀老人的全程养老服务。我们安排是务实的，是负责任的，是细腻周全的"远虑"和谋划。

从国际成熟先例来看，生态社区应具备以下内涵特征：规划的科学性，配套的生态性，开发的保护性，功能的完备性以及参与主体的多元性。天泉湖养生养老社区在规划阶段突出"以人为核心"的原则，重点是处理好自然环境、养老社区与人之间的关系。生态养老社区中主分为三个区：老年住宅区、综合服务区、休闲游乐区，三者共同构成养老社区的整体空间，同时分别承担不同的职能。我们的重点是打造服务品牌，提供"一站式"人性化养老服务。天泉湖养生养老社区注重服务内容的综合配置，尽可能多地满足老年人在生活照料、医疗护理、精神慰藉、文教体娱、紧急援助等方面的多元需求。此外，我们已经与江苏省省级机关老年医院联手，建立社区老年人就医的快速绿色通道，免除入住社区老年人就医的后顾之忧。

《样本》：从资本逐利性角度来看，养老产业并不是一个高利润、高回报的产业，金陵集团在布局期间面临哪些阻力？

汤文俭：打造天泉湖养老社区，是金陵饭店集团创新发展的战略选择，是二次创业的重大项目，是产业拓展升级的必由之路。无论是对经济发展新常态下企业和地方转型升级，还是对整合基础性公共资源与开放性社会资源，推进新型养老社区建设，以高品质生活提升老人获得感，"天泉湖"都有着引领和创造性复制推广意义。

我们打造养老社区，绝不是简单地建一座高级养老院，开发一个休闲度假产品。我们要做的东西国内没有现成的模板，产品的开发也没有完善的设计指导规范，开始也面临着很大困难。所以，我们将目光投向了外部，向发达国家成熟的养老服务机构取经，将"西方理念"同"东方文化"结合起来，勾勒出中国城镇养老新业态。

我们常说"资产有限，品牌价值无限"，作为一家国有企业要怀有家国情怀，要时刻牢记自身的责任与担当，瞄准社会需要和国家需要，以提升人民获得感为初衷，而不单单把创造利润作为衡量企业成功的唯一标准，它就获得了更加广阔的发展空间。"功成不必在我任期"，更重要的是企业的责任与担当。

《样本》：天泉湖项目未来的发展方向在哪里？

汤文俭："百善孝为先"，中华民族的传统美德要求我们将"孝"字置于首位。但是，独生子女一代逐渐长大成人，新旧观念的冲突与碰撞逐渐显现，在家庭格局演变和住房压力不断增大的背景下，以社区养老为依托的新型城镇养老格局正在逐步形成。

做城镇养老产业，不在于有多少养老机构、多少旅居小镇，而在于如何引导老年人的心理健康，如何满足老年人的文化诉求，如何提供舒适的生活工具，如何创造宜居的环境，如何打通养老服务供给和需求的通道。要解决中国的养老问题，必须要建立起一个适老环境。只有建立起良好的适合老年人的居养环境，才能切实解决我国的养老问题。将乡村振兴计划同城镇养老有机融合，是自然环境与现代文明的融合，是人与自然和谐共处的选择，对全面提升城镇化质量和水平至关重要。

城镇生态养老带有"公益"和"盈利"的双重属性，我们的目标是把天泉湖打造成一个人与自然相互交融，以健康养老、休闲度假为引领的现代服务业集聚区。一个引擎拉动一串链条，让社区的叠加优势逐步凸显，形成"1+1>2"的效应。

> 专家点评

布产业之局，得发展之道

中国城镇化的加速推进、中产阶级的崛起、人口受教育程度的不断提升，以及社会老龄化问题的相继凸显，都在敦促消费结构的升级和产业结构的调整。

金陵饭店集团是改革开放浪潮中涌现出的佼佼者。长久以来，一直是中国酒店零售业的标杆。如今，走过35载芳华的金陵集团依旧践行着国有企业探索、担当和进取的奉献精神，为国家应对老龄化积极提供最优方案，也为自己在产业结构调整中打造新的竞争优势未雨绸缪。企业如何在经济新常态下转型升级，寻求更大的发展空间？天泉湖项目赋予了金陵新的业务使命和发展活力。

深耕10年，深度布局与长线开发，借鉴发达国家养老经验，站在时代的前列，扛起了城镇康养的大旗。"金陵"品牌与健康养老、休闲度假产业有机嫁接，是金陵集团创新发展的战略抉择，也是产业转型升级的必由之路。

中国的经济增长动力来自改革，而改革突出表现在由工业大国向服务业大国的转型。近年来，从中央到地方政府，与康养相关的政策频出，致力于推进健康中国、健康服务产业的监督管理机制越发完善，为城镇康养产业的发展提供了肥沃的土壤。2018年1月2日，国务院公布了2018年中央一号文件，即《中共中央国务院关于实施乡村振兴战略的意见》；2018年3月5日，国务院总理李克强在《政府工作报告》中讲到，大力实施乡村振兴战略；而近年来，一系列关于大健康产业、康养与旅游产业发展的利好政策频出，更是推动中国城镇康养事业的向好。

但产业的持续发展离不开社会文化属性的支撑，除了必备的自然环境和医疗服务水平，康养产业更是一项需要承担社会责任、高度人性化投入的事业。这种人文关怀的彰显不仅体现在消费者身上，更要反映在原住民的安置上。借政策东风顺势而为，金陵天泉湖项目在选址环境、养老理念、社区打造、服务标准等方面均吸取了国际先进的养老服务模式，同时结合中国国情，将金陵饭店的五星级标准服务与高端康养行业完美嫁接。以中国酒店业标杆级服务，打造出具备国际化高端服务水准，集家、机构和社区于一身，以"安全、可靠、快乐且有尊严"为特色模式的大型养老城，为中国养老家庭献礼。

金陵天泉湖项目的创新之处在于，它打破了中国养老的刻板印象，着眼高品质健康养老,全方位地打造出一个"主导产业突出,多产业协同发展"的鲜活中国新型城镇康养样本。这一样本,不是在健身房内随手拍的几张照片,不是在嘈杂的马路边呼吸汽车尾气,而是被纯净空气与满眼绿色包围,从身到心浸润在万物有灵的大自然中;令人愉悦的度假,也并不仅仅是走马观花,而是真的静下心来,在田间、在山边、在湖畔、在花海间撷取灵感,在碧波大湖上徜徉。

任重而道远者,不择地而息。

从曾经的"神州第一高楼",到如今南京地区最大的酒店综合体,再到中国城镇康养产业的标杆。历经35年,从酒店服务到城镇康养,金陵饭店始终在上演更新迭代的精彩剧集,每一集都扣人心弦。

潘宪生 管理学博士、江苏省商业联合会会长

第八章
守护未来，助力健康中国
——优艾贝（中国）集团有限公司

- 为有苍生悲悯心
- **企业描述**：母爱见证地，生命赋能家
- **样本解读**：

  第一　健康中国大战略

  第二　构建妇幼健康服务全产业链

  第三　文化为根，规则先行

  第四　大医精诚

- **董事长访谈**：没有爱心做不好医生，没有善心办不好医院
- **专家点评**：爱心助力美好生活

为有苍生悲悯心

唐代医学家孙思邈著有《大医精诚》，说："凡大医治病，必当安神定志，无欲无求，先发大慈恻隐之心，誓愿普求含灵之苦……勿避险希、昼夜、寒暑、饥渴、疲劳，一心赴救，无作功夫形迹之心。如此可为苍生大医。"

优艾贝（UIB）来自英文"Unique Infant Bay"，释义为婴幼儿独一无二的港湾，中文文字释义，"优"寓意出众、优秀，"艾"寓意美好、健康的人（艾草为妇科药），"贝"寓意为宝贝、珍贵，将品牌名称涵盖了所定位的主要服务对象及其在健康产业的发展方向。出身中医药世家的集团创始人耿梓轩，始终坚持中西医兼收并蓄办医院的同时，不忘作为医生的宣誓初心：竭尽全力除人类之病痛，助健康之完美，维护医术的圣洁和荣誉……由此，优艾贝集团在企业文化及品牌打造中，始终秉承"以社会效益带动经济效益"的思路去发展。于优艾贝贯彻的思想里，直接面对"患者"、服务于"患者"，是健康发展最直接有效的促进方式。从实践中来，从需求里提炼、创造，以达成自身的卓越。

大健康，从娃娃抓起。优艾贝耐心等待、快速布局，利用"优艾贝会员家庭"盘活资源链，切入妇幼健康行业，形成了全生命周期服务的健康服务理念，探求"梦想与面包"的平衡，探索社会办医的创新模式，成为行业发展的领先者之一。

党的十九大提出中国要从高速发展转变为高质量发展，最主要的目标是为人民创造美好生活。优艾贝的诞生与努力坚持创新的行动意志，无一不在表达企业和创始人创造美好的价值思想。爱，是生命的动力源泉。优艾贝模式的探寻，可以昭示我们更好理解健康业高质量发展对中国富强的意义。

> 守护未来，助力健康中国——优艾贝（中国）集团有限公司

企业描述

母爱见证地，生命赋能家

2011年8月，优艾贝（中国）有限公司在陆家嘴注册成立。同年，当时国内单体规模最大的月子中心——"优艾贝国际月子中心"正式运营。作为集团公司与月子中心品牌名称，优艾贝品牌名称涵盖了所定位的主要服务对象及其在健康产业的发展方向。在取得了月子中心行业领导者地位之后，企业又相继开创了"瑞之堂""艾儿贝佳"和"浦滨"三个品牌："瑞之堂"品牌定位于借助中医理念的现代化技术，为女性提供健康调理服务，力求成为女性身边的健康管家；"艾儿贝佳"品牌脱胎于"优艾贝"品牌，提供妇幼医疗与健康服务，定位"更加专业、更加全面"，其英文"Ever Better"有着"没有最好、只有更好"之意；"浦滨"寓意为品牌源于黄浦江之滨，定位向提供儿童医疗与保健的综合性专科医院发展。

受益于优艾贝集团的妇幼健康医疗与服务一体化的产业链发展体系，优艾贝的创新商业模式颇受众多投资机构的青睐：2016年，美国华平投资集团完成向优艾贝投资；2017年，中美绿色基金、中航信托、大钲资本均完成向优艾贝的投资。

2016年12月，优艾贝实现产业链多点布局，完成变更注册成为"优艾贝（中国）集团有限公司"。截止目前，优艾贝集团四个品牌互为融合、交叉，基本搭建并初步形成了一条完整的妇幼健康服务产业链。

一、顺势而为，完成产业布局

2011年12月，作为集团品牌运作的"先锋"——"优艾贝国际月子中心"正式投入运营。由于企业的高标准化、规范化运作及创新探索，次年2月，优艾贝的运营模式被中共中央党校与中国保健协会联合颁布的首部《中国保健服务产业发展蓝皮书》收录为唯一的母婴保健服务业案例。

2013年1月，公司旗下首家"瑞之堂女性健康调理中心"在沪开业，后陆续开设并成功运营了四家分中心。调理中心的运营，实现了优艾贝在月子保健服务领域的服务延续，将为女性提供健康调理服务的时限，从围产期分别延伸至青春期和更年期。随着生育高峰的延续与人们生活水平的提高，各大医院产科服务供给吃紧，各大公立医院妇产科服务能

力与服务质量的建设,与市场对更高标准的健康服务需求之间的矛盾日益突出。看到供需不平衡的优艾贝紧接着盘活其拥有的沪上妇产儿科专家资源,结合多年高端妇幼健康服务经验,经过前期的缜密论证,于2016年7月,筹建完成并运营公司旗下第三个健康服务品牌"上海艾儿贝佳妇产科医院"。

与此同时,优艾贝集团进一步强化产业链链条延伸深度、针对儿童家庭旺盛的就医与健康服务需求,筹建旗下第四个健康服务品牌"上海浦滨儿童医院"。2017年10月,该品牌开业运营,一举成为沪上儿科多元化办医的"焦点"。至此,优艾贝(中国)集团正式形成了完整的妇、产、儿医疗与保健服务产业链布局。

二、创新管理模式,以人兴企

优艾贝(中国)集团采取了"业务支持集团化+行政管理属地化"的企业集团管理模式,坚持"以贴近客人健康服务需求为导向"的经营策略,既保证各健康服务机构秉持集团一贯的高端服务理念,又让各机构能够高效处理好日常运营工作。集团上下深知"创新与执行是事业发展的生命力",采取"质量铸口碑,服务促效益,管理靠激励"的经营措施,依靠医疗质量与服务质量并重打造优艾贝品牌的服务口碑,塑造良好的品牌形象;培训所有员工"服务就是生产力、就是无形资产"的观念;明确"领导=领队+导游"的管理理念,让所有管理人员明白,领导岗位不是高高在上的行政职位,管理要以激励为主,包括物质与精神等各方面。因此,高度关注企业的人力资源建设,尤其是专业精、学历高的人才留用。为此,企业倾集团之力全心打造"是主人、受尊重、有发展"的用人氛围,采用"事业留人、感情留人、待遇留人、环境留人、制度留人"的企业人力资源管理模式。截至2018年10月,优艾贝(中国)集团共有员工602名,其中拥有大专以上学历者416人,拥有高级职称者63人,其中博士生导师10名。

作为我国首家在妇、产、儿健康医疗产业内全面布局的外资企业集团,优艾贝集团在多年经营探索中逐渐形成了以"尊崇母爱、呵护未来"为企业纲领、以"一切为了孩子"为企业宗旨,以"发展是最大的凝聚力"为企业信条,以"没有最好,只有更好"为服务理念,"以社会效益带动经济效益"为发展理念,实现"打造中国儿童全生命周期医疗健康产业公众化企业集团"的愿景。

> 样本解读

第一　健康中国大战略

一、生机蓬勃的大健康产业

党和政府历来高度重视保障人民健康，尤其是改革开放后加快了卫生与健康事业发展。2009年，我国启动实施了新一轮医药卫生体制改革，明确了保基本、强基层、建机制的基本原则和实现人人享有基本医疗卫生服务的目标。

党的十八大以来，在以习近平同志为核心的党中央坚强领导下，党和政府把人民健康放在优先发展的战略地位，把创新、协调、绿色、开放、共享的发展理念贯穿于健康权的促进与保护中，以普及健康生活、优化健康服务、完善健康保障、建设健康环境、发展健康产业为重点，加快推进健康中国建设，努力为人民群众提供全生命周期的卫生与健康服务。我国卫生与健康事业发展，跨上了崭新台阶。

2017年8月30日，国务院常务会议确定促进健康服务业发展的措施，提出建立长效支持机制，进一步深化简政放权、放管结合、优化服务改革，注重利用社会力量补齐健康服务短板，支持发展重大创新药物等，以满足群众需求，提高全民健康水平。

根据《"健康中国2030"规划纲要》，我国将发展健康产业，优化多元办医格局，催生健康新产业、新业态、新模式。国家卫计委规划与信息司司长侯岩表示，"健康产业覆盖多个领域，贯穿一、二、三产业，产业链条长、附加值高、新业态多，吸纳就业能力强"。加快促进健康、旅游、养老等深度融合，引导社会资本投入，鼓励开发高端医疗、中医保健、康复疗养、休闲养生等产品，加快培育和发展健康旅游市场。

2017年10月，党的十九大报告重点提出了"实施健康中国战略"。党的十九大报告认为，人民健康是民族昌盛和国家富强的重要标志。要完善国民健康政策，为人民群众提供全方位、全周期健康服务。深化医药卫生体制改革，全面建立中国特色基本医疗卫生制度、医疗保障制度和优质高效的医疗卫生服务体系，健全现代医院管理制度。加强基层医疗卫生服务体系和全科医生队伍建设……

政策的助推，进一步扩大了健康消费需求向多层次及多样化发展，并且消费总体规模不断持续增大和消费结构不断优化升级。中国医疗服务市场规模巨大，并且在人口老龄化、城镇化、财富增长以及基本医疗保障制度全面覆盖等因素的驱动下迅速扩容。2016年，我国卫生消费总额达4.6万亿元，在过去3年保持了13.5%的复合增长率。然而相对于全球平均的10.5%的水平，我国医疗卫生支出仅占国民生产总值的6.2%。

健康消费结构逐步优化升级，而个人医疗卫生支出占比下降。2013-2017年，我国卫生总费用由31 669亿元增长到51 599亿元，占GDP的比重达到6.2%。其中，社会卫生支出（以基本医疗保障支出、商业健康保险费、社会办医支出等为主体）占比由36.0%增长为41.1%，居民个人卫生支出占比由33.9%降低为28.8%。

短短5年时间，"健康"从优先发展的战略地位发展成为一项"中国战略"。可见政策洞察的与时俱进，亦可见民生至所需之迫切，在社会上刮起这一股飓风。民众对健康意识觉醒，大力促进了消费模式的升级，推动了产业的转型发展。根据《2017年中国居民消费发展报告》显示，2017年，我国居民人均医疗保健消费支出1 451元，占人均消费支出的比重为7.9%，同比增长11.0%，高于人均消费支出增速。社会卫生固定资产投资对全社会固定资产投资增长的贡献率由2012年的5‰增长至2016年的15‰。从全行业看，2017年卫生和社会工作固定资产投资7 327亿元，比上年增长18.1%。健康中国在行动，且探索越来越深刻。

二、政策红利助推"社会办医"步伐

社会办医是健康服务业的重要推手。

近年来，我国社会办医呈现加速发展的态势。据国家卫计委相关数据表示，截至2017年5月底，民营医院达到1.7万家，同比增加1 814家，占医院总数的比重上升到57.5%。为提高相关医疗资源整合度与服务效率，我国增加了医学检验实验室、病理诊断中心、医学影像诊断中心等五类独立设置的医疗机构类别，鼓励社会资本连锁举办。

儿科在这期间，尤受关注。2016年5月，国家六部委联合发布了《关于加强儿童医疗卫生服务改革与发展的意见》（以下简称《意见》），该《意见》提出，结合各地医疗卫生服务体系规划和医疗资源配置情况，省会城市设置1所儿童医院，其他常住人口超过300万的地级市可设置1所儿童医院。

截止到2015年年底，我国共有儿童医院114个，其中城市90个，农村24个；（城市指直辖市区和地级市辖区，农村包括县及县级市、乡镇卫生院及村卫生室）其中公立69个，非公立45个。截至2016年年底，我国共有儿童医院117个，其中有非公儿童医院49家，2016年比2015年仅增长了4家。根据2014年年末国家统计局数据，我国常住人口超过300万的城市已经超过了180个。目前，我国只有公立儿童医院69所，其中包括了某座城市有多所儿童医院的情况，因此目前公立儿童医院实际缺口大于117所。

2018年7月24日，《关于推进健康服务业高质量发展加快建设一流医学中心城市的若干意见》（以下简称《意见》）在上海市政府新闻发布会上正式发布。《意见》由总体要求、重点领域、市场体系、政策支持四方面50条构成，又称"健康服务业50条"，其涉及药品、医疗器械、保健用品、健身产品、健康保险等支撑产业，门类众多，其中对于社会办医"松绑"超前。上海，成为国内首个取消社会办医疗机构规划限制的省级行政区（直辖市）。上海市计划，打造一个以人才为核心、机构为主体、市场为导向、产学研医深度融合的健康科技创新体系，鼓励形成一大批高水平、有特色的社会办医品牌，构建与卓越全球城市相匹配的高品质健康医疗服务业体系，加快建设亚洲医学中心城市，进一步提升上海健康服务发展能级与核心竞争力。

社会办医，进入2.0时代。

三、尊崇母爱，尊崇孩子天性

习近平总书记在全国卫生与健康大会上提出，"要倡导健康文明的生活方式，树立大卫生、大健康的观念，把以治病为中心转变为以人民健康为中心，建立健全健康教育体系，提升全民健康素养，推动全民健身和全民健康深度融合"。这成为我国继续深化对健康产业、健康服务的高度解读与道路指引。业内人士认为，全生命周期的卫生与健康服务应该从人的发展生命周期出发，对备孕期、胎儿期、婴幼儿期、儿童期、少年期、青年期、成年期、老年期等不同阶段进行各种持续的人力资本投资，建立覆盖人的生命周期大健康战略体系。

到2030年，我国健康产业规模将显著扩大，健康服务业总规模将达16万亿元。若要完成"健康中国2030"规划目标，健康服务业规模在2016-2020年的复合增长率需要达到16%，2020-2030年复合增长率需要达到7.2%。一批有识之士看到了发展潜能、光明之未来，积极投身其中，参与健康中国的建设。优艾贝集团，即是其中之一。2011年，优艾贝创始团队裹挟"医疗标准"进军母婴保健行业，挖掘出具有"颠覆性"的"外出坐月子"服务，开创了我国"月子中心"行业先河。在运营中，积极主动与政府及行业协会合作，高举高打，制定了一系列的行业服务标准，并成为"全国母婴家庭保健师师资培训基地"。随着市场规模的扩容和消费升级，母婴保健行业在市场考验中逐步走向规范。

2018年5月初，国家卫生健康委员会发布《母婴安全行动计划（2018—2020年）》和《健康儿童行动计划（2018—2020年）》，旨在保障母婴安全和儿童健康。此计划的提出，明确从"生命源头"开始，保障及促进妇幼健康的发展。"从市场上而言，优艾贝服务的对象和项目设立从胎儿、新生儿开始,贯穿儿童全生命周期追踪,尤其是对女性的服务,几乎涵盖了全方位的健康服务。"优艾贝集团表示,各个健康服务机构服务首尾衔接,实现了妇幼健康全方位、全生命周期的布局,为妇幼家庭提供了全产业链的无缝对接式健康服务。

上海艾儿贝佳妇产科医院、上海浦滨儿童医院,是优艾贝集团构建的妇幼健康产业链上的重要环节。两家医院的成功创办,标志着优艾贝的健康服务产业实现了从保健服务走向医疗服务的转变。处处以"服务对象"为根本出发点,创新服务项目,为优艾贝进行"中高端"医疗服务定位带来了专业的口碑以及市场的信任。

第二 构建妇幼健康服务全产业链

近年来,人民群众生活水平得到了极大改善,加上全面二孩政策的实施,以妇幼群体为代表的健康需求增长迅速,但是优质资源供给不足,专业技术人员短缺,健康服务的数量、质量和资源面临新的挑战,"看病难"现象并未得到有效的缓解;同时,因高龄孕产妇比例显著增加,发生孕产期合并症、并发症的风险增大,保障母婴安全的任务更加艰巨。此外,"儿科看病难"问题成为社会关注的焦点,全面二孩政策的落地,使该问题更是雪上加霜,成为医疗卫生服务的主要短板之一。优艾贝(中国)集团借助多年的高端保健服务行业经验,遵循"高端技术+高端服务"的健康服务定位,正式进军医疗服务行业,进行全产业链闭环打造。

一、从全方位全生命周期说起

国家《母婴安全行动计划(2018—2020年)》和《健康儿童行动计划(2018—2020年)》要求,到2020年,覆盖城乡的儿童健康服务体系进一步完善,儿童医疗保健服务能力不断提升,儿童健康水平得到提高。婴儿死亡率和5岁以下儿童死亡率分别控制在7.5‰和9.5‰以下,0-6个月婴儿纯母乳喂养率达到50%以上。并且实现到2020年全国孕产妇死亡率下降到18/10万,全国婴儿死亡率下降到7.5‰的目标,为妇幼医疗保健的大健康发展制定了新的方向和重点。

健康文明的生活方式,是美好生活的重要基础。树立大卫生、大健康的观念,才能引导全社会重视妇幼健康的教育体系、医疗体系和服务体系的建立健全。如何提升全民健康素养,如何从妇幼健康抓起,成为当前一个阶段的工作重点。业内人士认为,全生命周期的卫生与健康服务应该从人的发展生命周期出发,对备孕期、胎儿期、婴幼儿期、儿童期、少年期、青年期、成年期、老年期等不同阶段进行各种持续的人力资本投资,建立覆盖人的生命周期大健康战略体系。

2011年,优艾贝国际月子中心开业,之后相继有上海艾儿贝佳妇产科医院和上海浦滨儿童医院开业,从项目设计到产品开发,企业紧紧贴合妇幼人群的健康需求为导向,开发涵盖从生命形成之前的备孕保胎至孕产期保健、分娩与产后、月子保健、儿童医疗与保健、女性医疗与保健等全生命周期中的重要时期的服务项目。从市场上而言，优艾贝服务的对象和项目设立从胎儿、新生儿开始，贯穿全生命周期追踪，尤其是对女性的服务，几乎涵盖了全方位的健康服务。

二、无缝服务对接，实现全产业链闭环

2015年4月，中国保健协会培训工作年度会议在沪举行，同时启动全国"母婴家庭保健师师资培训"。来自各地的"母婴家庭保健师"的培训教师在培训基地——优艾贝国际月子中心接受了100个课时的培训，考核通过后，回到各地为当地母婴家庭保健从业者进行培训。期间，优艾贝国际月子中心组织了一堂"母婴家庭保健师实操教学观摩课"。中国保健协会母婴家庭保健师培训主任兼优艾贝国际月子中心执行总裁带领护理总监、儿保医师组成的师资授课团队，现场演示了"哺乳期乳房护理""新生儿五官护理""卫生隔离规范流程"等专业母婴护理实操教学，通过讲师讲解、实操示范，然后学员模拟操作、讲师点评，最后考核合格，可以让学员从该项行业培训中不仅了解每个服务流程的技术要求，更可以掌握详细的操作细节规范。

中国保健协会副理事长牛忠俊、优艾贝（中国）集团总裁沈国珍为师资培训基地揭牌

优艾贝进入医疗行业后，借助两家医院的妇产科及儿科医疗技术实力，为优艾贝国际月子中心及瑞之堂女性健康调理中心提供了以前所不具备的全方位的技术支持。集团委派医院专家定期到月子中心和调理中心，为会员提供各类增值健康服务。这样的业务扩展，形成了"1+1＞2"的发展态势，互通有无，互为补充，互相提升，形成了单一医院发展，

或者单一健康服务机构发展所不具备的优势。

优艾贝为旗下每一家健康服务机构建立了成熟的"迭代变革与创新"的运营管理模式。从员工创新意识的培训、督导、考核与激励开始，到在一线服务中员工通过观察客人的体验，再到在服务研发会议上分析客人体验存在的问题，突破传统服务仅仅存在于"满意度"层面，持续提升客人体验，更为重要的是持续创造全新的前所未有的服务体验。例如，传统的"坐月子"即意味着产妇"在家中"进行产褥期保健康复。优艾贝运营管理团队最早通过观察"月嫂"在家庭中提供的母婴护理保健服务，以及与母婴家庭深入探讨服务需求，挖掘出来具有"颠覆性"的"外出坐月子"服务模式，也就开创了我国月子中心行业先河。

2016年，上海艾儿贝佳妇产科医院创新研发了"妇产科、新生儿、营养、护理、乳腺、中医"六位一体家庭式孕产特色服务，形成了沪上极具特色的孕产服务模式，获得了广大孕产妇家庭的广泛好评与口碑，网络评价长期保持在综合五星级的最高级别，成为上海产科界颇具影响力的专业服务品牌。

2018年9月1日，长三角地区儿童医疗联盟在上海正式成立。该联盟由上海交通大学医学院附属上海市儿童医院、南京市儿童医院、浙江大学医学院附属儿童医院、安徽省儿童医院牵头，上海浦滨儿童医院等31家单位共同发起，目前已有81家成员单位加盟。

在此之前，上海大部分公立综合医院的儿科门诊夜间不开诊，三大公立儿童专科医院夜间开设急诊。但是，孩子一般性的感冒发热、腹泻呕吐，绝大部分不是需要急诊，却很需要得到儿内科医生的专业诊疗。据历年儿科就诊时段的统计以及浦滨儿童医院的调查，在晚上9点以后尤其是凌晨时段的儿内科就医需求很多，因此该院特调整了医护技师与后勤团队的排班，开通了周一至周日每天24小时不休息的儿内科门诊。

除此之外，上海浦滨儿童医院突破了传统儿科"以疾病为中心"的服务模式，"以健康为中心"，开发了"儿童健康管理年度套餐"及相应级别的会员服务，其中包括建立健康档案、年度健康体检、疫苗接种、在线健康指导、优先预约就诊、健康顾问咨询、专家联合门诊、家长课堂与亲子健康训练营等健康服务，让儿童"少得病、不得病、更健康"。不仅如此，还独创了"多学科+变态反应（过敏）"协同诊疗方案，组建了以变态反应（过敏）、呼吸、消化、耳鼻咽喉、皮肤、眼科、口腔、中医等多学科为核心，医疗、诊断、手术、护理及家庭康复等"五位一体"综合服务体系。2018年9月3日，上海浦滨儿童医院迎来了24小时门诊开通后的第二个夜门诊，一共接待了晚间挂号就诊的36个孩子。为给有需求的学生家庭提供便捷的夜间就医选择，也为了开学季到来之际及时应对可能发生的儿内科夜间就医高峰，上海浦滨儿童医院于2018年9月1日正式推出了周一至周日每天24小时的儿内科门诊,这是沪上儿童专科医院中的首家。根据家长需求,浦滨儿童医院表示后续将陆续推出其他专科的夜间时段门诊,如儿童家庭需求量很高的耳鼻咽喉科、皮肤科、普外科等专科门诊。

浦滨儿童医院专家联合门诊

相比单个品牌的连锁发展,优艾贝集团旗下四个品牌同步协调发展具备无可比拟的规模优势及品牌优势。将来,无论市场需求如何变化,优艾贝四个品牌一条产业链的发展模式无疑更加具备抗风险的能力。

三、静水流深,强化"场景"运作

优艾贝集团是一家坚持"以社会效益带动经济效益"发展的企业。将社会效益放在首位,注重的是持续的经济效益;企业认为,社会效益的坚持将带来长期的经济效益,如果只注重眼前利益将失去长期的经济效益。社会效益代表了优艾贝的品牌形象,更是企业品牌价值的支撑。在优艾贝,通过入口抓取、口碑维护等方式在最快的时间里完成品牌信任度的建设,是贯穿全员和全链条体系的工作内容,并要求所有人都必须提高自己的"声量",大量接触被信赖的客户,经营所有高净值的渠道,提供精准客群的管家服务。

一直以来,在多数人的思维里,传统的"民营医院"形象在社会中比较差,公众对其的印象就是"小、散、乱""广告满天飞"。为了改变行业形象,优艾贝集团旗下所有健康服务机构常年坚持开展公益行动,承办了妇幼保健宣教社区行公益活动、关爱妇女儿童健康行动计划、多动症儿童父母关爱学校、女职工健康关爱服务计划等多项公益健康项目。

为广大妇女儿童家庭提供了长期持续的公益健康服务，切实满足了相当一部分群众健康服务的需求。树立了非公立医疗机构良好的社会形象，为行业的健康发展建立了典范。

目前，集团承办了由中国妇幼保健协会主办、以"传递母爱、善行致远"为主题的"妇幼保健宣教社区行公益活动"，组织妇科、产科、儿科、营养、心理等临床及保健专家深入社区、学校、企业开展公益课堂宣教和免费咨询；组织多学科专家编辑《生娃宝典——孕产妇实用手册》《育娃宝典：0-1岁婴儿期实用手册》，印制10万余册在浦东新区、杨浦区、黄浦区等所有助产机构、社区卫生服务中心等机构进行免费发放。自公益活动启动以来，优艾贝集团为浦东新区45家社区卫生服务中心的妇保、儿保医生进行了6次业务培训；组织了公益宣教课堂近250堂，累计培训10 000余人次；利用官网、微信公众号及浦滨健康堡APP线上发布宣教知识1 400多篇，浏览量达近50万人次，同时线下举办多场家长课堂、小小医生体验营、亲子健康沙龙等系列活动，并取得良好社会效益与群众口碑。

妇幼保健宣教社区行公益活动发布《生娃宝典》

集团还承办了由浦东新区总工会主办的"浦东新区女职工健康关爱计划"公益活动，以积极响应浦东人才高峰建设，切实关爱女职工及其家庭健康。该活动将实现每年签约服务企业100家，开展公益课堂100次，线上健康宣教10 000人次，以及提供免费妇科体检1次、免费疫苗接种1次和医院诊疗费用减免。活动于2018年5月10日启动，短短1个月之内已签约企事业单位100余家，陆续发放团体会员健康卡4万多张。承办的"浦东新区妇女儿童健康关爱行动"公益活动中,向浦东新区36个街镇首期发放了6万多张100元公益活动券,可用于集团旗下妇产科医院和浦滨儿童医院的诊疗费减免。

不仅如此,优艾贝集团还通过"场景化"运作,强化集团的专家资源的影响力,以此带动良好品牌效应和发展效益。由上海优生优育科学协会主办的"上海市关爱女孩公益行动"系列演讲会中,首场演讲在上海浦滨儿童医院举行,优艾贝的专家针对女孩健康成长的热点和焦点问题,提出了在新时代下关爱女孩的新挑战和新思路,为集团旗下健康机构带来了新的流量入口。

浦滨儿童医院还组织儿童保健专家对社区儿保医生、学校卫生保健老师、教职员工进行业务培训和科普宣教,提高筛查和发现儿童健康问题的能力;以儿童家长公益课堂、亲子健康沙龙、儿童家长在线宣教等形式,广泛宣传生长发育、疾病预防、儿童营养、健康素养,促进儿童青少年健康成长。在提高医疗资源使用效率的同时,逐步在社会上树立了优艾贝的品牌影响力。

2017年,全国"两会"期间,《人民日报》发表"浦东以改革开放率先获益"专题报道,对优艾贝(中国)集团及旗下上海艾儿贝佳妇产科医院、上海浦滨儿童医院进行了报道。此外,新华社、中新社、人民网、东方卫视、新民晚报、东方网等主流媒体也对集团及旗下医院进行了大量报道。

四、城堡医院将孩子"害怕看病"变"欢乐就诊"

上海浦滨儿童医院从筹建伊始,就致力于打造"欢乐就医"的儿童就诊服务体验。这种指导思想,贯穿于医院整体装饰设计与内部软装的每个细节,贯穿于医疗服务流程设计的每个环节。

优艾贝筹建团队邀请了来自不同国家的顶尖医院设计师,共同参加了医院前期筹建中的历次设计创意策划

城堡医院:浦滨儿童医院

会议。在3年的筹建期内,双方团队对医院设计图纸修改了100多稿。最终开业后的效果超出了双方团队的预期:浦滨儿童医院这家儿童心目中的"城堡医院"一夜成为网红。

人满为患的公立医院就诊体验在大部分孩子心目中或多或少留下了"阴影",许多孩子到了医院门口甚至不肯下车、拒绝进门,去医院、看医生成为孩子们最害怕的事情之一。但是,每个孩子第一次来浦滨儿童医院时,就被城堡外形吸引着往里面走,很多孩子是一路欢笑着、奔跑着进入。走进浦滨儿童医院大门,"艾儿"和"贝佳"两位萌萌的小医生、小护士吉祥物雕塑在向孩子们招手,同时,有"小丑叔叔"或者"小熊哥哥"与孩子们互动、玩耍。孩子们原本紧张的心情、病痛的状态,一下子就缓解了不少。"玩着玩着就把病给看了"是大多数家长的评价;"我还要来城堡医院"成为一些孩子心中的"念想"。

欢乐就医:宝贝与小丑叔叔互动

无论是在各科的诊室、采血室、治疗室、输液中心等诊疗区域,还是B超、X光等医学影像检查区域,或是在病房、手术室、监护室等诊疗区域,童趣化的软性装饰与专业服务无处不在。比如,浦滨儿童医院在医学影像检查区域专门设置了安抚室,当年龄较小的婴幼儿在接受相关检查过程中依从性不佳时,医生们一定会中断检查,让家长带孩子到安抚室内进行安抚,待孩子平静、适应后再继续完成检查。医院诊室各有特色,打造了"海底世界""星际漫游""丛林探险"等众多主题诊室,配备了相应主题的检查床,在"星际漫游"主题的诊室中,孩子们会把自己当成"小小宇航员"并顺从地躺下来接受身体检查,留下的是难忘的美好回忆,颠覆的是传统医院所带来的"恐惧阴影"。

浦滨儿童医院发育行为儿科专家团队联合东南大学国家重点实验室,开发定制了20余项"发育行为测评与训练"设施设备与服务项目,这些项目将"专业性、互动性、功能性、游乐性"完美融合，在孩子们眼中，这些都是游乐设施；在专家眼中，这些都是高科技的专业测评装备，可以对孩子在使用时的行为能力进行专业测评。孩子们"开心玩"的过程中，该项设施设备即可出具相应的发育行为能力测评报告，专家据此来判断与评估孩子在该项行为能力方面的状况，并就孩子下一步需要训练提升、干预或者治疗开具医嘱。

浦滨儿童医院开发了系列"健康训练营"亲子互动活动，其中的"小小医生体验营"活动广受追捧，一般需要提前1个月以上进行预约才能报上名。活动中，孩子们穿上小小的白大衣，在护士姐姐们的带领下，学习几项卫生知识与操作技能。为家长做个"伤口包扎"，学习如何正确地独立刷牙，为小伙伴和自己听听心跳……每个孩子树立了科学的卫生观念，学到了实用的健康知识，更重要的是自己当一回"小小医生"之后，从此不再害怕"见医生"，并重新认识了医院。

五、创造"爱"的空间

按照临床科室内、外、妇、儿来划分，妇幼产业占了临床产业的半壁江山。妇婴产业从备孕、怀孕、分娩与产褥期、婴幼儿护理，青春期调节，到女性的抗衰老，甚至妇科疾病，可以说是全生命周期的大平台，也是一条完整的产业链。发扬大医精诚的精神，是做好医疗服务、维护良好医患关系的前提，也是现代医院管理的重要内容。

在传统观念里，医院是一个强调高功能性以及高技术性的公共场所，设计时往往会弱化其对患者及其家属的心理关注。事实上，现代医院，尤其是妇儿医院建筑设计，不仅要注重患儿的行为特征、心理感受等，还要考虑其家长的不同需求以及医务人员的工作和生活需求。对于优艾贝集团来说，母婴医疗机构的设计不能只从母亲或儿童的单一角度出发，而是要全面考虑包括患儿及其家属、探视者、医务人员在内的需求，融入人文关怀的理念，这是优艾贝集团旗下各项目设计初期就考虑进去的重点，也是企业践行"将人文关怀落到实处"理念的细节写照。

优艾贝国际月子中心为独栋楼宇，休养房和走廊无地毯，采用了绿色环保地面材质，充分考虑了产后母婴健康需求，减少过敏原。优艾贝拥有百余套月子休养房，三重安防控制体系，专属的访客接待区域，人性化的探视流程，确保安全私密。

优艾贝设计并创造了强大的服务体验和调节身心的全链条辅助功能。包括贵宾亲友探视接待区、大堂吧、婴儿SPA中心、产后形体修复中心、婴儿智能启蒙中心、营养膳食中心、孕育宣教中心、产后功能恢复互动中心、专家健康咨询室、婴儿中心、婴儿沐浴室、母婴乐购、阳光内庭及黄浦江滨江观景平台，等等。

守护未来，助力健康中国——优艾贝（中国）集团有限公司

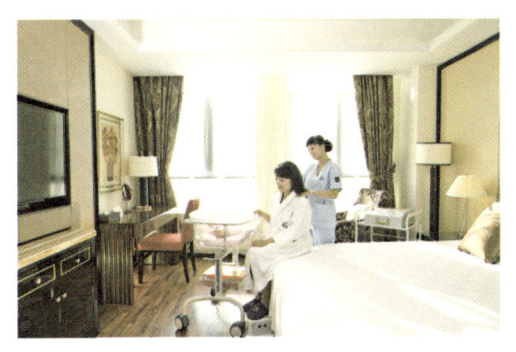
优艾贝国际月子中心月子休养房

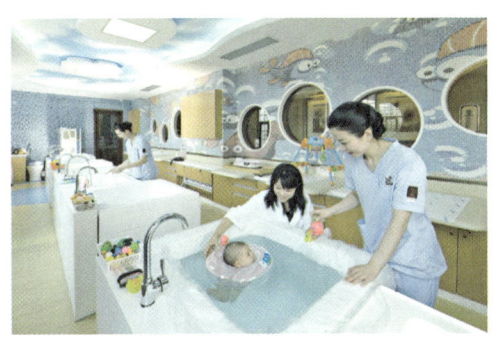
优艾贝国际月子中心BABY SPA

与综合性医院相比，儿童医院更需要家长一同参与到患儿的治疗与护理的全过程，需要为他们提供更多的空间，这也是优艾贝在设计中重点考虑的一大因素。上海浦滨儿童医院所提供的不仅是治疗空间、交通空间，同时也是娱乐空间、等候空间、交流空间以及休息空间等，能让儿童在嬉戏中暂时忘记病痛，积极接受诊治，同时也能满足陪护家属的日常生活需求。同时，出于安全防护理念，在医院拐角处、桌子转角乃至诊疗设施等尽量设计圆角，防止儿童磕伤自己；地板要防滑，以免在奔跑过程中摔倒；墙面装饰材料要环保、易清洁等，避免使用不合格的材料而危害到使用人群的身心健康，等等。

浦滨儿童医院童趣化人性化的就医环境

无论是月子中心、妇产科医院，还是儿童医院，都不再是弥漫着消毒药水气味，四面冰冷白墙的拥挤空间，而是真正落实优艾贝集团以人为本的思想，以人性关怀、敬畏生命为要义的"爱心空间"。

第三　文化为根，规则先行

"坚持正确政治方向，在基础性、战略性工作上下功夫，在关键处、要害处下功夫，在工作质量和水平上下功夫，推动宣传思想工作不断强起来"。在全国宣传思想工作会议上，习近平总书记科学判断宣传思想工作所处的新阶段、面临的新形势、面对的新任务，对提高宣传思想工作能力和水平提出明确要求。

许是出生杏林世家和职业的惯性，创始人耿梓轩在企业创办之初，就狠抓企业文化，让公司里的人各司其职，有据可依。在新的起点上，既保持战略定力，坚持好经验；又勇于开拓创新，找到新办法，这是优艾贝始终坚持的发展秘诀，以乘势而上，不断壮大。

一、文化固本，创造"3+1"品牌价值

在优艾贝集团，有个"双一流"的办院目标：技术一流、服务一流。

在优艾贝集团，有个词叫做"医疗技术+沟通艺术"，被列入日常的培训和工作考核指标里。

在优艾贝集团，有个要求面向客户，叫做"谢绝锦旗收建议"。

在优艾贝集团里，还有很多很多这样的例子。这一切，始于对生命的敬畏、事业的雄心。优艾贝（中国）集团始终秉承"以社会效益带动经济效益"的发展思路和"传递母爱、善行致远"的宗旨，坚持"没有爱心做不好医生，没有善心办不好医院"的办院理念，坚守"规范、诚信+爱心=发展"的"2+1"发展模式。

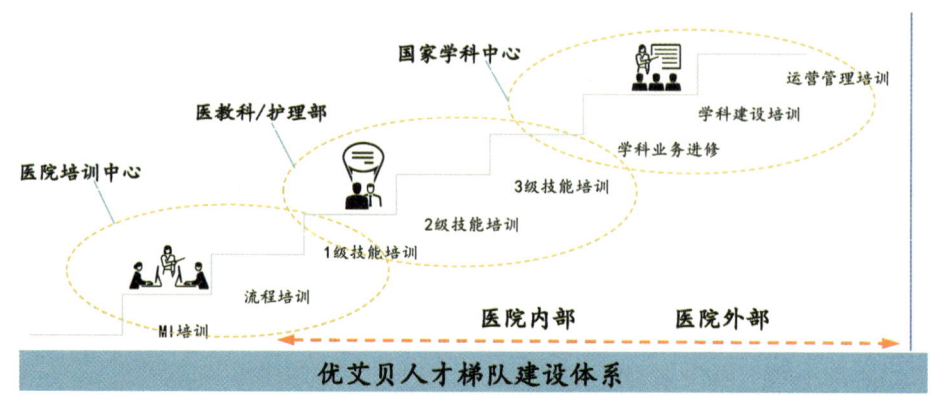

优艾贝（中国）集团的人才梯队建设

守护未来，助力健康中国——优艾贝（中国）集团有限公司

人才问题，始终是全社会的共同难题，尤其是人才本就短缺的儿科医院以及社会办医。优艾贝集团，没能绕过这个难题，也没回避这个问题。旗下的上海艾儿贝佳妇产科医院设有168张床位，是沪上目前单体规模最大的社会办妇产科医院。医院主管以上医疗人才大多来自上海各大三甲医院的中青年骨干，形成了一支结构合理的医疗人才梯队。同时，艾儿贝佳妇产科医院聘请了上海众多三甲医院妇产科、新生儿科专家来医院看诊、会诊或手术。旗下的上海浦滨儿童医院设有150张床位和手术室，拥有一大批博士生导师、教授、主任医师为主的学科带头人、专家。截止到目前，集团医疗人才80%以上来自知名三甲医院，医务人员100%持证上岗、资质齐全。

在医疗系统核心竞争力即医院人才的建设上，优艾贝在实践中探索出独有的医疗人才"选、用、育、留"制度及人才发展战略，形成了自己独有的人才建设体系。集团追求"2高3好"：医疗技术高、沟通艺术高，服务好、环境好、管理好；努力实现"诊疗人性化、流程标准化、服务亲情化、环境国际化、管理协同化"的五化办院目标。集团注重人才梯队建设，致力于培养"诚实、正直、守信、职业"的企业员工，实行"事业留人、感情留人、待遇留人、制度留人、环境留人"的五种留人方式，采取"管理靠激励，服务促效益，质量铸口碑"的三项措施；以科研为龙头全面提高医疗质量，靠人才发展科研，靠科研凝聚人才，使医疗人才能够有尊严的获得"阳光、合法、体面"的收入，切实感受到"是主人、受尊重、有发展"。在2018年4月26日举办的中华医学会全国变态反应大会上，浦滨儿童医院有10篇学术论文集中发表。

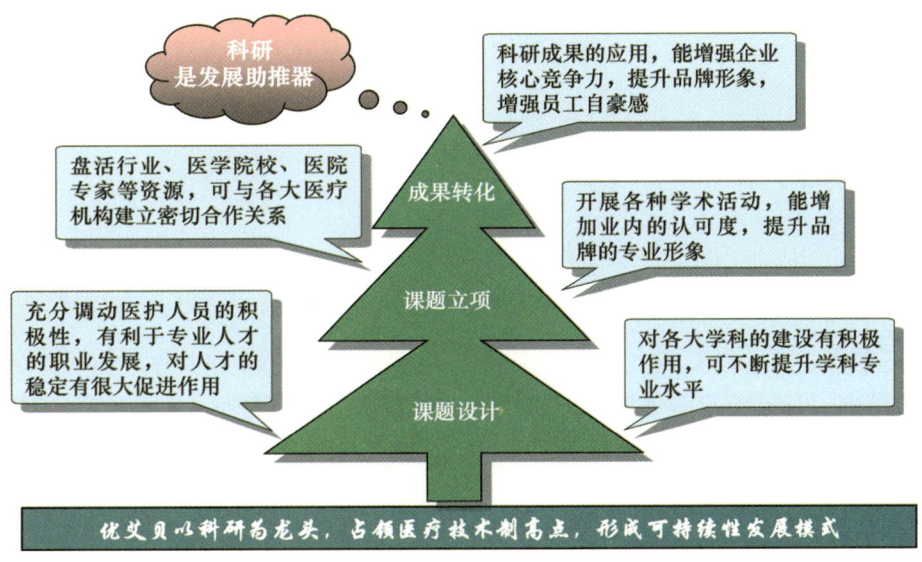

优艾贝（中国）集团的技术发展战略：以科研为龙头全面提升医疗质量

优艾贝集团为每位优秀人才提供一个实现自身价值的事业发展平台；企业对员工讲感情、对客人讲感情，让每位员工在企业工作就像在一个大家庭中，人与人之间充满感情；保障员工待遇不低于同行；建立一套完善的制度，保证规范化的运作；工作环境不仅是硬件环境要舒适，而且工作氛围要好，提倡真诚的人际关系，"婴儿式思维"，不允许勾心斗角、拉帮结派。

2018年10月1日，国务院总理李克强签署国务院令，公布《医疗纠纷预防和处理条例》，提出开展诊疗活动应当以患者为中心，加强人文关怀，严格遵守相关法律、规范，恪守职业道德。这就要求通过加强医疗质量安全的日常管理，强化医疗服务关键环节和领域的风险防控，突出医疗服务中医患沟通的重要性，从源头预防医疗纠纷。作为定位于"高端技术+高端服务"的社会办医院，优艾贝明确将"沟通"作为一个"技术指标"，深化在企业日常运营中。"妇幼情况尤为特殊，尤其是儿科，更要员工加强自身的沟通技巧。"优艾贝集团董事长耿梓轩表示。医疗，是需要患者和医生共同配合的一项活动。成长中的孩子，并不能完全表达意图，也并不能自主配合。因此，优艾贝一方面通过内部培训，改变员工沟通观念、提升员工沟通技术；另一方面，培养客人预约习惯，设立专业分诊服务，控制医生每日就诊人数，确保每位求诊者有充足的面对面就诊沟通时间。通过这些环节的强化，以专业技术辅之，以达到强化医疗质量的目标。

不仅如此，优艾贝还牢固树立"讲政治，树正气，谋发展"的发展观，及时成立了党组织和工会组织，积极开展军民共建、党员志愿者服务及各类丰富多彩的党建活动、文体活动、技能竞赛等。集团党组织被陆家嘴综合党委评定为一级党支部，集团董事长耿梓轩被评为"优秀党建之友"。集团工会也被陆家嘴金融贸易区总工会评为"2017年度先进工会组织"。

二、制度加码，守护"平安线"

在过去10年中，中国的出生率稳定在12‰左右，平均每年会有1 600万左右的新生儿。随着人民收入水平的提高和消费需求的不断升级，再加上未来10-15年里可以预期的生育高峰，母婴市场迅速扩容，规模在2016年达到了2.23万亿元，并在过去3年内保持了5%以上的增速。妇幼医疗服务作为母婴产业的核心部分，将迎来高速增长。

医学，是一个充满着诸多不确定性的学科。面对巨大的机会和行业前景，具有专业"医疗"背景的优艾贝在开拓时，有条不紊。一方面，参考管理、医学和护理等相关知识，制定了16本厚厚的执行手册，涉及新生儿护理、产褥期养护等方方面面，以一层层的制度、流程，为守护"生命"裹加一道道保险锁。据悉，在优艾贝国际月子中心，每个服务人员连胸针别在哪个位置都有具体的标准；在儿童医院，每一张椅子的材质、形状、颜色、花样都有讲究要求。"这是企业里所有人的定心丸和行为准则，也是促使新进人员以最快速度融入集体中的保障，"董事长耿梓轩表示。另一方面，优艾贝积极参与政府及行业协会关于行业相关政策、规则的制定，快人一步，以绝对的战略高度建立企业竞争壁垒。

从2012年被收录为《中国保健服务产业发展蓝皮书》唯一母婴保健服务业案例，到2014年，受中国保健协会委托，承担了"全国母婴家庭保健师"行业从业人员培训的教材编写及培训考核，再到2015年被中国保健协会授予优艾贝"全国母婴家庭保健师师资培训基地"。优艾贝已奠定了自己行业内的"标准"创造者和制定参与者的身份。

国家卫健委母婴护理保健中心标准修订会在优艾贝国际月子中心举办

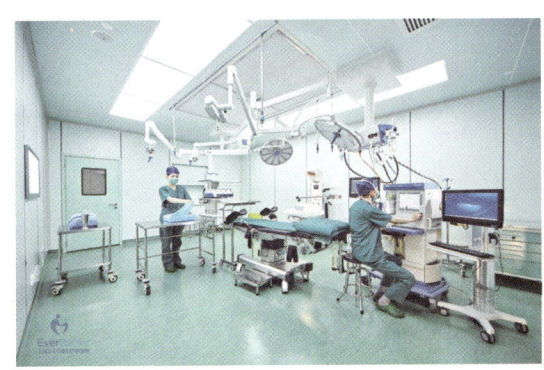
艾儿贝佳妇产科医院高端装备手术室

2017年9月，由国家卫生健康委员会（原国家卫生计生委）医管中心组织，国家卫生健康委员会医政医管局负责人，上海市、北京市、山东省、河北省、苏州市5省市卫健委相关处室负责人和妇幼保健专家在优艾贝国际月子中心调研并召开现场会，就《母婴护理保健中心基本标准与管理规范》（以下简称《基本标准》）进行修订。根据《基本标准》修订草稿的要求，月子会所、月子中心等产后母婴护理保健机构，将统一名称为"母婴护理保健中心"，由卫生行政管理部门进行行业监管，成为独立的医疗机构。

优艾贝集团以既定的法则，远远甩开后继竞争者们，在妇幼健康产业链上稳稳占据了自己独有的席位。这样的创建精神，在新布局的两个健康品牌——社会办医院体系中更是贯彻到底，以国际医疗标准严格要求自身。

2017年创建的上海艾儿贝佳妇产科医院，以健康为中心，参照DNV国际医院标准建设，从临床操作流程、医疗辅助支撑流程和管理流程三个方面整合创新出一套具有艾儿贝佳特色的医院管理模式。在医疗质量、医疗风险管控、医院物理环境和信息安全等方面建立了具备国际水准的质量管理体系。

2018年开业的上海浦滨儿童医院，以儿童健康为中心，参照上海三甲儿童医院与JCI国际认证标准建设，从临床操作流程、医疗辅助支撑流程和管理服务流程三个方面整合创新出一套特色的医院管理模式，在医疗质量、医疗风险管控、医院物理环境和信息安全等方面建立具备国际水准的质量管理体系。

除了组建健康宣教专家库，编写各类培训课程教材，针对0-6岁妇儿家庭、社区托幼机构及小学开展科学育儿系列大讲堂等系列活动外，优艾贝集团作为"浦东新区基层妇幼保健实训基地"，集团旗下的上海艾儿贝佳妇产科医院和上海浦滨儿童医院充分发挥自身的专家优势、技术优势、平台优势，为新区46家社区卫生服务中心的儿保医生提供了一个临床进修、业务培训和学术交流的公共平台。目前，上海浦滨儿童医院在2018年4月已成功举办了第一期"浦东新区基层儿保医生知识技能提升大讲堂"，全区近200名基层儿保医生参加；首批30多位社区儿保医生的临床实训也在2018年6月顺利开展。并且，上海浦滨儿童医院建院伊始就开始积极创建"医教结合示范基地"，开发"0-3岁医教结合"培训课程，全面推广儿童早期生长发育综合评价标准和体系。如是种种，不胜枚举。2018年10月19日，艾儿贝佳妇产科医院通过了联合国儿童基金会与中国疾控中心妇幼健康中心联合认证的"母爱10平方"项目。

在新的起点上，既保持战略定力，坚持好经验；又勇于开拓创新，找到新办法。

通过一系列的平台搭建、基地建设以及标准体系的建设，优艾贝集团逐步在妇幼健康业扛起产业的大旗，抢得合作资源先机与发声窗口。

妇幼保健宣教社区行公益活动发布《育娃宝典》

第四　大医精诚

在2018年全国教育大会上，习近平总书记强调要树立健康第一的教育理念。国家卫生健康委员会更是表示，要投入更多的精力、注意力，去关注青少年的健康，把它摆在一个更加突出的位置上。作为国之未来栋梁的少年，其健康则是重中之重。而青少年的健康，则要从根源抓起。

优艾贝集团从"大健康"中逐步摸索，有感于妇幼健康市场建设的医疗服务缺乏与需求的激增，以创始人独有的职业专业敏感性，从备孕期开始介入，从源头抓起，持续为妇女及0-18岁儿童提供健康医疗服务项目，在仍旧处于发展阶段的中国医疗体系的建设中快速找到自己合适的位置，形成自己的核心竞争力，不可谓不用心。

到2020年，优艾贝集团致力将上海艾儿贝佳妇产科医院建设成规模和基本设置达到更高标准的上海高端母婴保健技术服务机构，成为沪上规模最大、配置最高、技术最强的高端妇产专科医院。同时达到或超过相关重要服务指标：卫技人员与核定床位之比≥1.8∶1，产房床护比≥1∶2.5，病房床护比≥1∶1，医护比≥1∶4。医院形成产科、妇科、计划生育、生殖健康与不孕症、泌尿外科、乳腺外科、体检七大专业齐头并进的业务发展模式，广泛开展具备高技术水平的宫腹腔镜手术、泌尿外科手术、乳腺外科手术、盆底手术、妇科肿瘤手术及宫颈手术等。到2020年，预计年门诊量达60 000人次，床位使用率达到90%以上，年分娩量超过1 000人次，年计划生育等门诊手术量达1 200人次，年住院手术人次达到2 000人次，其中年妇科微创手术达600人次。医疗质量全面达到上海市三级妇产专科医院水平。

妇幼群体对医疗健康服务具有长期、高频的需求，这是一个广度、深度都足够大的垂直领域。根据国家统计局统计，2016年我国新出生人口1 867万，比2015年增长了11%，其中45%来自二孩家庭。再加上2009年以来社会办医政策的不断放开，行业前景十分可观。作为我国首家在妇产儿健康医疗产业内全面布局的企业集团，优艾贝（中国）集团致力于打造一条从保健服务到医疗服务的产业链，建设我国妇幼健康医疗事业深度融合示范企业，成为全国妇幼健康医疗服务领域的典范。

《孟子·离娄上》有云："今有仁心仁闻，而民不被其泽，不可法于后世者，不行先王之道也。医者仁心，仁者方显大爱，大医者以解决众生疾苦为大，然而只有具备精诚者，可承大医之名。""仁"是儒家思想的核心，也是中国伦理学说的根本，"仁"是"爱"的演绎和诠释，医者仁心，仁者方显大爱。仁心仁术，大医精诚。

尽管医学的力量有限，但是人性的传递无限。妇幼医疗保健行业更是如此，怀有对生命的敬畏，拥有深深的社会责任和使命感，提供专业的医疗服务，是对迎接新生命最好的礼物。

医者仁心，为一种生命与心灵的接力。

董事长专访

没有爱心做不好医生，
没有善心办不好医院

《样本》：您为何选择妇幼健康产业作为新事业的起点？

耿梓轩：选择这个行业有偶然性，也有必然性。偶然在于，当时女儿出生，家庭迫切需要有经验的月嫂、育儿嫂。经过了解，我发现整个行业的需求性很高但专业性、规范性缺失；而那段时间我恰好在上海进修，以自己的实践考察和专业判断，大健康产业尤其是妇幼健康产业的未来前景不可估算。一开始我们只是秉持着对需求的捕捉、对市场的判断、本着对消费者服务方的真诚爱心，摸着石头过河，创新发展。随着二孩政策的开放、社会办医的鼓励等利好消息的不断发声，整个产业欣欣向好。事实证明，我们的决定和道路是正确的。

《样本》：您认为从事这个行业最重要的要素是什么？

耿梓轩："没有爱心做不好医生，没有善心办不好医院"这是我总结的办医理念，也是优艾贝始终坚持的理念。

医疗行业的特殊性，并不能单纯以经济利益去衡量绩效。因此，我们更加注重品质（医疗质量）和口碑（服务质量）。这是社会办医立足的根本，尤其是优艾贝定位于服务高端消费妇幼家庭健康，更是如此。因此，我们坚持"以社会效益带动经济效益"发展企业，采取"质量铸口碑，服务促效益，管理靠激励"的经营措施。

《样本》：您如何定位公司旗下的每一个机构或者品牌，及其在产业链上扮演的角色？

耿梓轩：谋定而后动，是我做事的基本准则。产业链上的每一个机构（品牌），都是事先布局、逐步规划运作的。布局节奏，依时机而定。"孕妇"是整个全生命周期的前端，我们在实际探索中，首先选择以"月子中心"作为资源平台和品牌前瞻切入行业，对高端妇幼家庭健康服务需求有了更切身的深入了解，促进集团形成完善的高端医疗和保健全产业链服务模式的关键积累。瑞之堂是在模式探索过程中，成为服务延伸与业务配套：以连锁经营方式作为尝试，深入布局高端社区，为"月子中心"客户提供更多健康服务，为产业链寻找更多入口。艾儿贝佳妇产科医院和浦滨儿童医院，与公立医院形成一种错位，补

优艾贝（中国）集团董事长耿梓轩在公益活动上致辞

益现有医疗系统的不足，是集团进军医疗行业的主力，也是集团的核心动能。未来，我们希望以两个医院品牌为专业依托，发挥集团妇幼健康服务产业链优势，以及上海医疗资源的优势，结合长三角地区一体化发展的大方向，稳步发展，持续创新，在拓展并复制服务模式的同时，为更多的妇幼家庭提供高品质医疗与健康服务。

《样本》：优艾贝的企业发展主要来源于股本性融资。资本的引进，是否会对企业发展提出新的要求？

耿梓轩：医疗机构投资回报周期比较长，所需资金也比较多，因为这个行业非常需要专业资源和服务的积累沉淀，所以，优艾贝进入之初，就经过充分调研和基础准备，做好战略规划，引入了战略投资者的资金。但是，在投融资的过程中，根据自身的行业特点与企业特性，采取了合理的投融资组合。当时，先后进入的战略投资机构有美国华平投资集团、中美绿色基金、中航信托及大钲资本，他们分别代表了不同类型的投资机构。更重要的是，这些机构均非常认可优艾贝的发展理念——一家医院的发展不可急功近利。医院的投资是长期的，医院不是普通的商业机构。健康行业必须将主要的精力集中于对行业未来的期待、整体战略的发展规划和价值的坚守等，这是我们同意引进资本的先决条件。有责任的企业在运营医院的过程中必然要承担许多社会责任，我们将企业当作长期的事业在经营，吸引投资或者上市，是为了把价值扩大化，把核心价值持续化，而不纯粹是为了"套现"或其他。

因此，在战略投资人的选择上，优艾贝坚持了自己的原则。选择长期投资者，选择对行业深度理解并与之价值观一致的投资者，选择对企业发展战略与运营团队全力支持并长期持有的投资者。在集团后续投资设立新的健康服务机构的过程中，事实证明这些投资机构是真正的战略投资人，是可以长期信赖的合作伙伴，可以为企业发展在资金与资源两个方面起到正向的推动作用。

《样本》：优艾贝集团希望在长三角率先形成妇产儿健康与医疗服务并行的连锁经营战略格局。您选择合作伙伴的基本要求和指标是什么？

耿梓轩：市场瞬息万变，而行业的专业性也非常强，因此我们希望选择有一定基础，尤其是志同道合的合作伙伴快速、复制发展。优艾贝的未来，希望通过品牌输出、资本输出、技术输出及模式输出与合作伙伴进行合作，根据合作伙伴的实际需求进行组合经营。

《样本》：关于"创新"，您赋予怎样的内容？

耿梓轩：发现行业的痛点并采取有效措施解决，使之成为企业的核心竞争力，这就是创新。

《样本》：企业目前的工作重点、未来发展规划是什么？

耿梓轩：拥抱大数据，利用互联网，助力大健康，是优艾贝未来发展的重点。优艾贝希望通过集团整体上市成为相当规模的健康服务企业，依托集团总部所在地上海的医疗健康资源高地的优势，将服务能力、服务范围进一步辐射长三角区域；通过品牌输出、资本输出、技术输出及模式输出，在长三角率先形成妇产儿健康与医疗服务并行的连锁经营战略格局；充分利用集团产业链优势，大力发展集团会员家庭，为更多家庭中的妇幼成员提供周到而专业的健康服务；将"优艾贝、艾儿贝佳、浦滨"打造成在妇产儿医疗健康服务产业中具有国际影响力的知名中国品牌。

> 专家点评

爱心助力美好生活

坦率地说，此次在样本企业的研判选择中，对优艾贝集团的讨论与考察周期是最长的，团队去的次数也是最多的。毕竟，优艾贝集团从事的是医疗保健相关民生的行业，关系到人们的健康，选择这类行业的企业作为创新样本，我们自然更会慎之又慎。

然而，经过几次我对"国际月子中心""瑞之堂""艾儿贝佳妇产科医院""浦滨儿童医院"的调研走访与创始人兼董事长耿梓轩的多次深入交流后，深深地被他对事业一丝不苟、敢为人先的开创精神所感动。尽管有行业性质的因素，但作为民营企业自觉以社会效益为首位，其次才考虑企业的经济效益，思想上难能可贵。这里有对母爱的追崇、有对孩子的爱、尊重与呵护，更有对生命与健康的敬畏以及对美好生活的"健康关怀"。优艾贝成长的创新基因和独有密码，也正是我们所要探寻的样本。

党的十九大报告提出，中国特色社会主义进入了新时代，并明确了实施健康中国战略的方向和任务，强调全面建立中国特色基本医疗卫生制度、医疗保障制度和优质高效的医疗卫生服务体系，发展健康服务业。优艾贝模式的出现，可算是"生逢其时"，得政策之天时、得上海陆家嘴自贸区之地利、得多点执业之人和。更难得的是，在企业成立之初及发展过程中，始终追求严规则、高标准，先定标准制度、再有产品和服务；始终尊重孩子的天性、尊崇母爱，围绕孩子的一切进行全方位开发，实行与上海儿童医学中心一体化、同质化管理，并逐步构建儿童、妇女医疗健康服务双轮驱动战略，以高端的医疗技术、专业的医疗服务团队，为儿童健康保驾护航，为妇女医疗健康提供系统化服务。让我惊喜的看到，在优艾贝，所有的运营逻辑、运营体系及服务内容设计都是围绕服务对象的需要而开展实施的，尤其是在浦滨儿童医院里，运营团队以专业标准为基础，以孩子的视角去看"医院世界"。整个医院的空间被打造成真正的"城堡乐园"，有小丑、有魔术师，有卡通形象装饰；有针对性开发的卡通化的视力检测表、有独有的行为观察室和安抚室、更有"小医生"活动区、婴童乐购、欢乐餐厅等生活便利区。所有的一切，只为让儿童克服对医院的"恐惧认知"，在轻松愉悦的氛围中享受高品质的医疗健康服务。

社会办医，人才向来是发展的瓶颈。古语说"辨方位而正则"。优艾贝除了在模式上实现了从传统医院的"以治病为中心"到"以儿童、妇女健康为中心"的转变，进行新时代妇幼健康服务的生态建设,在一定程度上实现了与公立医院的业务和人才需求的错位运作与有效补充,真正实现了为处于转型关键期的中国医疗服务产业的有效探索。在人才体系建设上,优艾贝高度关注企业的人力资源建设,尤其是专业、高学历人才的留用,形成了自己的独到模式:打造"是主人、受尊重、有发展"的用人氛围,采用"事业留人、感情留人、待遇留人、环境留人、制度留人"的企业人力资源管理模式,为企业的创新探索与成长提供源源不断的动能。

孩子,国家之未来;健康,国民之根本。高质量医疗健康服务产业的发展,促进中国美好生活的创造。希望优艾贝在打造和建设中国多元化办医成功典范、非公立医疗机构的标杆道路上越做越强。

林 环 浙江省商业经济研究所所长、研究员

后 记

创新——经济增长的奇迹。

美国经济学家威廉·鲍莫尔将"创新"一词下过定义。他认为，增长背后的推动力是企业内部系统化的创新活动、一个创新行业中的所有企业在生产新产品和创建新工艺的过程中都争先恐后地竞争、企业之间在创造和运用创新上的协作这三个方面的结合。

2018年，是中华人民共和国改革开放四十周年。改革，成就了中国今日之辉煌；创新，从中蓄势蓄力，成为高质量发展的中国在新阶段的主要动力和关键特征，成为新时期中国企业家们以全新的思维重新审视企业，应对面临的机遇与挑战的重要构成因素。

本书编写的宗旨在于深入企业挖掘其在社会、经济、商业变革浪潮里成长的独有密码和创新基因，将样本企业在创新发展探索中坚守的价值理念、保有的集体共识、独到的经营智慧、独具的时代洞察，尽团队所能分享给更多在新经济态势下摸索的企业。基于2017年《现代商业创新浙江样本》一书的成功出版，2018年我们将目光投向了代表中国经济发展的最高水平之一的长三角经济圈。浙江省商业经济研究所联合江苏、上海、浙江等多个省级机构共同成立执委会，邀约权威人士作为指导顾问和把关专家，同时也联合邀请院校、文化咨询机构来推动此项工作的开展。

在过去一年多的时间里，我们走访了诸多企业并对其进行考察调研，本着创作的初心与创造样本价值、充分尊重企业、坚持自愿和积极参与、收取调研费用坚持合理适当；取样调研邀约座谈以及报告编纂遵循科学、严谨等服务原则，并得到了采样方的一致认可和支持。在此，感谢八家样本企业，在本书的调研、采编过程中给予积极、认真的配合与大力支持，感谢八家样本企业为我们提供了与高层访谈的机会，使我们从中获益良多。

在此期间，我们多次举办专家交流和顾问座谈会，以及围绕创新型思维方式和工具的研究讨论会，便于相关企业和组织能够清晰地了解我们的观点。受邀的专家学者们，以严谨的态度、开放的思维，在每个样本企业的脉络梳理和主题内容把握上都提出了宝贵的意见。

"变革创新是推动人类社会向前发展的根本动力。谁排斥变革，谁拒绝创新，谁就会落后于时代，谁就会被历史淘汰。"

铿锵之声，犹言在耳；破立取舍，势在必行。

深入贯彻实施创新驱动发展战略之今日中国、今日中国之企业，必将在风云变幻的时代里，同心同德，齐心协力，加快形成以创新为主要引领和支撑的经济体系和发展模式。

浙江省商业经济研究所
《长三角商业创新样本》执委会

项目组织单位

主办单位：浙江省商业经济研究所、江苏省商业联合会
支持单位：江苏省商业经济学会、浙江省商业经济学会、上海市商业经济学会、浙江省商业总会、《江苏商论》杂志、汉歌文化发展机构
承办执行：江苏省商业联合会办公室、浙江汉歌文化创意有限公司

特邀顾问、编委会及主要团队成员

总策划兼出品人
林　环　浙江省商业经济研究所所长、浙江大学中国新型城镇化研究院副院长

特邀顾问委员会
主任：潘宪生　江苏省商业联合会会长
委员：张宝忠　浙江省商业经济学会会长
　　　薛茂云　江苏省商业经济学会会长
　　　齐晓斋　上海市商业经济学会会长

编辑委员会
主任：蒋易君　浙江省商业经济研究所副所长、汉歌文化机构董事长
委员：王　波　《江苏商论》杂志主编
　　　周鸣阳　浙江省商业经济学会秘书长
　　　孟祖平　浙江省经济与管理研究会常务副秘书长
　　　居长志　江苏省商业经济学会副会长

执行团队
统筹人兼执行组长：蒋易君
执行副组长：艾　梅　江苏省商业联合会办公室主任
主　　创：唐小愉　原竞格
项目经理：苏文婷
执行团队：张宁灵　杨　扬　苏文婷　潘红燕
审　　校：孟祖平　老　沃

调研及采编指标说明

1. 本书所提及样本企业相关内容数据由调研团队通过企业方提供、媒体报道、第三方咨询报告及创始人与高管访谈所得,后经采编团队整合提炼而成。

2. 主要采编指标包括:企业基本概况、战略定位和发展状况、商业或经营模式以及主营业务结构及特征、政府扶持状况、公司治理描述、企业文化创新和责任、资本和金融发展及创新状况、创新点及实施成果描述与新的创新计划、企业可持续发展战略九大项超过20多个细项。

3. 整个调研过程围绕创新样本企业和浙江省商业经济研究所自身所积累数据结合开展调研。重点关注反映样本企业近3-5年来的重大变革和创新所产生的经营智慧、文化责任和创新模式的探索成果,以及对产业链、对区域经济所创造的政治、经济、文化与社会环境的价值。

4. 整个调研采编过程共历时近13个月,分五个阶段:前期筹备(2个月)、调研和访谈执行(3-4个月)、采编创作(3-4个月)、修正阶段(2个月)、出版和发布(3个月)。访谈采访局部交叉进行。

5. 本样本企业所需提供的材料指标主要采用2015-2018年的数据,并对企业做历史性的对照,以及企业成立以来的基本材料。

6. 样本企业选择的主要参照历史依据包括:区域领先者地位或快速成长型的企业;业界的品牌知名度或美誉度较高的企业;有独特创新模式和重大创新能力的企业;营收、净资产、利润或净利润等主要增长指标稳健或优良的企业;以及产业贡献优良、文化或品牌建设有标杆性和典型案例等辅助指标。

主要参考材料及文献

[1]《物流业调整和振兴规划》,国务院,2009年.

[2]《乡村振兴战略规划(2018—2022年)》,国务院,2018年.

[3]《关于促进健康服务业发展的若干意见》,国务院,2013年.

[4]《鼓励软件产业和集成电路产业发展的若干政策》,国务院,2000年.

[5]《"健康中国2030"规划纲要》,国务院,2016年.

[6]《关于推进医疗联合体建设和发展的指导意见》,国务院办公厅,2017年4月23日.

[7]《深化医药卫生体制改革2017年重点工作任务》,国务院办公厅,2017年5月5日.

[8]《关于改革完善医疗卫生行业综合监管制度的指导意见》,国务院办公厅,2018年.

[9]《中国金融业信息技术"十三五"发展规划》,央行,2017年.

[10]《中国银行业信息科技"十三五"发展规划监管指导意见》中国银行业监督管理委员会,2016年7月15日.

[11]《村镇银行培育发展十周年》,中国银行业监督管理委员会,2017年3月1日.

[12]《关于加强儿童医疗卫生服务改革与发展的意见》,国家六部委,2016年5月.

[13]《2017年中国旅游业统计公报》,国家旅游局.

[14]《2017年我国卫生健康事业发展统计公报》,国家卫生健康委员会.

[15]《年度第二批新增浙江省重大产业项目名单》,浙江省发改委、省国土资源厅联合,2017年.

[16]《母婴安全行动计划(2018-2020年)》《健康儿童行动计划(2018-2020年)》,国家卫生健康委员会,2018年5月.

[17]《关于进一步加快横店影视文化产业发展的若干意见》,浙江省横店影视文化产业实验区管委会、东阳市委市政府,2012年.

[18]《关于全面构建"畅游江苏"体系,促进旅游业改革发展的实施意见》,江苏省政府.

[19]《2017-2022年中国人口老龄化市场研究及发展趋势研究报告》,中国产业信息网.

[20]《2017年中国医疗产业健康投资促进报告》,商务部投资促进事务局.

[21]《2017年中国在线旅游度假市场研究报告》,艾瑞咨询.

[22]《2017年中国REITs发展总结和2018年展望》,REITs行业研究会,2017年10月26日.

[23]《2017年度中国银行业IT解决方案市场份额报告》《中国银行业IT解决方案市场预测报告:2018-2022》,IDC.

[24]《2018-2024年中国金融信息化行业发展现状分析及市场前景预测报告》,智研咨询.

[25] 样本企业所属产业的相关年度报告及同业相关年度报告,不一一列举.
[26] 样本企业年度报告、年度总结报告、所属产业的相关年度报告及同业相关年度报告,不一一列举.